CB013016

O Crisântemo e a Espada

Coleção Debates
Dirigida por J. Guinsburg

Equipe de Realização – Tradução: César Tozzi; Revisão: Alice K. Myiashiro: Produção: Ricardo W. Neves, Sergio Kon, Lia N. Marques e Juliana P. Sergio.

ruth benedict

O CRISÂNTEMO E A ESPADA

PADRÕES DA CULTURA JAPONESA

Título do original:
The Chrysanthemum and the Sword

CIP-Brasil. Catalogação-na-Fonte
Sindicato Nacional dos Editores de Livros, RJ

Benedict, Ruth, 1887-1948.
O crisântemo e a espada : padrões da cultura japonesa / Ruth Benedict ; [tradução César Tozzi].– São Paulo : Perspectiva, 2014. – (Debates ; 61 / dirigida por J. Guinsburg)

1. reimpr. da 4. ed. de 2011
Título original: The chrysanthemum and the sword.
ISBN 978-85-273-0133-6

1. Características nacionais japonesas 2. Japão – Civilização I. Guinsburg, J. II. Título. III. Série.

07-7152 CDD: 952

Índices para catálogo sistemático: 1. Japão
Civilização 952

4ª edição – 1ª reimpressão
[PPD]

EDITORA PERSPECTIVA LTDA.

Av. Brigadeiro Luís Antônio, 3025
01401-000 São Paulo SP Brasil
Telefax: (11) 3885-8388
www.editoraperspectiva.com.br

2017

SUMÁRIO

AGRADECIMENTOS

Os japoneses, nascidos ou educados no Japão, e que viviam nos Estados Unidos durante os anos de guerra, viram-se colocados numa posição bastante difícil. Foram alvo da desconfiança de muitos americanos. Tenho, portanto, grande prazer em dar testemunho de seu auxílio e amabilidade durante o período em que estive reunindo material para este livro. Sou-lhes muito grata, especialmente ao meu colega de tempo de guerra, Robert Hashima. Nascido neste país e educado no Japão, decidiu voltar para os Estados Unidos em 1941. Foi internado num campo de recolocação de guerra e eu fiquei conhecendo-o quando veio trabalhar em Washington nos órgãos de guerra dos Estados Unidos.

Agradeço também ao Serviço de Informação de Guerra, cujo relatório de que me incumbiu constitui este livro; particularmente, o Professor George E. Taylor, Vice-Diretor para o Extremo-Oriente, ao Comandante Alexander H. Leighton, MC-USNR, que chefiava a Divisão de Análise Moral Estrangeira.

Quero agradecer também àqueles que leram este livro total ou parcialmente: Comandante Leighton, Professor Clyde Kluckhohn e o Dr. Nathan Leites, todos pertencentes ao Serviço de Informação de Guerra durante o período em que estive trabalhando no Japão, tendo me ajudado de muitas maneiras; Professor Conrad Arensberg, Dra. Margaret Mead, Gregory Bateson e E.H. Norman. Agradeço a todos por sugestões e auxílio.

Ruth Benedict

A AUTORA deseja agradecer aos seguintes editores, que lhe permitiram fazer citações extraídas de suas publicações: D. Appleton-Century Company, Inc., de *Behind the Face of Japan*, de Upton Close; Edward Arnold and Company, de *Japanese Buddhism*, de Sir Charles Eliot; The John Day Company, Inc., de *My Narrow Isle*, de Sumie Mishima; J.M. Dent and Sons, Ltd., de *Life and Thought of Japan*, de Yoshisabura Okakura; Doubleday and Company, de *A Daughter of the Samurai*, de Etsu Inagaki Sugimoto; Penguin Books, Inc., e o *Infantry Journal* de um artigo pelo Coronel Harold Doud, em *How the Jap Army Fights*; Jarrolds Publishers (London), Ltd., de *True Face of Japan*, de K. Nohara; The Macmillan Company, de *Buddhist Sects of Japan*, de E. Oberlin Steinilber e de *Japan*: *An Attempt at Interpretation*, de Lafcadio Hearn; Rinehart and Company, Inc., de *Japanese Nation*, de John F. Embree e a University of Chicago Press, de *Suye Mura*, de John F. Embree.

1. MISSÃO: JAPÃO

Os japoneses foram os inimigos mais hostis jamais enfrentados pelos Estados Unidos numa guerra total. Em nenhuma outra guerra travada contra um adversário poderoso fora necessário levar em consideração hábitos tão extremadamente diversos de agir e de pensar. Como a Rússia czarista, que em 1905 nos antecedeu, combatíamos uma nação completamente armada e treinada que não pertencia à tradição cultural ocidental. As convenções de guerra, que as nações ocidentais aceitaram como fatos consagrados da natureza humana, obviamente não existiam para os japoneses. A guerra no Pacífico constituiu-se, por isso mesmo, em algo mais do que uma série de desembarques em praias de ilhas, em algo mais do que insuperado problema de logística. Transformou-se antes de mais nada num problema concernente à própria natureza do inimigo. Teríamos de entender sua conduta, a fim de poder combatê-lo.

As dificuldades foram grandes. Durante os setenta e cinco anos que se seguiram à abertura das portas do Japão, os japoneses vêm sendo incluídos na mais fantástica série de "mas também" jamais empregada com relação a qualquer nação do mundo. Quando um observador sério escreve a respeito de outros povos afora os japoneses, considerando-os de uma cortesia nunca vista, é pouco provável que acrescente "mas também insolentes e autoritários". Quando disser que o povo de determinada nação é de uma incomparável rigidez de conduta, não há de acrescentar "mas também se adaptam prontamente a inovações extremas". Quando considerar um povo submisso, não há de assinalar além disso que não se sujeita facilmente a um controle de cima. Quando os declarar leais e generosos, não advertirá "mas também traiçoeiros e vingativos". Quando disser que são verdadeiramente bravos, não discorrerá sobre a sua timidez. Quando afirmar que agem sem atentar para a opinião alheia, não observará em seguida que têm uma consciência verdadeiramente terrificante. Quando descrever a disciplina de robôs do seu exército, não se deterá a seguir sobre a maneira como os soldados tomam os freios nos dentes, chegando inclusive à insubordinação. Quando se referir a um povo que se devota apaixonadamente à cultura ocidental, não se expandirá sobre o seu ardoroso conservadorismo. Quando escrever um livro sobre uma nação onde vigora um culto popular de esteticismo, que confere honrarias a atores e artistas, esbanjando arte no cultivo de crisântemos, tal obra não terá de ser completada por uma outra, dedicada ao culto da espada e à ascendência máxima do guerreiro.

Todas essas contradições constituem-se, todavia, na própria tessitura dos livros sobre o Japão. São verdadeiras. Tanto a espada como o crisântemo fazem parte do quadro geral. Os japoneses são, no mais alto grau, agressivos e amáveis, militaristas e estetas, insolentes e corteses, rígidos e maleáveis, submissos e rancorosos, leais e traiçoeiros, valentes e tímidos, conservadores e abertos aos novos costumes. Preocupam-se muito com o que os outros possam pensar de sua conduta, sendo também acometidos de sentimento de culpa quando os demais nada sabem do seu deslize. Seus soldados são disciplinados ao extremo, porém, são igualmente insubordinados.

Quando se tornou extremamente importante para a América compreender o Japão, essas contradições e muitas outras igualmente clamorosas não puderam ser postas de lado. As crises se sucediam diante de nós. O que fariam os japoneses? Seria possível capitulação sem invasão? Deveríamos bombardear o Palácio do Imperador? O que poderíamos esperar dos prisioneiros de guerra japoneses? O que poderíamos dizer em nossa propaganda para os soldados japoneses e sua pátria que pudesse salvar as vidas de americanos e abater a intenção japonesa de lutar até o último homem? Verificaram-se violentos desentendimentos entre os que melhor conheciam os japoneses. Quando viesse a paz, seriam eles um povo que precisasse de uma lei marcial perpétua para mantê-los em ordem? Teria nosso exército de se preparar para travar desesperados combates em cada reduto das montanhas do Japão? Teria de haver uma revolução no Japão do gênero da Francesa ou da Russa, antes que fosse possível a paz internacional? Quem a comandaria? A alternativa estaria na erradicação dos japoneses? Faria uma diferença enorme quais fossem nossos julgamentos.

Em junho de 1944, recebi o encargo de estudar o Japão. Pediram-me que utilizasse todas as técnicas que pudesse, como antropóloga cultural, a fim de decifrar como seriam os japoneses. No início daquele verão, nossa grande ofensiva contra o Japão começava a se revelar na sua verdadeira magnitude. Muita gente nos Estados Unidos ainda dizia que a guerra com o Japão duraria mais três anos, ou talvez dez. No Japão, falava-se numa centena de anos. Os americanos, dizia-se entre os japoneses, tinham tido vitórias locais, mas a Nova Guiné e as Ilhas de Salomão ficavam a milhares de quilômetros de suas ilhas natais. Seus comunicados oficiais dificilmente reconheciam derrotas navais e o povo japonês ainda se considerava como vitorioso.

Em junho, entretanto, a situação começou a mudar. Abrira-se uma segunda frente na Europa e a prioridade militar que o Alto Comando concedera ao teatro europeu durante dois anos e meio tinha sido resgatada. O fim da guerra contra a Alemanha estava próximo. No Pacífico, nossas forças desembarcaram em Saipan numa grande operação, prevendo a derrota final japonesa. Dali por diante, nossos soldados iriam enfrentar o exército japonês em pontos cada vez mais próximos. E sabíamos perfeitamente, a exemplo dos combates em Nova Guiné, Guadalcanal, Burma, Attu, Tarawa e Biak, que enfrentávamos um adversário formidável.

Em junho de 1944, tratava-se, portanto, de responder a uma multidão de perguntas sobre o nosso inimigo, o Japão. Quer o assunto fosse militar ou diplomático, quer fosse suscitado por questões de alta política ou de volantes a serem lançados detrás das linhas de frente japonesas, todos os dados eram importantes. Na guerra total em que se empenhava o Japão, tínhamos de saber não apenas os objetivos e os motivos dos que se achavam no poder em Tóquio, não apenas a longa história do Japão, não apenas as estatísticas econômicas e militares; tínhamos de saber com o que o seu governo poderia contar da parte do povo. Teríamos de tentar compreender os hábitos japoneses de pensamento e emoção e os padrões em que se enquadravam tais hábitos. Teríamos de conhecer as sanções por trás desses atos e opiniões. Teríamos de pôr momentaneamente de lado as premissas sobre as quais baseávamos nossas ações como americanos e abstermo-nos o mais possível de chegar à fácil conclusão de que, ante uma determinada situação, reagiríamos do mesmo modo que eles.

Minha missão era difícil. A América e o Japão estavam em guerra e a tendência em tal circunstância é condenar indiscriminadamente, sendo, portanto, ainda mais difícil descobrir como o inimigo encara a vida. No entanto, não me restava outra alternativa. Urgia saber como os japoneses se comportariam e não como nos comportaríamos se estivéssemos em seu lugar. Procuraria utilizar a conduta japonesa na guerra como uma base para compreendê-los, e não como uma tendência. Teria de observar a maneira como conduziam a guerra, e considerá-la, por ora, não como um problema militar, e sim como um problema cultural. Na guerra, como na paz, os japoneses revelavam-se ao agir. Que indicadores de sua maneira de viver e de pensar deixariam transparecer através da maneira de guerrear? Os métodos de seus comandantes de atiçar o espírito guerreiro, de reanimar os desnorteados, de empregar os soldados em campanha – tudo isso demonstrava o que eles próprios consideravam como os pontos fortes de que se poderiam valer. Cumpria-me acompanhar os pormenores da guerra e verificar como os japoneses revelavam-se a cada instante.

O fato de nossos dois países estarem em guerra suscitava, inevitavelmente, uma séria desvantagem. Simplesmente teria eu de abrir mão da mais importante técnica do antropólogo cultural: o trabalho de campo. Não poderia ir ao Japão, viver nos seus lares e testemunhar as tensões e esforços da vida diária, ver com os meus olhos o que era crucial e o que não era. Não poderia segui-los no complicado processo de chegar a uma decisão. Não poderia ver seus filhos sendo educados. A única pesquisa de campo antropológica, realizada numa aldeia japonesa – *Suye Mura*, de John Embree – era valiosíssima, porém muitas das questões acerca do Japão, com que nos defrontávamos em 1944, não tinham sido propostas quando aquele estudo fora preparado.

Como antropóloga cultural, a despeito dessas grandes dificuldades, confiava em certas técnicas e postulados que poderiam ser usados. Pelo menos não estaria obrigada a abster-me da confiança do antropólogo no contato face a face com o povo que se está estudando. Havia numerosos japoneses neste país que haviam sido criados no Japão e eu poderia interrogá-los sobre os fatos concretos de suas experiências, descobrir como eles se avaliavam, preenchendo, graças às suas descrições, muitas lacunas em nosso conhecimento, o que me parecia essencial, como antropóloga, para a compreensão de qualquer cultura. Outros cientistas sociais, que estudavam o Japão, estavam utilizando bibliotecas, analisando ocorrências passadas ou estatísticas, acompanhando a marcha dos acontecimentos através da palavra escrita ou falada da propaganda japonesa. Parecia-me, no entanto, que muitas das respostas que procuravam estavam contidas nas normas e nos valores da cultura japonesa e que poderiam ser mais satisfatoriamente encontradas, explorando essa cultura mediante pessoas que a tivessem vivido realmente.

Isto não significa que eu não tivesse realizado leituras, ou mesmo, que não devesse muito aos ocidentais que viveram no

Japão. A extensa literatura sobre os japoneses e o grande número de atentos observadores ocidentais que viveram no Japão proporcionaram-me uma vantagem não possuída pelo antropólogo que se dirige às cabeceiras do Amazonas ou às serranias da Nova Guiné, a fim de estudar uma tribo iletrada. Sem possuir linguagem escrita, estas tribos não puderam confiar autorrevelações ao papel. Os comentários de ocidentais são poucos e superficiais. Ninguém conhece sua história passada. O trabalhador de campo precisará descobrir, sem qualquer auxílio de estudos precedentes, como funciona sua vida econômica, como se estratifica a sua sociedade, o que é predominante na sua vida religiosa. Ao estudar o Japão, fui a herdeira de muitos estudiosos. Descrições de pequenos detalhes de vida encontravam-se em meio a anotações de antiquários. Homens e mulheres da Europa e da América haviam registrado suas experiências vividas e os próprios japoneses escreveram autorrevelações realmente extraordinárias. Ao contrário de muitos povos orientais, manifestam um grande impulso de se expressarem através da escrita. Escreveram sobre os fatos triviais de suas vidas, como também a respeito de seus programas de expansão mundial. Mostraram-se espantosamente francos. Está claro que não apresentaram o quadro completo. Nenhum povo o faz. Um japonês que escreve sobre o Japão deixa passar coisas verdadeiramente cruciais que lhe são tão familiares e invisíveis quanto o ar que respira. O mesmo sucede com os americanos, quando escrevem sobre a América. Ainda assim, porém, os japoneses amam a autorrevelação.

Li esta literatura como Darwin diz que leu, quando se achava elaborando suas teorias acerca da origem das espécies, tomando nota daquilo que não tinha meios de compreender. O que precisaria eu saber a fim de entender a justaposição de ideias num discurso no Congresso? O que haveria por trás de sua violenta condenação de algum ato que parecesse escusável e a sua fácil aceitação de outro que parecesse ultrajante? Li, formulando-me sempre a seguinte questão: O que "está errado com este quadro"? O que precisaria eu saber, a fim de compreendê-lo?

Assisti também a filmes que haviam sido escritos e produzidos no Japão – filmes de propaganda, filmes históricos e filmes sobre a vida contemporânea em Tóquio e nas aldeias. Comentei-os posteriormente com japoneses que haviam visto alguns desses filmes no Japão e que, pelo menos, viam o herói, a heroína e o vilão como os japoneses o viam e não como eu os via. Quando eu me desorientava, era claro que o mesmo não acontecia com eles. Os enredos, as motivações não eram como eu os via; seu significado estava relacionado com a maneira como o filme fora construído. Quanto às novelas, havia muito mais diferença do que poderia parecer entre o que significavam para mim e o que significavam para os educados no Japão. Alguns desses japoneses rapidamente acorriam em defesa das convenções japonesas, enquanto outros odiavam tudo o que fosse japonês. É difícil dizer de qual dos dois grupos aprendi mais. No quadro íntimo que forneceram de como se levava a vida no Japão houve consonância, quer o aceitassem prazerosamente, quer o rejeitassem com amargor.

Tão só recorra o antropólogo ao povo da cultura que esteja estudando, à cata de seu material e de seus vestígios, estará procedendo de forma idêntica aos mais capazes observadores ocidentais que viveram no Japão. Se isto era tudo o que um antropólogo tinha a oferecer, então pouco poderia acrescentar aos valiosos estudos do Japão feitos por habitantes estrangeiros. O antropólogo cultural, entretanto, dispõe de certas habilitações, resultantes de sua formação, que o motivam a acrescentar a sua própria contribuição num campo rico em estudiosos e observadores.

O antropólogo conhece muitas culturas da Ásia e do Pacífico. Há muitas disposições sociais e hábitos de vida no Japão com correspondentes próximos nas tribos primitivas das ilhas do Pacífico. Alguns destes correspondentes encontram-se na Malásia, outros na Nova Guiné, outros na Polinésia. Evidentemente, é interessante verificar se isto será indício de antigas migrações ou contatos, mas este problema de possível relação histórica não constituiu a razão por que o conhecimento dessas similaridades culturais foi valioso para mim. Foi útil conhecê-las porque eu sabia como essas instituições funcionavam nessas culturas mais simples, e, dessa forma, pude obter indicações da vida japonesa através da semelhança ou diferença que encontrava. Conhecia também algo sobre o

Sião, a Birmânia e a China no continente asiático, e pude, portanto, comparar o Japão com outras nações que fazem parte da sua grande herança cultural. Os antropólogos demonstraram de sobejo nos seus estudos de povos primitivos quão valiosas podem ser essas comparações culturais. Uma tribo poderá compartilhar noventa por cento de seus hábitos formais com as suas vizinhas e, no entanto, tê-los readaptado, de molde a que se ajustem a um modo de vida e um conjunto de valores que não seja compartilhado com povo algum circunvizinho. Durante esse processo talvez tenha de rejeitar algumas disposições fundamentais que, embora pequenas em proporção ao todo, mudam seu curso de desenvolvimento futuro em uma direção específica. Nada é mais proveitoso para o antropólogo do que estudar os contrastes que descobre entre povos que, de um modo geral, compartilham de muitas características.

Os antropólogos também tiveram de se acostumar com as diferenças máximas entre sua própria cultura e uma outra, e as suas técnicas precisaram ser aperfeiçoadas para enfrentar particularmente este problema. Sabem por experiência própria que existem grandes diferenças nas situações que homens de diferentes culturas têm de enfrentar e na maneira pela qual diferentes tribos e nações definem os significados dessas situações. Em alguma aldeia do Ártico ou em um deserto tropical depararam com disposições tribais de responsabilidade de parentesco ou permuta financeira que seriam incapazes de supor nos seus momentos de mais fértil imaginação. Tiveram de investigar, não apenas os detalhes de parentesco ou permuta, mas também as consequências de tais disposições na conduta da tribo e de que modo cada geração foi condicionada, desde a infância, a conduzir-se como os seus ancestrais o haviam feito antes deles.

Esta preocupação profissional com diferenças, seu condicionamento e suas consequências, bem poderia ser empregada no estudo do Japão. Ninguém desconhece as diferenças culturais profundamente enraizadas entre os Estados Unidos e o Japão. Corre mesmo entre nós uma tradição popular afirmando que tudo o que fazemos, eles fazem o contrário. Tal convicção de diferença é perigosa apenas se um estudioso contentar-se em dizer simplesmente que essas diferenças são tão fantásticas a ponto de ser impossível compreender esse povo. O antropólogo dispõe de boa prova em sua experiência de que até mesmo a conduta estranha não nos impede de compreendê-la. Mais do que qualquer outro cientista social, ele tem-se utilizado das diferenças mais como uma base do que como uma tendência. Nada o levou a dirigir tanto a atenção para instituições e povos senão o fato de serem eles fenomenalmente estranhos. Nada havia que ele pudesse tomar como seguro no modo de vida de sua tribo, sendo levado a examinar tudo e não apenas alguns fatos selecionados. No estudo de países ocidentais, o leigo em estudos de culturas comparadas deixa passar setores inteiros de conduta. Toma por garantido tanta coisa, que não chega a explorar a gama de hábitos triviais na vida diária, nem as consagradas opiniões sobre assuntos caseiros que, colocados no panorama nacional, têm mais a ver com o futuro do país do que os tratados assinados por diplomatas.

O antropólogo viu-se obrigado a aperfeiçoar técnicas para o estudo do lugar-comum, já que os lugares-comuns na tribo que estudava diferiam em muito das réplicas dos mesmos, existentes em sua pátria. Quando tentou compreender a malignidade de uma tribo ou a pusilanimidade de outra, quando tentou planejar a maneira como agiria e se sentiria numa determinada situação, verificou que teria de se valer abundantemente de observações e detalhes que não se revelam amiúde com relação a países civilizados. Tinha boas razões para acreditar que fossem essenciais e sabia do tipo de pesquisa que iria desencavá-los.

Valia a pena tentar no caso do Japão. Pois, somente quando se percebem os lugares-comuns intensamente humanos da existência de qualquer povo é que se pode avaliar a extrema importância da premissa do antropólogo de que a conduta humana é *descoberta* na vida diária, seja numa tribo primitiva ou numa nação na vanguarda da civilização. Por mais estranho que seja seu ato ou opinião, a maneira como um homem se sente ou pensa tem alguma relação com a sua experiência. Quanto mais me desconcertei ante determinada conduta, tanto mais presumi que existisse em algum setor da vida japonesa algum condicionamento comum de tal estranheza. Se a pesquisa me levasse a detalhes triviais da comunicação diária, tanto melhor. É aí que se aprende. Como antropóloga cultural, parti igualmente da premissa de que os aspectos mais isolados de conduta têm entre si alguma relação sistemática. Estudei seriamente a maneira como centenas de pormenores inscrevem-se em padrões globais. Uma sociedade humana precisa preparar para si mesma um projeto de vida, aprovando modos determinados de enfrentar situações, modos determinados de mensurá-las. Os componentes dessa sociedade consideram essas soluções como as bases do universo. Integram-nas, por maiores que sejam as dificuldades. Aqueles que aceitaram um sistema de valores, através do qual vivem, não podem conservar por muito tempo um setor segregado de suas vidas, onde vivam e procedam de acordo com um conjunto contrário de valores, a menos que se exponham à ineficiência e ao caos. Procuram instilar-se de maior conformismo. Investem-se de algumas motivações e de algum fundamento lógico que lhes sejam comuns. Alguma consistência é necessária, do contrário o empreendimento todo vai por água abaixo.

Conduta econômica, disposições familiares, ritos religiosos e objetivos políticos engrenam-se, portanto, entre si. Numa área podem ocorrer mudanças mais rapidamente do que em outras, submetendo estas outras áreas a uma grande tensão, que surge da própria necessidade de consistência. Em sociedades pré-alfabetizadas, empenhadas na aquisição de poder sobre as demais, o desejo de poder é expresso nas suas práticas religiosas, não menos do que nas suas transações econômicas e nas suas relações com outras tribos. Em nações civilizadas, que possuem textos de antigas escrituras, a Igreja necessariamente conserva as frases de séculos passados, o que não ocorre com as tribos sem linguagem escrita, mas abdica da sua autoridade nos setores em que poderia intervir, com a crescente aprovação pública ao poder econômico e político. As palavras permanecem, mas o significado é alterado. Os dogmas religiosos, as práticas econômicas e a política não se mantêm represados em pequenos reservatórios estanques, porém transbordam sobre suas supostas fronteiras, misturando inevitavelmente suas águas, umas com as outras. Sendo isto sempre verdadeiro, quanto mais um estudioso estiver aparentemente dispersando sua investigação entre os fatos da economia, do sexo, da religião e do cuidado do bebê, tanto melhor poderá observar o que está acontecendo na sociedade que estuda. Poderá formular suas hipóteses e obter seus dados em qualquer setor da vida com vantagem. Poderá aprender a divisar as exigências que qualquer nação fizer, quer sejam elaboradas em termos políticos, econômicos ou morais, como expressões de hábitos e maneiras de pensar aprendidas na sua experiência social. Este não é, portanto, um livro especificamente sobre religião, vida econômica, política ou família japonesas. Estuda, isto sim, enfoques japoneses acerca da condução da vida. Descreve tais enfoques à medida que se manifestaram, em qualquer atividade que seja. Seu assunto é o que faz do Japão uma nação de japoneses.

Uma das desvantagens do século XX é que ainda temos as noções mais vagas e bitoladas, não apenas daquilo que faz do Japão uma nação de japoneses, como do que faz os Estados Unidos uma nação de americanos, a França uma nação de franceses, e a Rússia uma nação de russos. Carecendo deste conhecimento, cada país compreende mal o outro. Tememos diferenças irreconciliáveis quando o problema é apenas entre Tweedledum e Tweedledee e falamos em objetivos comuns, quando uma nação, em virtude de toda a sua experiência e sistema de valores, visa a um curso de ação inteiramente diverso do que tínhamos em mente. Não nos damos uma oportunidade de descobrir quais sejam seus hábitos e valores. Se assim fizéssemos, haveríamos de perceber que o curso de uma ação não é necessariamente falho só por não ser aquele que conhecemos.

Não é possível depender inteiramente do que cada nação diz de seus próprios hábitos de pensamento e ação. Os escritores de todas as nações tentaram fornecer uma descrição de si próprios. Todavia, não é fácil. As lentes através das quais uma nação olha a vida não são as mesmas que uma outra usa. É difícil ser consciente com os olhos através dos quais olhamos. Qualquer país os toma como certos e os truques de focalização e perspectiva, que conferem a cada povo sua visão nacional da vida, apresentam-se a esse povo como a dádiva divina de ordenação de uma paisagem. Em questão de óculos, não esperamos que aqueles que os usam conheçam a fórmula das lentes, daí tampouco podermos esperar que as nações analisem suas próprias perspectivas do mundo. Quando queremos saber a respeito de óculos, formamos um oculista e esperamos que esteja habilitado a escrever a fórmula para qualquer lente que lhe tragamos. Algum dia, sem dúvida, reconheceremos ser esta a tarefa do cientista social, com relação às nações do mundo moderno.

A tarefa requer tanto uma certa firmeza, quanto uma certa generosidade. Requer uma firmeza que as pessoas de boa vontade têm por vezes condenado. Tais propugnadores de Um Só Mundo empenharam suas esperanças em convencer os povos de todos os cantos da terra de que todas as diferenças entre Oriente e Ocidente, preto e branco, cristãos e maometanos, são superficiais e que toda a humanidade é realmente de mentalidade semelhante. Este ponto de vista é às vezes conhecido como fraternidade humana. Não vejo por que o crédito na fraternidade humana deva significar que não possamos dizer que os japoneses possuem uma versão própria de conduta de vida assim como os americanos a sua. Às vezes, parece que aos brandos não é possível fundar uma doutrina de boa vontade, senão sobre um mundo de povos cada um dos quais constituindo uma cópia do mesmo negativo. Porém, exigir como condição uma tal uniformidade, com respeito a uma outra nação, é tão neurótico quanto exigi-lo da própria esposa ou dos próprios filhos. Os firmes compenetram-se de que essas diferenças devem existir. Respeitam-nas. Sua finalidade é um mundo assegurado para as diferenças, onde os Estados Unidos possam ser inteiramente americanos sem ameaçar a paz do mundo, a França possa ser a França e o Japão possa ser o Japão nessas mesmas condições. Impedir o amadurecimento de quaisquer dessas atitudes com relação à vida, através de interferência externa, parece injustificado a qualquer estudioso que não esteja convencido de que as diferenças tenham necessariamente de ser uma espada de Dâmocles pendendo sobre o mundo. Não precisa tampouco temer que adotando uma tal posição esteja contribuindo para congelar o mundo no *status quo*. Estimular as diferenças culturais não produziria um mundo estático. A Inglaterra não perdeu sua anglicidade devido ao Período de Elizabethter sido sucedido pelo Período da Rainha Ana e a Era Vitoriana. Justamente pelo fato de os ingleses tanto procurarem ser eles mesmos é que diferentes padrões e diferentes estados de ânimo nacionais puderam se afirmar em diferentes gerações.

O estudo sistemático de diferenças nacionais exige uma certa generosidade como também uma certa firmeza. O estudo de religiões comparadas somente floresceu quando os homens estiveram tão seguros de suas convicções, a ponto de se mostrarem excepcionalmente generosos. Poderiam ser jesuítas, sábios árabes ou infiéis, mas nunca fanáticos. O estudo de culturas comparadas não pode igualmente florescer quando os homens se mostram tão defensivos quanto ao seu modo de vida, a ponto de que este lhes pareça ser por definição a única solução no mundo. Tais homens jamais conhecerão o acréscimo de amor pela própria cultura advindo do conhecimento de outros modos de vida. Privam-se de uma experiência agradável e enriquecedora. Sendo tão defensivos, não têm outra alternativa senão exigir que outras nações adotem suas próprias soluções particulares. Como americanos, impõem nossos princípios favoritos a todas as nações. E as outras nações tanto podem adotar nossos modos de vida exigidos, quanto poderíamos aprender a fazer nossos cálculos na unidade 12, ao invés de 10, ou, apoiarmo-nos só num pé, como certos nativos da África Oriental.

Este livro diz respeito, pois, aos hábitos esperados e tidos como consagrados no Japão. Diz respeito a situações em que todo japonês pode contar com cortesia e a situações em que não pode, trata de quando sente vergonha, quando sente embaraço, procura observar o que ele exige de si próprio. A autoridade ideal para qualquer afirmativa deste livro seria o proverbial homem da rua. Seria um qualquer. Isto não significa que este um qualquer teria sido colocado pessoalmente em cada circunstância particular. Não significa também que qualquer um reconheceria ser assim sob tais condições. O objetivo de um estudo como este é descrever atitudes profundamente impregnadas de pensamento e conduta. Mesmo não o atingindo, este foi, todavia, o seu ideal.

Num estudo desse tipo, alcança-se rapidamente o ponto onde o testemunho de grande número de informantes adicionais não mais proporciona validação. A questão de quem se curva para quem e quando não necessita de um estudo estatístico de todo o Japão; as circunstâncias aprovadas e costumeiras podem ser assinaladas quase que por qualquer um e após umas poucas confirmações não é necessário obter a mesma informação de um milhão de japoneses.

O estudioso que está tentando desvendar os enfoques sobre os quais o Japão ergue o seu modo de vida tem uma tarefa bem mais difícil do que a validação estatística. A grande exigência que lhe é feita consiste em relatar como essas práticas e julgamentos aceitos tornam-se as lentes através das quais o japonês contempla a existência. Tem de expor a maneira como os seus enfoques afetam a perspectiva através da qual veem a vida. Tem de tentar tornar isto inteligível a americanos que veem a existência sob um prisma muito diferente. Nesta tarefa de análise, a autoridade requisitada não será necessariamente Tanaka San, o japonês "qualquer". Isto porque Tanaka San não explicita seus enfoques, e as interpretações escritas para os americanos lhe parecerão, sem dúvida, excessivamente alongadas.

Os estudos americanos de sociedades não têm sido amiúde elaborados de maneira a estudar as premissas sobre as quais se construíram as culturas civilizadas. A maioria dos estudos pressupõe que tais premissas sejam evidentes por si mesmas. Sociólogos e psicólogos preocupam-se com a "disseminação" da opinião e da conduta, usando uma técnica básica, estatisticamente concebida. Submetem à análise estatística grande quantidade de material censitário, grande número de respostas a questionários ou a perguntas de entrevistadores, medições psicológicas e semelhantes, procurando inferir a independência ou interdependência de certos fatores. No campo da opinião pública, a valiosa técnica de pesquisar o país, utilizando uma amostra cientificamente selecionada da população, tem sido altamente aperfeiçoada nos Estados Unidos. É possível descobrir quantas pessoas apoiam ou se opõem a determinado candidato a cargo público ou a determinada política. Os partidários e os adversários podem ser classificados como rurais ou urbanos, de rendimentos baixos ou elevados, republicanos ou democratas. Num país com sufrágio universal, onde as leis são realmente redigidas e estabelecidas pelos representantes do povo, tais dados têm importância prática.

Os americanos são capazes de pesquisar americanos e interpretar os dados, graças a uma medida prévia tão óbvia que ninguém chega a mencioná-la: conhecem a conduta de vida nos Estados Unidos e tomam-na por base. Os resultados da pesquisa dizem mais, a respeito do que já sabemos. Ao procurar compreender outro país, é essencial o estudo qualitativo sistemático dos hábitos e convicções do seu povo, para que uma pesquisa possa realmente apresentar contribuições. Mediante cuidadosa amostragem, uma pesquisa pode revelar quantos são a favor ou contra o governo. Mas que nos revelará isto a respeito deles, a menos que saibamos quais sejam suas ideias a respeito do Estado? Somente assim podemos saber o que disputam as facções, nas ruas ou no Congresso. As convicções de uma nação com relação ao governo são de importância muito mais geral e permanente do que as cifras da força partidária. Nos Estados Unidos, o Governo, para republicanos e democratas, é quase um mal necessário, limitando a liberdade individual; o emprego público igualmente, exceto talvez em tempo de guerra, pois não oferece a um homem a situação alcançada num outro posto equivalente, em uma empresa privada. Esta versão do Estado está bem longe da japonesa, e mesmo da de muitos países europeus. O que precisamos saber antes de tudo, sem dúvida, é a sua versão. O seu ponto de vista está corporificado em seus costumes, em seus comentários acerca de homens vitoriosos, em seus mitos a respeito da sua história nacional, em seus discursos nas festividades nacionais e pode, desta forma, ser estudado através dessas manifestações indiretas. Exige, porém, um estudo sistemático.

As convicções básicas que cada nação tem sobre a vida, assim como as soluções que ela aprovou, podem ser estudadas com tanta atenção e particularidade quanto a que atribuímos à descoberta de qual proporção da população votará sim e não numa eleição. O Japão era um país cujos enfoques fundamentais bem mereciam ser explorados. Cheguei à conclusão de que, uma vez tendo eu verificado onde meus enfoques ocidentais não se enquadravam na sua visão da existência, obtendo assim alguma ideia das categorias e símbolos por eles utilizados, muitas contradições que os ocidentais acostumaram-se a ver na conduta japonesa deixaram de ser contradições. Comecei a ver como os próprios japoneses divisavam certas oscilações violentas de conduta, enquanto partes integrantes de um sistema consistente em si mesmo. Posso tentar mostrar o porquê. A medida que eu trabalhava com eles, começavam a usar frases e ideias estranhas que revelaram possuir grandes implicações e estarem repletas de emoções seculares. A virtude e o vício, segundo os compreende o Ocidente, haviam passado por uma transformação. O sistema era singular. Não era budismo, nem confucionismo. Era japonês – a força e a fraqueza do Japão.

2. OS JAPONESES NA GUERRA

Em toda tradição cultural existem ortodoxias da guerra, algumas das quais compartilhadas por todos os países ocidentais, não importando quais as diferenças específicas. Certos alardes, conclamando para um esforço total de guerra, certas formas de reestímulo, em caso de derrotas locais, certas regularidades na proporção entre baixas e rendições e certas regras de conduta com relação a prisioneiros de guerra são previsíveis nas guerras entre nações ocidentais apenas por terem estas em comum uma grande tradição cultural, que abrange até mesmo as operações militares.

Todas as maneiras pelas quais os japoneses afastavam-se das convenções ocidentais de guerra constituíam dados relativos à sua visão da existência e às suas convicções do dever integral do homem. Dentro dos propósitos de um estudo sistemático da cultura e conduta japonesas, não importa se os seus desvios de nossas ortodoxias seriam ou não cruciais em sentido militar; qualquer um deles poderia ser importante por suscitar indagações acerca do caráter dos japoneses, cujas respostas necessitávamos.

As próprias premissas utilizadas pelo Japão para justificar sua participação na guerra eram opostas às da América. Esta definia a situação internacional de maneira diversa. A América fez guerra às agressões do Eixo. O Japão, a Itália e a Alemanha tinham consumado uma afronta à paz internacional com os seus atos de conquista. Quer tomando o poder em Manchukuo, na Etiópia ou na Polônia, o Eixo somente comprovou ter participado de um empreendimento reprovável, oprimindo povos mais fracos. Pecara contra o código internacional do "vive e deixa viver" ou pelo menos contra o das "portas abertas" à livre empresa. O Japão via a causa da guerra sob outra luz. Enquanto cada nação tivesse soberania absoluta, haveria anarquia no mundo; era necessário que ele lutasse a fim de se estabelecer uma hierarquia, que, obviamente, a ele se subordinasse, uma vez que era o único representante de uma nação verdadeiramente hierárquica de cima a baixo, compreendendo portanto a necessidade de ocupar "o seu devido lugar". Tendo alcançado unificação e paz em seu território, esmagado o banditismo, construído estradas, consolidado o potencial elétrico e indústria de aço, além de ter educado 99,5% da sua geração em ascensão nas escolas públicas, segundo as cifras oficiais, teria, pois, o dever, de acordo com as premissas japonesas de hierarquia, de despertar sua retrógrada irmã, a China. Sendo da mesma raça do Poderoso Oriente, deveria eliminar daquela parte do mundo os Estados Unidos e em seguida a Inglaterra e a Rússia, assumindo, então, "o seu devido lugar". Todas as nações seriam um mundo só, firmados numa hierarquia internacional. No próximo capítulo examinaremos o que significou para a cultura japonesa este alto valor atribuído à hierarquia. Era bem típico do Japão criar tal fantasia. Infelizmente para ele, os países que ocupava não o enxergavam sob essa mesma luz. Entretanto, nem mesmo a derrota extraiu-

-lhe o repúdio moral de seus ideais do Poderoso Oriente e mesmo os seus prisioneiros de guerra menos jingoístas nunca estiveram a ponto de pôr em dúvida os propósitos do Japão quanto ao continente e sudoeste do Pacífico. Por muito e muito tempo, o Japão conservará necessariamente algumas de suas atitudes inatas, das quais uma das mais importantes é a sua fé e confiança na hierarquia. Isto contraria a natureza dos americanos voltada para a igualdade, contudo, é amplamente necessário – que compreendamos o que significava para o Japão a hierarquia e que proveitos aprendera a associar-lhe.

Da mesma forma, ele depositava suas esperanças de vitória em base diversa da prevalecente para os Estados Unidos. Haveria de vencer, proclamava, seria uma vitória do espírito sobre a matéria. A América era grande, seus armamentos eram superiores, mas o que importava? Tudo isso, alegavam, fora previsto e descontado. "Se tivéssemos medo de cifras", liam os japoneses no seu grande jornal, o *Mainichi Shimbun*, "a guerra não teria principiado. Os grandes recursos do inimigo não foram criados por esta guerra".

Mesmo quando estava vencendo, os seus estadistas civis, o seu Alto Comando e os seus soldados repetiam que aquilo não se tratava de uma competição entre armamentos; era a oposição da nossa fé nas coisas contra a fé dos outros no espírito. Quando vencíamos, repetiam sem cessar que numa tal luta o poder material deveria necessariamente fracassar. Este dogma tornou-se, sem dúvida, um álibi conveniente na época das derrotas de Saipan e Iwo Jima, mas não havia sido preparado com tal finalidade. Valeu como um toque de clarim durante os meses das vitórias japonesas e constituíra um slogan aceito muito antes de Pearl Harbor. Nos anos 1930, o General Araki, militarista fanático e certa época Ministro da Guerra, escreveu num panfleto dirigido "A toda a raça japonesa" que "a verdadeira missão" do Japão fora "expandir e glorificar a via imperial até o fim dos Quatro Mares. Insuficiência de força não constitui preocupação para nós. Por que nos preocuparmos com o que é material?"

É claro que, como qualquer nação que se prepara para a guerra, eles se mostravam preocupados. Por toda a década de 30, a proporção de sua renda nacional dedicada aos armamentos cresceu astronomicamente. Na época do seu ataque a Pearl Harbor, quase a metade da renda nacional bruta destinava-se a finalidades militares e navais, e somente 17% da despesa total do governo eram disponíveis para financiar o que se relacionasse com a administração civil. A diferença entre o Japão e as nações ocidentais não consistia na despreocupação japonesa sobre o armamento material. Navios e armas, no entanto, constituíam simplesmente a manifestação exterior do imortal Espírito Japonês. Eram símbolos, tanto quanto a espada dos samurais fora o símbolo da sua virtude.

Tão coerente era o Japão em aproveitar-se de recursos não materiais, quanto os Estados Unidos em devotar-se à grandeza. O Japão tinha de empenhar-se numa campanha de produção total, do mesmo modo que os Estados Unidos, só que baseado em premissas próprias. O espírito, diziam os japoneses, era tudo, era eterno; as coisas materiais eram necessárias, bem entendido, mas secundárias e perdiam-se pelo caminho. "Há limites para os recursos materiais", exclamava o rádio japonês: "é evidente que as coisas materiais não podem durar mil anos". E esta confiança no espírito era observada literalmente na rotina beligerante; seus catecismos de guerra utilizavam o *slogan* tradicional, cuja criação não visou à operacionalidade nesta guerra – "contrapor o nosso treinamento ao número deles, nossa carne ao seu aço". Os manuais de guerra começavam com uma linha em negrito: "Leia isto e a guerra está ganha". Seus pilotos que guiavam seus minúsculos aviões para um choque suicida contra nossas belonaves ofereciam tema inesgotável para a superioridade do espiritual sobre o material. Era denominados o Corpo dos Kamikazes, pois *kamikaze* era o vento divino que salvara o Japão da invasão de Gêngis Cã, no século XIII, dispersando e derrubando os seus transportes.

Até mesmo em situações civis, as autoridades japonesas encaravam literalmente a predominância do espírito sobre as circunstâncias materiais. Estava o povo fatigado com doze horas de trabalho nas fábricas e por bombardeios a noite inteira? "Quanto mais abatidos os nossos corpos, mais alto pairam a nossa vontade e o nosso ânimo sobre eles." "Quanto mais cansados estamos, mais esplêndido é o treinamento." O povo estava sentindo frio nos abrigos antiaéreos, durante o inverno? A Sociedade de Cultura

Física Dai Nippon prescrevia exercícios calistênicos que seriam não apenas substitutos das instalações de aquecimento e acomodações para dormir, como também, melhor ainda, tomariam lugar do alimento, não mais disponível, para manter o vigor normal das pessoas. "Não há dúvida, dizem alguns, que com a atual escassez de alimentos não podemos pensar em exercícios calistênicos. Nada disso! Quanto maior a escassez de alimentos, tanto mais devemos aumentar nossa força física por outros meios." Isto é, devemos aumentar nossa força física despendendo-a ainda mais. A ideia americana de energia corporal que sempre leva em conta quanta força se tem para despender, com oito ou cinco horas de sono na noite anterior, fazendo regularmente as refeições, sentindo ou não frio, é aqui posta em confronto com um cálculo que não se baseia na armazenagem de energia, o que seria materialista.

Durante a guerra, as transmissões japonesas foram ainda mais longe. Em meio à batalha, o espírito chegava mesmo a sobrepujar a própria morte. Um heroico piloto e a sua prodigiosa vitória sobre a morte foram focalizados num programa:

> Terminados os combates aéreos, os aviões japoneses regressaram à sua base em pequenas formações de três ou quatro. Num dos primeiros aparelhos, achava-se um capitão. Apeando-se, examinou o céu por meio de binóculo. Enquanto seus homens retornavam, ele contava. Parecia bastante pálido, porém, muito firme. Após o regresso do último avião, dirigiu-se ao Quartel General, onde fez um relatório encaminhando-o a seguir ao Oficial Comandante. Logo em seguida, porém, tombou de súbito ao solo. Os oficiais no local acorreram-lhe em auxilio, mas ele se achava morto. Examinando-lhe o corpo, descobriu-se que já estava frio, com um ferimento à bala, de consequências fatais. É impossível encontrar-se frio o corpo de uma pessoa recentemente morta. Entretanto, o corpo do capitão morto estava frio como gelo. Há muito que ele estava morto, fora o seu espirito que fizera o relatório. Um fato tão miraculoso deve-se sem dúvida ao rigoroso senso de responsabilidade do capitão morto.

Para os americanos, é claro, trata-se de uma história inadmissível, no entanto, os japoneses instruídos não se riram de tal transmissão. Estavam certos de que não seria considerada uma fantasia pelos ouvintes no Japão. Em primeiro lugar, assinalaram que o locutor verazmente havia declarado que a proeza do capitão era "miraculosa". E por que não? A alma podia ser treinada e obviamente o capitão era um mestre consumado da autodisciplina. Se "um espírito apaziguado podia durar mil anos", conforme o Japão inteiro sabia, não haveria então de permanecer por algumas horas no corpo de um capitão da força aérea, que fizera da "responsabilidade" a lei central de toda a sua existência? Os japoneses acreditavam na possibilidade de se utilizar disciplinas técnicas a fim de permitir a um homem alcançar a supremacia do espírito. O capitão aprendera e beneficiara-se.

Como americanos, podemos, sem dúvida, arrolar tais excessos japoneses como álibi de uma pobre nação ou puerilidades de uma nação iludida. Se o Fizéssemos, no entanto, estaríamos ainda menos qualificados a tratar com eles na guerra ou na paz. Os japoneses tiveram seus princípios induzidos através de certos tabus e recusas, certos métodos de treinamento e disciplinas que não se constituíam em meras singularidades isoladas. Somente na medida em que os identificarmos, é que poderemos perceber o que dizem na derrota, quando reconhecem que o espírito não foi suficiente e que defender posições "com lanças de bambu" foi uma fantasia. Torna-se ainda mais importante para nós que sejamos capazes de apreciar o reconhecimento por parte deles de que o seu espírito foi insuficiente, ao competir nos campos de batalha e nas fábricas com o espírito do povo americano. Conforme declararam após a derrota: durante a guerra, "engajaram-se na subjetividade".

A maneira pela qual os japoneses referiram a toda sorte de coisas durante a guerra, não apenas sobre a necessidade de hierarquia e a supremacia do espírito, foi elucidativa para um estudioso de culturas comparadas. Referiam-se constantemente a segurança e moral como sendo apenas uma questão de estar prevenido. Não importava qual fosse a catástrofe, bombardeio civil, derrota em Saipan ou fracasso em defender as Filipinas, o refrão japonês repetia ao seu povo que isto já era sabido de antemão e que portanto não havia por que se preocupar. O rádio chegava aos maiores extremos, contando obviamente com a renovação de confiança que proporcionava ao povo japonês ao ser informado de que viviam ainda num mundo perfeitamente conhecido. "A ocupação americana de Kiska coloca o Japão dentro do raio de ação dos bombardeiros americanos.

Estamos, porém, a par desta contingência e efetuamos os preparativos necessários." "O inimigo desencadeará sem dúvida contra nós uma ofensiva, através de operações combinadas de terra, mar e ar, mas isto está previsto em nossos planos." Os prisioneiros de guerra, até mesmo aqueles que ansiavam por uma próxima derrota do Japão numa guerra sem esperanças, estavam certos de que os bombardeios não enfraqueceriam os japoneses na frente doméstica "porque eles estavam prevenidos". Quando os americanos começaram a bombardear as cidades japonesas, o Vice-Presidente da Associação de Construção Aérea declarou pelo rádio: "Os aviões inimigos finalmente estão sobre nossas cabeças. Entretanto, nós que estamos envolvidos na indústria de produção aeronáutica e que sempre esperamos que isto acontecesse, ultimamos completos preparativos para enfrentar esta situação. Portanto, não há por que se preocupar". Somente com a garantia de que tudo estava previsto, tudo estava planejado, é que os japoneses poderiam persistir na alegação que lhes era tão necessária de que tudo fora produto da determinação de sua vontade, ninguém predominara sobre eles. "Não devemos pensar que tenhamos sido passivamente atacados, mas sim que ativamente atraímos o inimigo para nós." "Inimigo, venha se quiser. Ao invés de dizer 'O que tinha que vir finalmente veio', afirmaremos antes 'Veio aquilo por que esperávamos. Por isso, estamos satisfeitos.'" O Ministro da Marinha citou no Parlamento os ensinamentos do grande guerreiro dos anos 1970 do século passado, Takamori Saigo: "Existem duas espécies de oportunidades: as que se nos deparam por acaso e as que criamos. Em época de grandes dificuldades, não devemos deixar de criar a nossa oportunidade". E o General Yamashito, quando as tropas americanas entraram em Manila, "observou com um largo sorriso", segundo informes do rádio, "que agora o inimigo está em nosso seio ..." "A rápida queda de Manila, logo após os desembarques inimigos na baía de Lingayen, somente foi possível como resultado das táticas do General Yamashito e em concordância com os seus planos. As operações do General Yamashito realizam, no momento, progressos contínuos." Em outras palavras, nada é tão bem sucedido quanto a derrota.

Os americanos avançaram tanto na direção oposta quanto os japoneses na sua. Os americanos lançaram-se no esforço de guerra *porque* esta luta nos foi imposta. Tínhamos sido atacados, portanto o inimigo que se cuide. Nenhum porta-voz, ao pretender estimular o povo americano, jamais disse de Pearl Harbor ou de Bataan, "Faziam parte dos nossos planos". Ao invés, nossos oficiais declararam: "O inimigo assim quis. Haveremos de mostrar-lhes o quanto podemos". Os americanos engrenam toda a sua vida para um mundo continuamente desafiador – e estão preparados para enfrentar o desafio. Os estímulos japoneses baseiam-se mais num modo de vida planejado e registrado de antemão, onde a maior ameaça provém do imprevisto.

Outro tema constante na maneira japonesa de conduzir a guerra mostra-se bastante revelador acerca da vida japonesa. Falavam continuamente de como "os olhos do mundo estavam sobre eles". Portanto cabia-lhes exibir completamente o espírito do Japão. Os americanos desembarcaram em Guadalcanal, e as ordens japonesas aos soldados foram de que agora eles se encontravam sob observação direta "do mundo" e deveriam mostrar qual era o seu estofo. Os marujos japoneses eram avisados de que, no caso de serem torpedeados e receberem ordem de abandonar o navio, deveriam ocupar os barcos salva-vidas com o máximo de compostura, caso contrário "o mundo rirá de vocês. Os americanos os filmarão e serão vistos em New York". Valia muito o que dessem de si para o mundo. E a sua preocupação a tal respeito igualmente encontrava-se profundamente embutida na cultura japonesa.

A mais famosa pergunta acerca das atitudes japonesas referia-se a Sua Majestade Imperial, o Imperador. Qual era o domínio que o Imperador tinha sobre os seus súditos? Algumas autoridades americanas assinalavam que durante todos os sete séculos feudais do Japão o Imperador fora uma sombria figura de proa. Cada homem devia sua imediata lealdade ao seu senhor, o *daimio* e, além desde, ao Generalíssimo Militar, o Xógum. A fidelidade ao Imperador não chegava a constituir um assunto. Era mantido segregado numa corte isolada, cujas cerimônias e atividades os regulamentos do Xógum rigorosamente limitavam. Era considerado traição até mesmo para um grande senhor feudal prestar suas homenagens ao Imperador, e para o povo do Japão ele mal existia. Somente através de sua história é que o Japão poderia ser entendido, insistiam esses analistas americanos; como um Imperador trazido da obscuridade, conforme estava na memória de gente ainda viva, haveria de ser o verdadeiro foco de uma nação conservadora como o Japão? Os publicistas japoneses que sempre reafirmaram o imorredouro poder do Imperador sobre os seus súditos estavam se excedendo, alegavam eles, e a sua insistência apenas comprovava a fragilidade do seu caso. Não havia razão, portanto, para que a política americana durante a guerra recorresse às luvas de pelica no trato com o Imperador. Pelo contrário, havia todos os motivos para que dirigíssemos nossos mais fortes ataques contra esse maligno conceito de Fuehrer que o Japão recentemente maquinara. Isso constituía o próprio centro de sua moderna religião nacionalista Shinto e, se solapássemos e desafiássemos a santidade do Imperador, toda a estrutura do Japão inimigo tombaria em ruínas.

Muitos americanos competentes que conheciam o Japão e que viram os informes das linhas de frente e de fontes japonesas eram de opinião oposta. Os que viveram no Japão sabiam bem que nada feria mais os japoneses e lhes fustigava a moral do que qualquer palavra depreciativa contra o Imperador ou qualquer ataque direto a ele. Não acreditavam que, atacando o Imperador, aos olhos dos japoneses visássemos ao militarismo. Haviam observado que a reverência para com o Imperador fora igualmente forte naqueles anos após a Primeira Guerra Mundial, quando "de-mok-ra-sie" era a grande divisa e o militarismo estava tão desacreditado que os homens do exército punham-se prudentemente à paisana antes de saírem pelas ruas de Tóquio. A reverência dos japoneses pelo seu chefe imperial não podia ser comparada, insistiam os habitantes mais antigos, com a veneração do gênero Heil Hitler, que constituía um barômetro dos destinos do partido nazista e inseparável de todos os males de um programa fascista.

As declarações dos prisioneiros de guerra japoneses os corroborava. Ao contrário dos soldados ocidentais, esses prisioneiros não haviam recebido instruções quanto ao que dizer e o que calar em caso de captura e as suas respostas em todos os assuntos eram surpreendentemente desorganizadas. O fato de não serem doutrinados devia-se, é claro, à política de não rendição do Japão. Isto só foi remediado nos últimos meses de guerra, e mesmo assim somente em determinados exércitos ou unidades locais. As declarações dos prisioneiros mereciam atenção pois representavam um corte transversal da opinião no exército japonês. Não se tratava de soldados cujo moral baixo os levara à rendição – e que portanto poderiam ser atípicos. Quase todos achavam-se feridos e incapazes de resistir quando capturados.

Os prisioneiros de guerra japoneses mostraram-se bastante intransigentes e atribuíam seu militarismo extremo ao Imperador, estavam "cumprindo a sua vontade", "despreocupando sua mente", "morrendo por ordem do Imperador". "O Imperador conduziu o povo à guerra e meu dever era obedecer." Mas aqueles que condenavam a presente guerra e os futuros planos japoneses de conquista imputavam com regularidade suas opiniões pacíficas como sendo as do próprio Imperador. Para todos ele era tudo. Os fastos da guerra referiam-se a ele como "sua pacífica majestade", frisando que "sempre fora liberal e contrário à guerra". "Ele havia sido enganado por Tojo". "Durante o Incidente da Manchúria, ele demonstrou ser contrário aos militares." "A guerra teve início sem o conhecimento ou a permissão do Imperador. O Imperador não gosta de guerra e não teria permitido que o seu povo nela fosse arrastado. Ele não sabe o quanto seus soldados são maltratados." Tais declarações não se assemelhavam às de prisioneiros de guerra alemães que, conquanto alegassem ter sido Hitler traído por seus generais, ou por seu alto comando, atribuíam-lhe no entanto o papel de máximo instigador da guerra e seus preparativos. O prisioneiro de guerra japonês explicitamente separava a Família Imperial do militarismo e das agressivas políticas de guerra.

Entretanto, para eles o Imperador era inseparável do Japão. "Um Japão sem o Imperador não é Japão." "O Japão sem o Imperador não pode ser imaginado." "O Imperador japonês é o símbolo do povo japonês, o centro de sua vida religiosa. É um objeto super-religioso." Nem tampouco seria culpado pela derrota, se o Japão perdesse a guerra. "O povo não considera o Imperador responsável pela guerra." "Em caso de derrota, o ministério e os líderes militares é que levariam a culpa, e não o Imperador." "Mesmo se o Japão perdesse a guerra, dez entre dez japoneses ainda reverenciariam o Imperador."

Toda essa unanimidade em colocar o Imperador acima de qualquer crítica parecia postiça aos americanos, acostumados a não poupar homem algum de um exame frio e de uma crítica. Mas não havia dúvida de que se tratava da voz do Japão, mesmo na derrota. Os mais experimentados no interrogatório de prisioneiros deram como veredicto ser desnecessário anotar em cada folha de entrevista: "Recusa-se a falar contra o Imperador"; todos os prisioneiros se recusavam, até mesmo os que cooperavam com os aliados e faziam transmissões para nós, dirigidas aos soldados japoneses. Da reunião de todas as entrevistas de prisioneiros de guerra, apenas três eram, ainda assim, levemente contrárias ao Imperador, limitando-se a dizer: "Seria um erro deixar o Imperador no trono". Uma outra afirmava que o Imperador era "um fraco, não passando de um fantoche". E a terceira não foi além da suposição de que o Imperador poderia abdicar em favor de seu filho e que se a monarquia fosse abolida, as jovens japonesas esperavam conseguir uma liberdade que até então invejavam nas mulheres da América.

Os comandantes japoneses, portanto, apelavam para a quase unânime veneração japonesa, quando distribuíam aos soldados cigarros "oferecidos pelo Imperador" ou quando os levavam, no aniversário deste, a se curvarem três vezes na direção do Oriente, gritando "Banzai"; o mesmo acontecia quando cantavam juntamente com todos os soldados, pela manhã e à noite, "embora a unidade estivesse sob bombardeio ininterrupto", as "palavras sagradas" que o próprio Imperador doara às forças armadas no Edito aos Soldados e Marinheiros, enquanto "o som do cântico ecoava através da floresta". Os militaristas utilizavam de todas as maneiras o recurso da lealdade ao Imperador. Exortavam seus homens a "satisfazer os desejos de Sua Majestade Imperial", a "dissipar todas as ansiedades do seu Imperador", a "demonstrar respeito por Sua benevolência Imperial", a "morrer pelo Imperador". Mas esta obediência à sua vontade podia ser uma faca de dois gumes. Como diziam muitos prisioneiros, os japoneses "lutarão sem hesitar, até mesmo com varas de bambu apenas, se o Imperador assim ordenar. Haveriam de se deter com igual presteza, se ele o mandasse"; "o Japão jogaria fora as armas amanhã, se o Imperador emitisse tal ordem"; "Até mesmo o exército de Kwantung, na Manchúria" – o mais belicoso e jingoísta –

"deporia suas armas"; "somente suas palavras podem fazer com que o povo japonês aceite a derrota e se conforme em viver para a reconstrução". Esta lealdade incondicional e irrestrita ao Imperador defrontava-se abertamente com a crítica de todas as outras pessoas e grupos. Criticava-se o governo e as autoridades militares, fosse nos jornais e revistas japoneses ou nas declarações de prisioneiros de guerra. Os prisioneiros de guerra não se inibiam em acusar os seus comandantes locais, especialmente os que não haviam partilhado os perigos e sofrimentos de seus soldados. Criticavam especialmente os que haviam sido retirados por avião, deixando atrás de si seus soldados combatendo. Geralmente elogiavam alguns oficiais e criticavam outros amargamente; não pareciam prescindir do intuito de discriminar o bom do mau, nas coisas japonesas. Até mesmo nas ilhas do país os jornais e as revistas criticavam "o governo". Pediam mais liderança e maior coordenação de esforço e observavam não estar obtendo do governo o que era necessário. Chegavam a criticar as restrições à liberdade de palavra. Um relatório sobre uma reunião de editores, antigos membros do Parlamento, e diretores do partido totalitário do Japão, a Associação de Assistência ao Governo Imperial, publicado num jornal de Tóquio, em julho de 1944, constitui um bom exemplo. Disse um dos oradores: "Creio que há várias maneiras de despertar o povo japonês, o mais importante, porém, é a liberdade de palavra. Nos últimos anos, o povo não tem podido dizer francamente o que pensa. Temem ser incriminados se falarem sobre determinados assuntos. Hesitaram, tentaram salvar as aparências, o fato é que a opinião pública realmente intimidou-se. Jamais conseguiremos desenvolver totalmente o poder do povo desta forma". Outro orador discorreu sobre o mesmo tema: "Venho organizando debates quase todas as noites com o povo dos distritos eleitorais e interroguei-os acerca de muitas coisas, mas todos tiveram medo de falar. A liberdade de palavra lhes tem sido negada. Certamente, esse não é um modo adequado de estimular sua vontade de lutar. O povo está tão fortemente cerceado pela chamada Lei Penal Especial de Guerra e pela Lei de Segurança Nacional que se tornou tão amedrontado como a gente do período feudal. Por conseguinte, o valor combativo que se poderia ter desenvolvido permanece atualmente atrofiado".

Mesmo durante a guerra, os japoneses criticavam o governo, o Alto Comando e os seus superiores imediatos. Não reconheciam de forma incondicional as virtudes de toda a hierarquia. Mas o Imperador era isentado. Como poderia ser assim, já que a sua preeminência era tão recente? Que nuança do caráter japonês possibilitou-lhe o alcance de uma posição tão sacrossanta? Estariam certos os prisioneiros de guerra ao declararem que, assim como o povo lutaria até a morte "com lanças de bambu" enquanto ele assim o ordenasse, aceitariam eles pacificamente a derrota e a ocupação se este fosse o seu comando? Pretenderiam desorientar-nos com este contrassenso? Ou se trataria, possivelmente, da verdade?

Todas essas questões cruciais acerca da conduta japonesa na guerra, desde sua predisposição antimaterialista às suas atitudes com relação ao Imperador, diziam respeito tanto à pátria japonesa quanto às frentes de batalha. Havia outras atitudes mais especificamente relacionadas com o exército japonês. Uma destas prendia-se à possibilidade de sacrifício de suas forças de combate. O rádio japonês salientou bem o contraste com as atitudes americanas, quando descreveu com acentuada incredulidade a condecoração naval do Almirante George S. McCain, comandante de uma força-tarefa ao largo de Formosa.

> A razão oficial da condecoração não foi por ter o comandante John S. McCain sido capaz de pôr os japoneses em fuga embora não compreendamos por que, já que o comunicado de Nimitz assim o revelou... Pois bem, a razão da condecoração do almirante McCain foi por ter ele conseguido salvar dois navios de guerra americanos, escoltando-os a salvo até a sua base. O que torna importante este trecho de informação é que não se trata de ficção e sim da verdade... Não estamos, portanto, discutindo a veracidade do fato de o almirante McCain ter salvo dois navios, o que desejamos que notem é que o salvamento de dois navios avariados ê motivo para condecoração nos Estados Unidos.

Os americanos emocionam-se com toda espécie de salvamento, com todo auxílio prestado aos que se acham apertados contra a parede. Uma proeza valorosa é tanto mais heroica se salvar os "avariados". A bravura japonesa repudia tal salvamento. Até mesmo os dispositivos de segurança instalados nos nossos B-29 e caças mereceram a pecha de "covardia". A imprensa e o rádio repisaram continuamente o assunto. Somente havia virtude na aceitação de riscos mortais; as precauções eram desprezíveis. Esta atitude manifestava-se também no caso dos feridos e dos pacientes da malária. Esses soldados eram bens avariados e os serviços médicos disponíveis eram de completa ineficiência até mesmo para um eficaz desempenho das forças de combate. Com o correr do tempo, dificuldades de abastecimento de toda a espécie agravaram esta falta de atendimento médico, mas esta ainda não era a história toda. O menosprezo japonês pelo materialismo desempenhava aí um papel; ensinavam aos soldados que a morte constituía uma vitória do espírito e o nosso tipo de cuidado para com os doentes era uma interferência no heroísmo – como os dispositivos de segurança nos bombardeiros. Na vida civil os japoneses também não estão tão habituados quanto os americanos a recorrerem tanto a médicos e cirurgiões. A tendência à compaixão pelos prejudicados, muito mais que outras medidas beneficentes, é particularmente acentuada nos Estados Unidos, sendo amiúde observada até mesmo por visitantes de alguns países europeus em tempo de paz. Tudo isso é, sem dúvida, estranho aos japoneses. Acontecesse o que fosse durante a guerra, o exército japonês não dispunha de equipes de salvamento para a remoção dos feridos em combate e para fornecer os primeiros socorros; não tinha corpo médico na linha de frente, na retaguarda ou mesmo hospitais de recuperação mais afastados. Seu cuidado com relação às provisões médicas era lamentável. Em determinadas emergências, os hospitalizados eram sumariamente mortos. Especialmente na Nova Guiné e nas Filipinas, frequentemente os japoneses tinham de recuar de uma posição onde havia um hospital. Não existia um projeto de retirada dos doentes e feridos, enquanto houvesse oportunidade; somente se fazia alguma coisa quando efetivamente se realizasse uma "retirada planejada" do batalhão ou uma ocupação inimiga. Nessas circunstâncias, o oficial médico de serviço costumava eliminar os internados do hospital antes de retirar-se, ou então eles próprios se suicidavam com granadas de mão.

Se esta atitude dos japoneses com relação a bens avariados era fundamental no tratamento de seus compatriotas, revelava-se igualmente importante no seu tratamento dos prisioneiros de guerra americanos. Segundo nossos critérios, os japoneses eram culpados de atrocidades tanto contra seus próprios homens, quanto contra seus prisioneiros. O antigo chefe dos oficiais-médicos das Filipinas, Coronel Harold W. Glattly, após seus três anos de reclusão como prisioneiro de guerra em Formosa, declarou que "os prisioneiros americanos recebiam melhor tratamento médico do que os soldados japoneses. Os oficiais médicos aliados nos campos de prisioneiros atendiam os seus homens, enquanto os japoneses não dispunham de médicos. Durante certo tempo, o seu único pessoal médico era constituído por um cabo e posteriormente por um sargento". Somente uma ou duas vezes por ano é que ele viu um oficial-médico japonês.*

O maior extremo a que poderia ser levada esta teoria japonesa da possibilidade de sacrifício de suas forças era a sua política de não rendição. Todo exército ocidental que lutou o melhor que pôde e encontra-se diante de perspectivas desesperadas rende-se ao inimigo. Consideram-se ainda seus contingentes dignos soldados, e mediante acordo internacional seus nomes são enviados aos países de origem, para que as famílias saibam que estão vivos. Não se tornam desacreditados como soldados, cidadãos, ou mesmo no seio de suas famílias. Os japoneses, porém, definiam de maneira diferente a situação. A honra ligava-se à luta até a morte. Numa situação desesperada, um soldado japonês deveria matar-se com a sua derradeira granada de mão, ou atacar desarmado o inimigo, numa avançada suicida em massa. Não deveria, porém, render-se. Mesmo se fosse aprisionado ferido e inconsciente, nunca mais "poderia andar de cabeça erguida no Japão", estava desonrado, "morto" para a sua antiga vida.

É óbvio que havia ordens militares nesse sentido, entretanto, pelo menos manifestamente, não houve necessidade de doutrinação oficial especial na frente de combate. O exército obedecia de tal modo a este código que na campanha do Norte da Birmânia a proporção dos capturados para os mortos foi de 142 para 17.166, representando uma proporção de 1:120. E dos 142 em campos de prisioneiros, com exceção de uma pequena minoria, todos encontravam-se feridos ou inconscientes quando capturados; somente muito poucos haviam "capitulado" sozinhos ou em grupos de dois ou três. Nos exér-

* Noticiado no *Washington Post*, de 15 de outubro de 1945.

citos das nações ocidentais constitui quase um truísmo não poderem as tropas suportar a morte de um quarto a um terço do seu contingente sem render-se; as rendições ocorrem cerca de 4:1. Entretanto, quando pela primeira vez em Hollandia rendia-se um número apreciável de soldados japoneses, a proporção era de 1:5, o que constituía um considerável aumento com relação a 1:120 do Norte da Birmânia.

Para os japoneses, portanto, os americanos que se haviam tornado prisioneiros de guerra estavam desonrados pelo simples fato da rendição. Constituíam "bens danificados", mesmo quando os ferimentos, a malária ou a disenteria não os haviam colocado fora da categoria de "homens completos". Muitos americanos notaram como era perigoso o riso americano no campo de prisioneiros, como melindrava os guardas. Aos olhos dos japoneses, eles haviam sofrido ignomínia, sendo penoso para os mesmos que os americanos o ignorassem. Igualmente, muitas das ordens que os prisioneiros americanos tinham de obedecer eram as que também haviam sido exigidas de seus guardas japoneses por parte de seus oficiais; as marchas forçadas e os transbordos apinhados eram comuns para eles. Referem também os americanos de como as sentinelas exigiam rigorosamente que os prisioneiros encobrissem infrações do regulamento: o grande crime era infringir abertamente. Nos campos em que os prisioneiros trabalhavam durante o dia fora, em estradas ou instalações, o regulamento de que não poderiam trazer consigo nenhum alimento do campo era às vezes letra morta – se as frutas e os vegetais fossem escondidos. Se estivessem à vista, constituía um evidente delito, no sentido de que os americanos haviam desrespeitado a autoridade da sentinela. O desafio aberto da autoridade acarretava terrível punição, ainda que se tratasse de um mero "retrucar". Mesmo na vida civil, os regulamentos japoneses são muito severos com respeito aos que viessem a retrucar ordens; nesses casos, as suas praxes militares puniam duramente. Não constitui exoneração das atrocidades e crueldades arbitrárias as distinções ocorridas, nos campos de prisioneiros, entre estes atos e aqueles que eram consequências de hábitos culturais.

Especialmente nas fases iniciais do conflito, a vergonha da captura era reforçada por uma convicção muito comum entre os japoneses de que o inimigo torturava e matava todos os prisioneiros. O boato de que haviam passado tanques por cima dos corpos dos aprisionados em Guadalcanal espalhou-se por quase todas as zonas. Do mesmo modo, alguns japoneses que tentavam entregar-se, eram encarados com tanta reserva por parte de nossos soldados a ponto de serem mortos como precaução, o que frequentemente justificava as suspeitas japonesas. Um japonês, para quem nada mais restava senão a morte, frequentemente orgulhava-se de levar consigo um inimigo ao morrer; poderia fazer isso mesmo depois de capturado. Decididos, conforme expressou um deles, "a serem queimados no altar da vitória, seria uma desonra morrer sem consumar um feito heroico". Tais possibilidades punham de sobreaviso nosso exército e diminuíam o número de rendições.

A vergonha da rendição ardia profundamente na consciência dos japoneses. Aceitavam tranquilamente uma conduta estranha às nossas convenções de guerra. As nossas lhes eram do mesmo modo estranhas. Referiam-se com indignado desprezo aos prisioneiros de guerra americanos que *pediam* fossem seus nomes levados ao seu governo, a fim de que suas famílias soubessem que estavam vivos. A soldadesca, pelo menos, achava-se inteiramente desprevenida para a rendição das tropas americanas em Bataan, pois supunham que eles iriam resistir à maneira japonesa. Não conseguiam aceitar o fato de que os americanos não tivessem vergonha de serem prisioneiros de guerra.

A mais melodramática diferença de conduta entre soldados ocidentais e japoneses foi sem dúvida a cooperação dada aos aliados por estes últimos como prisioneiros de guerra. Eles desconheciam quaisquer regras de vida aplicáveis nesta nova situação; achavam-se desonrados e sua vida como japoneses findara. Somente nos últimos meses de guerra é que mais do que um punhado deles imaginou um retorno à pátria, não importando como terminasse a guerra. Alguns pediram para ser mortos, "mas, como os costumes de vocês não permitem isto, serei um prisioneiro modelo". Eles foram mais do que prisioneiros modelos. Veteranos militares, por muito tempo nacionalistas extremados, localizaram depósitos secretos de munições, revelaram minuciosamente a distribuição das forças japonesas, redigiram nossa propaganda e voaram junto com os nossos pilotos bombardeiros, a fim de guiá-los para alvos militares. Era como se houvessem virado uma nova página: o que estava escrito na nova página era o oposto do que constava na antiga, mesmo assim, as linhas eram proferidas com a mesma fidelidade.

Não é esta, evidentemente, a descrição de todos os prisioneiros de guerra. Havia alguns poucos irreconciliáveis. De qualquer modo, era necessário estabelecerem-se determinadas condições favoráveis, antes que tal conduta fosse possível. Compreensivelmente, os comandantes militares americanos mostraram-se hesitantes em aceitar nominalmente o auxílio japonês, havendo campos em que não se encetava nenhuma tentativa de utilizar quaisquer serviços que eles pudessem oferecer. Nos campos em que assim sucedia, entretanto, a suspeita primitiva teve de ser retirada e uma dependência cada vez mais acentuada foi conferida à boa fé dos prisioneiros japoneses.

Os americanos não haviam esperado esta reviravolta por parte dos prisioneiros de guerra. Não estava de acordo com os nossos preceitos. Mas, os japoneses procediam como se, depois de dar tudo de si e falhar na linha de conduta assumida, enveredassem naturalmente por uma outra. Seria um modo de agir com o qual poderíamos contar nos dias de pós-guerra ou seria uma conduta peculiar a soldados que haviam sido capturados individualmente? A exemplo das demais peculiaridades da conduta japonesa que se nos impuseram durante a guerra, surgiram indagações a respeito de toda a maneira de vivei a que eles estavam condicionados, o modo pelo qual funcionavam suas instituições, além dos hábitos de pensamento e ação que haviam aprendido.

3. ASSUMINDO A POSIÇÃO DEVIDA

Qualquer tentativa de entender os japoneses deverá começar com a sua versão do que significa "assumir a posição devida". A sua confiança na ordem e na hierarquia e a nossa fé na liberdade e na igualdade situam-se a polos de distância, sendo difícil para nós atribuir à hierarquia seu valor devido como mecanismo social. A confiança japonesa na hierarquia é básica, dentro da sua noção global da relação do homem com o seu semelhante, da relação do homem para com o Estado, sendo que somente através da descrição de algumas de suas instituições nacionais como a família, o Estado, vida religiosa e econômica, é que nos será possível entender a sua visão do mundo.

Os japoneses apreciaram todo o problema das relações internacionais em termos da sua versão da hierarquia, assim como apreciaram seus problemas internos sob a mesma luz. Durante a última década afiguraram-se como atingindo o ápice daquela pirâmide e agora, que esta posição pertence às nações ocidentais, sua visão de hierarquia certamente assinala a sua aceitação da atual disposição. Seus documentos internacionais constantemente especificaram o peso que a ela atribuem. O preâmbulo ao Pacto Tríplice com a Alemanha e a Itália, que o Japão assinou em 1940, reza: "Os governos do Japão, Alemanha e Itália consideram como condição precedente a toda paz duradoura que a todas as nações seja dada a sua posição devida ..." e o Edito Imperial exarado por ocasião da assinatura do Pacto dizia de novo a mesma coisa:

> Promover a nossa integridade pela terra inteira e fazer do mundo uma única família constitui a grande injunção que nos legaram nossos Antepassados Imperiais e nisso nos empenhamos dia e noite. Na extraordinária crise com que se defronta atualmente o mundo, segundo se afigura, a guerra e a confusão serão interminavelmente agravadas e a Humanidade sofrerá desastres incalculáveis. Esperamos fervorosamente que os distúrbios cessem e a paz seja restabelecida o mais cedo possível... Muito nos alegramos, portanto, que este pacto tenha sido firmado entre os Três Poderes.
>
> A tarefa de permitir a cada nação encontrar o seu devido lugar e todos os indivíduos viverem em paz e segurança é da maior magnitude. Não tem paralelo na história. Este objetivo ainda se encontra bem distante...

No próprio dia do ataque a Pearl Harbor, os enviados extraordinários japoneses entregaram, também, ao Secretário de Estado Cordell Hull uma declaração das mais explícitas a este respeito:

> Consiste a imutável política do governo japonês em permitir a cada nação encontrar o seu devido lugar no mundo. O governo japonês não pode tolerar a perpetuidade da presente situação, já que ela contraria diretamente a política fundamental do Japão de permitir a cada nação desfrutar a sua posição devida no mundo.

Este memorando japonês veio em resposta ao do Secretário Hull, de alguns dias antes, invocando princípios americanos tão básicos e respeitados nos Estados Unidos quanto a hierarquia no Japão. O Secretário Hull enumerou quatro: a inviolabilidade da soberania e da integridade territorial; a não intervenção nos assuntos internos das outras nações; a confiança na cooperação internacional e na conciliação e, finalmente, o princípio de igualdade. Todos estes são pontos fundamentais da fé americana na igualdade e inviolabilidade dos direitos e constituem os princípios sobre os quais acreditamos que a vida diária, não menos do que as relações internacionais, deva ser baseada. A igualdade é o maior e mais moral fundamento das esperanças americanas por um mundo melhor. Significa para nós libertação da tirania, da interferência e das imposições indesejáveis. Significa igualdade perante a lei e o direito de melhorar a condição de cada um na vida. É a base dos direitos do homem conforme estão organizados no mundo que conhecemos. Defendemos a virtude da igualdade mesmo quando a desrespeitamos, ao mesmo tempo que combatemos a hierarquia com virtuosa indignação.

Tem sido assim desde quando os Estados Unidos começaram a ser uma nação. Jefferson inscreveu-a na Declaração da Independência e a Carta de Direitos incorporada à Constituição nela se baseia. Essas frases formais dos documentos públicos de uma nação nova eram importantes exatamente porque elas refletiam um modo de vida estranho aos europeus que ia tomando forma na vida diária de homens e mulheres deste continente. Um dos grandes documentos da reportagem internacional é o livro escrito por um jovem francês, Alexis de Tocqueville, a respeito destes temas de igualdade, depois de ter visitado os Estados Unidos, no início da terceira década do século passado. Revelou-se ele um observador inteligente e simpático, capaz de reconhecer o que havia de bom neste exótico mundo da América. Pois exótico, ele realmente o era. O jovem Tocqueville fora educado na aristocrática sociedade da França, ainda na lembrança de homens em plena atividade e influência e depois sacudida e assustada, primeiro pela Revolução Francesa, e, em seguida, pelas novas e drásticas leis de Napoleão. Mostrava-se generoso na sua apreciação de uma nova e estranha ordem de vida na América, mas enxergava-a através dos olhos de um aristocrata francês e o seu livro era um relatório para o Velho Mundo das coisas futuras. Os Estados Unidos, segundo acreditava, constituíam um posto avançado de progressos que também ocorreriam na Europa, embora com diferenças.

Apresentou ele, portanto, minuciosos informes acerca desse mundo novo. Aqui todos se consideravam realmente iguais uns aos outros. As relações sociais transcorriam numa base nova e natural. As conversas eram de homem a homem. Os americanos não se preocupavam com as pequenas atenções da etiqueta hierárquica; não as exigiam como alguma coisa que lhes fosse devida, nem as ofereciam aos outros. Gostavam de proclamar que nada deviam a ninguém. Não existia ali uma família no velho sentido aristocrático ou romano e a hierarquia social que dominara o Velho Mundo não mais existia. Aqueles americanos confiavam acima de tudo na igualdade; na prática, observou ele, até mesmo a liberdade deixavam fugir pela janela, enquanto olhavam para o outro lado. Mas viviam em pé de igualdade.

É animador para os americanos verem seus ancestrais através dos olhos deste estrangeiro, escrevendo sobre a nossa maneira de viver há mais de um século. Tem havido muitas mudanças em nosso país, mas as linhas gerais não foram alteradas. A medida que lemos, vamos reconhecendo que a América de 1830 já era a que conhecemos. Existiram e ainda existem neste país aqueles que, como Alexander Hamilton no tempo de Jefferson, são a favor de uma ordem mais aristocrática na sociedade. Mas, até mesmo os Hamilton reconhecem que a nossa maneira de viver neste país não é aristocrática.

Quando, portanto, expressamos ao Japão, pouco antes de Pearl Harbor, as elevadas bases morais sobre as quais os Estados Unidos baseavam sua política no Pacífico, estávamos enunciando nossos mais acreditados princípios. Cada medida na direção que assumíamos haveria de melhorar, de acordo com as nossas convicções, um mundo ainda imperfeito. Também os japoneses, quando confiam na "devida posição", voltavam-se para a regra de vida que neles fora arraigada pela própria experiência social. A desigualdade tem sido durante séculos a regra de sua vida organizada, justamente naqueles pontos onde é mais previsível e aceita. Conduta assente com hierarquia é tão natural para eles como respirar. Não se trata, contudo, de um simples autoritarismo ocidental. Tanto os que exercem controle, como os que estão sob o controle de outros, agem em conformidade com uma tradição diferente da nossa, e agora, que os japoneses aceitaram o elevado plano hierárquico da autoridade americana no seu país, é que se torna ainda mais necessário para nós adquirir a ideia mais clara possível de suas convenções. Somente assim poderemos imaginar como agirão na sua presente situação.

O Japão, com toda a sua recente ocidentalização, é ainda uma sociedade aristocrática. Cada cumprimento, cada contato deve indicar a espécie e grau de distância social entre os homens. Cada vez que um homem diz para outro "Coma" ou "Sente-se", usa palavras diferentes, conforme esteja se dirigindo familiarmente a alguém ou falando com um inferior ou superior. Existe um "você" diferente que deve ser usado em cada caso e os verbos têm radicais diferentes. Os japoneses têm, em outras palavras, o que se chama uma "linguagem de respeito", tal qual muitos outros povos do Pacífico, acompanhada de mesuras e genuflexões apropriadas. Todo esse procedimento é governado por regras e convenções meticulosas; não é apenas necessário saber a quem é feita a mesura, como também a sua frequência. Uma mesura correta e apropriada para um anfitrião seria considerada como um insulto por outro em relação ligeiramente diversa com o convidado. E as mesuras classificam-se de várias maneiras, desde ajoelhar abaixando a testa até as mãos espalmadas no solo até o mero inclinar da cabeça e dos ombros. É preciso aprender, e bem cedo, como harmonizar a reverência com cada caso particular.

Não se trata apenas de diferenças de classe que devem ser reconhecidas constantemente pela conduta apropriada, embora isto também seja importante. Sexo e idade, laços de família e relações anteriores, tudo passa a fazer parte dos cálculos necessários. Em ocasiões diferentes, até mesmo entre duas mesmas pessoas são requeridos graus diferentes de respeito: um civil poderá ser conhecido de um outro e não cumprimentá-lo, porém, estando de uniforme militar, seu amigo em trajes civis há de saudá-lo. A observância de hierarquia é uma arte que requer a ponderação de inumeráveis fatores, alguns dos quais, segundo cada caso particular, poderão ser anulados mutuamente, enquanto outros podem tornar-se até mesmo cumulativos.

É claro que existem pessoas entre as quais existe relativamente pouca cerimônia. Nos Estados Unidos estas pessoas são as do círculo familiar de cada um. Desfazemo-nos das menores formalidades de nossa etiqueta quando chegamos em casa e entramos no seio da nossa família. No Japão, é precisamente na família que são aprendidas e meticulosamente observadas as regras de respeito. Enquanto a mãe ainda leva o bebê preso às costas, empurra-lhe a cabeça para baixo com a mão e suas primeiras lições consistem na observância de um procedimento respeitoso com relação ao pai ou ao irmão mais velho. A esposa inclina-se diante do marido; a criança, diante do pai; os irmãos mais jovens, diante dos mais velhos e a irmã, diante de todos os irmãos, qualquer que seja sua idade. Não se trata de um gesto vazio. Aquele que se inclina reconhece o direito do outro de interferir em assuntos sobre os quais ele próprio preferiria decidir e o que recebe a saudação assume, por seu turno, certas responsabilidades relativas à sua posição. A hierarquia baseada no sexo, geração e primogenitura constitui parte da vida familiar.

O devotamento filial é, sem dúvida, uma alta lei ética que o Japão compartilha com a China e suas formulações chinesas foram desde cedo adotadas no Japão, juntamente com o budismo chinês, a ética confucionista e a cultura secular chinesa dos séculos VI e VII d.C. Seu caráter foi, no entanto, inevitavelmente modificado a fim de adaptar-se à diferente estrutura da família no Japão. Na China, mesmo hoje em dia, cada qual deve lealdade a toda extensão do seu clã. Seu número de componentes pode chegar a dezenas de milhares de pessoas sobre as quais ele tem jurisdição e de quem recebe apoio. Conquanto possam diferir as condições em várias partes desse imenso país, na maior parte das regiões, toda a população das aldeias pertence ao mesmo clã. Entre todos os 450 000 000 de habitantes da China, existem apenas 470 sobrenomes e todas as pessoas com o mesmo sobrenome consideram-se irmãos de clã em algum grau. Por toda uma área, todos podem pertencer exclusivamente a um único clã e, além disso, ter companheiros de clã morando em cidades distantes. Em zonas populosas como Kwangtung, todos os membros de clã congregam-se para a organização de grandes salões de clã e em dias determinados chegam a venerar mil placas de ancestrais, membros falecidos do clã, originários de um antepassado comum. Cada clã possui bens, terras e templos e dispõe de fundos que são utilizados para pagar a educação de seus filhos promissores. O clã não perde de vista os membros dispersos e publica pormenorizadas genealogias, atualizadas por volta de cada década, a fim de divulgar os nomes dos que têm direito a partilhar de seus privilégios. Possui leis ancestrais que pode até mesmo proibi-los de entregar criminosos da família ao Estado, caso o clã não esteja de acordo com as autoridades. Nos tempos imperiais, essas grandes comunidades de clãs semiautônomos eram governadas em nome do Estado Maior, da forma mais displicente possível, por indolentes mandarinatos, comandados por pessoas estranhas à região, que se revezavam, conforme nomeação do Estado.

No Japão, tudo isso era diferente. Até a metade do século XIX, somente famílias nobres e famílias guerreiras (*samurai*) podiam usar sobrenomes. Os sobrenomes eram fundamentais no sistema chinês de clãs e, sem eles ou algum equivalente, a organização não se podia desenvolver. Em algumas tribos, um desses equivalentes consiste em manter uma genealogia. No Japão, porém, somente as classes superiores o faziam e mesmo assim faziam o registro, tal qual as Filhas da Revolução Americana o fizeram nos Estados Unidos, recuando no tempo, a partir de pessoas vivas atualmente e não descendo de modo a incluir todo contemporâneo proveniente de um ancestral original. Trata-se de uma coisa bastante diferente. Além do mais, o Japão era um país feudal. A lealdade era devida não a um grande grupo de parentes, e sim a um senhor feudal. Era este um suserano residente, não podendo ser maior o contraste com os temporários mandarins burocráticos da China, sempre estrangeiros nos seus distritos. O que importava no Japão era se alguém pertencia ao feudo de Satsuma ou de Hizen. Os vínculos de um homem eram com o seu feudo.

Outra maneira de institucionalizar clãs é através do culto de ancestrais remotos ou de deuses de clã, em altares ou locais sagrados. Tal culto podia ser facultado à "gente comum" japonesa, mesmo sem sobrenomes e genealogias. Mas no Japão não existe culto de veneração de ancestrais remotos e nos altares onde a "gente comum" presta culto reúnem-se todos os aldeões, sem terem de provar sua ascendência comum. São chamados de "filhos" do deus do seu altar, isso porque vivem no território deste. Esses adoradores de aldeia são certamente aparentados entre si, como os de qualquer outra parte do mundo, após gerações de residência fixa, não constituindo, no entanto, um clã fechado, procedente de um ancestral comum.

O culto devido aos ancestrais é prestado num altar bastante diferente na sala de estar da família, onde apenas seis ou sete mortos recentes são reverenciados. No Japão, em todas as classes é prestado o culto diário perante este altar, sendo preparado alimento para os pais, avós e parentes próximos relembrados em carne e osso, representados no altar por pequenos túmulos. Mesmo no cemitério, as lápides nas sepulturas de bisavós não mais são refeitas e até mesmo a identidade da terceira geração ancestral mergulha rapidamente no esquecimento. Os laços familiares são reduzidos gradualmente no Japão a proporções ocidentais, com o equivalente mais próximo na família francesa.

O "devotamento filial" no Japão, portanto, é uma questão circunscrita a uma limitada família convivente. Consiste em assumir a devida posição de cada um, de acordo com a geração, o sexo e a idade, no seio de um grupo que inclui pouco mais do que o pai e o pai do pai de cada um, assim como seus irmãos e descendentes. Mesmo em casas importantes, onde se incluam grupos maiores, a família se divide em linhas separadas e os filhos mais jovens dão origem a novas ramificações. Dentro deste restrito grupo convivente, são meticulosas as regras que prescrevem a "devida posição". Verifica-se rigorosa submissão aos mais velhos, até que os mesmos decidam entrar em retiro formal (*inkyo*). Mesmo ainda hoje, um pai de filhos crescidos, cujo próprio pai ainda não se afastou, não efetua transação alguma que não seja aprovada pelo idoso avô. Pais fazem e desfazem os casamentos de seus filhos, até mesmo quando estes já têm trinta ou quarenta anos de idade. O pai, como chefe masculino da casa, é servido primeiro às refeições, é o primeiro a tomar banho familiar e recebe com um aceno as profundas reverências dos seus. Há uma adivinhação popular no Japão que poderia ser traduzida em nossa forma habitual: "Por que um filho que deseja dar conselhos aos pais é como um sacerdote budista que quer ter cabelos no alto da cabeça?" (Os sacerdotes budistas têm tonsura); A resposta é: "Por mais que queira, não consegue".

A devida posição significa não apenas diferenças de geração, como também diferenças de idade. Quando os japoneses desejam expressar uma confusão completa, dizem que alguma coisa não é "nem irmão mais velho, nem mais moço". É como quando dizemos que uma coisa não é peixe nem ave, pois para os japoneses um homem tem de conservar-se no seu caráter de irmão mais velho tão drasticamente quanto um peixe dentro d'água. O filho mais velho é o herdeiro. Os viajantes falam "daquele ar de responsabilidade que o filho mais velho adquire tão cedo no Japão". Ele compartilha em alto grau das prerrogativas do pai. Antigamente, seu irmão mais jovem com o tempo se tornaria inevitavelmente dependente dele; hoje em dia, especialmente em cidades pequenas e aldeias, é ele quem fica em casa segundo o costume arraigado, enquanto seus irmãos mais jovens poderão talvez progredir, obtendo melhor educação e melhor salário. Mas os velhos hábitos de hierarquia são fortes.

Até mesmo no moderno comentário político as prerrogativas dos irmãos mais velhos são vivamente proclamadas nas discussões em torno da Expansão do Extremo-Oriente. Na primavera de 1942, um tenente-coronel, falando em nome do Ministério da Guerra, disse a respeito da Esfera de Coprosperidade: "O Japão é o seu irmão mais velho e eles são os irmãos mais jovens do Japão. É preciso que este fato convença os habitantes dos territórios ocupados. Demonstrar demasiada consideração pelas populações poderá gerar-lhes nas mentes a tendência a pressupor benignidade por parte do Japão, com ruinosos efeitos sobre a sua doutrina". Em outras palavras, o irmão mais velho decide o que é conveniente para o irmão mais moço e não deve demonstrar "demasiada consideração" ao fazê-lo.

Qualquer que seja a idade, a posição de cada um na hierarquia depende do fato de ser homem ou mulher. A mulher japonesa caminha atrás do marido e tem uma posição inferior. Até mesmo as mulheres que em certas ocasiões, ao usarem roupas ocidentais, caminham ao seu lado e precedem-no ao passar por uma porta, voltam para a retaguarda, uma vez envergado o quimono. A filha de família japonesa deverá proceder da melhor maneira possível, ao passo que os presentes, as atenções e o dinheiro para a educação são para os irmãos. Mesmo quando se criam escolas mais adiantadas para moças, os cursos eram acumulados de instruções sobre etiqueta e movimento corporal. O treinamento intelectual sério não se equiparava ao dos rapazes, sendo que o diretor de uma dessas escolas, ao pleitear para as suas estudantes de classe média superior alguma instrução em idiomas europeus, fundamentava a sua recomendação na conviвência das mesmas saberem recolocar os livros de seus maridos de cabeça para cima nas estantes, depois de retirada a poeira.

Contudo, as mulheres japonesas têm grande liberdade, se comparadas com a maioria dos outros países asiáticos, não sendo isto apenas uma fase de ocidentalização. Nunca tiveram os pés atados, como nas classes superiores chinesas e as próprias mulheres indianas de hoje surpreendem-se ao ver as mulheres japonesas entrar e sair das lojas, andar para baixo e para cima nas ruas, sem se velarem. As esposas japonesas fazem as compras de casa e levam consigo a bolsa da família. Se faltar dinheiro, são elas que escolhem um objeto da casa e dirigem-se à casa de penhores. É a mulher quem dirige os criados, tem bastante voz ativa quanto ao casamento dos filhos e, quando é sogra, geralmente dirige o seu reino doméstico com mão tão firme como se jamais tivesse sido, metade da vida, uma flor anuente.

São grandes no Japão as prerrogativas de geração, sexo e idade. Os que exercem, porém, tais privilégios, atuam mais como mandatários do que como arbitrários autocratas. O pai ou o irmão mais velho é responsável pela casa, quer os seus membros estejam vivos, mortos, ou ainda por nascer. Deverá assumir graves decisões e cuidar que elas sejam cumpridas. Entretanto, não dispõe de autoridade incondicional. Deverá agir responsavelmente pela honradez da casa. Lembrará ao filho e ao irmão mais jovem o legado da família, tanto de coisas materiais, quanto de espirituais, exortando-os a que deles se façam merecedores. Ainda que seja um camponês, invocará *noblesse oblige* aos antepassados da família e, se pertencer a classes mais elevadas, o peso da responsabilidade pela casa torna-se cada vez mais acentuado. As exigências familiares precedem as individuais.

Em qualquer assunto importante, o chefe de uma família de qualquer posição social convoca um conselho doméstico, no qual o mesmo será debatido. Para uma conferência sobre um noivado, por exemplo, poderão vir membros da família de longínquas partes do Japão. O processo de se chegar a uma decisão envolve todos os imponderáveis de uma personalidade. Um irmão mais jovem ou uma esposa poderá influenciar o julgamento. O dono da casa se defrontará com grandes dificuldades se agir sem respeitar a opinião do grupo. Não há dúvida de que as decisões serão enormemente desagradáveis para o indivíduo cujo destino está sendo resolvido. Os seus maiores, contudo, que por seu turno já se submeteram no passado a decisões de conselhos familiares, mostram-se implacáveis ao exigirem dos menores aquilo a que se curvaram outrora. A sanção por trás de sua exigência é muito diferente da que, por lei e costume, confere ao pai prussiano direitos arbitrários sobre a esposa e os filhos. Por esta razão não será menos severa no Japão a exigência, os efeitos é que são diferentes. Os japoneses não aprendem em seus lares a dar valor à autoridade arbitrária, como também não é cultivado o hábito de submeter-se facilmente a ela. A submissão à vontade da família efetua-se em nome de um valor supremo para o qual todos se voltam, conquanto opressivas suas exigências. Ela se processa em nome da lealdade geral.

Todo japonês primeiro adquire o hábito da hierarquia no seio da família e posteriormente os aplica nos campos mais vastos da vida econômica e do governo. Aprende que uma pessoa dedica toda deferência aos que sobre ela têm precedência, numa "devida posição" determinada, sejam ou não eles os realmente dominantes no grupo. Mesmo um marido dominado pela mulher ou um irmão mais velho por um mais moço, ambos não deixam de receber deferência formal. Limites formais entre prerrogativas não são rompidos tão somente porque alguém mais está agindo por trás dos bastidores. A fachada não é alterada a fim de adaptar-se à realidade do domínio. Permanece inviolável. Existe mesmo uma certa vantagem tática em agir sem os adereços da posição formal; neste caso, se é menos vulnerável. Os japoneses também aprendem na sua experiência familiar que o maior fardo que se possa atribuir a uma decisão advém da convicção familiar de que a mesma preserva a sua honra. A decisão não é um decreto reforçado por punho de ferro ao arbítrio de um tirano que é o chefe da família. Este é antes um mandatário de uma propriedade material e espiritual importante para todos, exigindo destes que subordinem suas vontades pessoais aos requisitos da mesma. Os japoneses repudiam o uso do punho de ferro não porque se subordinem menos às exigências da família, nem porque seja menos extremada a deferência dedicada aos de posição designada. A hierarquia é mantida na família, ainda que os seus mais idosos tenham pouca oportunidade de ser autocratas vigorosos.

Esta tosca declaração de hierarquia na família japonesa, lida por americanos com seus padrões diferentes de conduta pessoal, não faz justiça à aceitação de laços emocionais fortes e sancionados no seio das famílias japonesas. Há uma solidariedade bastante considerável no lar e a maneira pela qual isto foi adquirido constitui-se num dos temas de que trata este livro. Por enquanto, é importante, ao tentar compreender a sua exigência de hierarquia nos terrenos mais vastos do governo e da vida econômica, reconhecer a ênfase conferida ao aprendizado dos hábitos na ambiência familiar.

As medidas hierárquicas na vida japonesa têm sido tão drásticas nas relações entre as classes quanto nas relações familiares. Durante toda a sua história nacional, o Japão tem sido uma sociedade rígida de classe e casta e uma nação com tais hábitos seculares de disposições de casta possui forças e fraquezas que são da maior importância. No Japão, a casta tem sido a organização de vida durante toda a sua história escrita, e até mesmo no século VII d.C. ele já estava adaptando normas de existência emprestadas da China sem casta, para modelar sua própria cultura hierárquica. Nesse período entre os séculos VII e VIII, o Imperador japonês e sua corte propuseram-se o empreendimento de enriquecer o Japão com os costumes da avançada civilização que se deparara aos olhos assombrados de seus enviados no grande reino da China. Passaram a empenhar-se com energia incomparável. Antes dessa época, o Japão nem mesmo possuía linguagem escrita; no século VII, adotou os ideogramas da China e os utilizou para escrever sua língua totalmente diferente. A religião japonesa especificava quarenta mil deuses que presidiam montanhas, aldeias e concediam boa sorte ao povo – uma religião popular que sobreviveu, através de todas as suas modificações subsequentes, como o moderno Xintoísmo. No século VII, o Japão adotou em grande escala o budismo da China como uma religião "excelente para proteger o Estado".* O Japão tivera arquitetura de grande permanência, seja pública ou particular; os imperadores construíram uma grande capital, Nara, baseando-se numa congênere chinesa, erigindo igualmente, segundo os mesmos padrões, vastos e aparatosos templos budistas, além de mosteiros. Do mesmo modo, os imperadores introduziram da China títulos, postos nobiliárquicos e leis, de acordo com os informes de seus enviados. Dificilmente se encontrará na história do mundo semelhante importação de civilização, por parte de uma nação soberana, planejada com tanto êxito.

Entretanto, desde o início, o Japão não conseguiu reproduzir a organização social chinesa sem castas. Os títulos oficiais adotados pelo Japão eram dados na China a administradores que haviam passado pelos exames do Estado, ao passo que no Japão eram conferidos a nobres hereditários e senhores feudais. Tornaram-se parte das disposições de casta dos japoneses. O Japão era constituído de grande número de feudos cujos senhores mostravam-se constantemente invejosos dos poderes uns dos outros, sendo importantes as disposições sociais referentes às prerrogativas de senhores, vassalos e dependentes. Por mais que o Japão assiduamente importasse civilização da China, era incapaz de adotar modos de vida que substituíssem a sua hierarquia por alguma coisa que se assemelhasse à burocracia administrativa da China ou o seu sistema de extensos clãs que reuniam gente das mais diferentes condições sociais. Tampouco adotava o Japão a ideia chinesa de um imperador secular. A designação japonesa da Casa Imperial é a de "Aqueles que habitam acima das nuvens" e somente pessoas dessa família podem ser imperadores. O Japão jamais teve mudanças de dinastia tão amiúde quanto a China. O Imperador era inviolável e a sua pessoa era sagrada. Os Imperadores japoneses e as suas cortes, que introduziram a cultura chinesa no Japão, sem dúvida nem sequer imaginavam quais eram as disposições chinesas em tais assuntos, nem adivinhavam as mudanças que eles operavam.

* Citado de uma crônica contemporânea do período Nara, por Sir George Sansom, em *Japan: A Short Cultural History*, p. 131.

A despeito de todas as importações culturais da China por parte do Japão, ainda assim, esta nova civilização tão somente abriu caminho para séculos de conflitos referentes a quais desses senhores hereditários e vassalos haveriam de controlar o país. Antes do fim do século VIII, a família nobre Fujiwara passara a dominar, deixando o Imperador em segundo plano. Quando, com o passar do tempo, o domínio dos Fujiwara foi contestado pelos senhores feudais e o país inteiro mergulhou na guerra civil, quando um destes, o famoso Yoritomo Minamoto, venceu todos os rivais e tornou-se o verdadeiro governante da nação sob um antigo título militar, o Xógum, que significa literalmente "Generalíssimo dominador dos bárbaros". Como de costume no Japão, Yoritomo tornou hereditário este título na família Minatomo, por todo o período durante o qual seus descendentes conseguiram conter os outros senhores feudais. O Imperador tornou-se uma figura impotente. Sua importância principal consistia em que o Xógum ainda dependia dele para a sua investidura ritual. Não dispunha de poder civil. O poder efetivo era exercido por um campo militar, conforme era chamado, que tentava conservar seu domínio através da força armada operando sobre feudos rebeldes. Cada senhor feudal, o *daimio*, tinha seus dependentes armados, os *samurai*, cujas espadas achavam-se à sua disposição, sempre prontos, nos períodos de desordem, a contestar a "devida posição" de um feudo rival ou do Xógum dominante.

No século XVI, a guerra civil tornara-se endêmica. Após décadas de desordem, o grande Ieyasu obteve vitória sobre todos os rivais e em 1603 passou a ser o primeiro Xógum da Casa de Tokugawa. O Xogunato conservou-se na linhagem de Ieyasu por dois séculos e meio e terminou somente em 1868, quando o "governo duplo" de Imperador e Xógum foi abolido no começo do período moderno. Em muitos sentidos este longo Período Tokugawa constitui-se num dos mais notáveis da história. Manteve uma paz armada no Japão até a última geração antes do seu término, pondo em exercício uma administração centralizada que serviu admiravelmente aos propósitos dos Tokugawa.

Ieyasu defrontou-se com um problema dos mais difíceis e não optou por uma fácil solução. Os senhores de alguns dos mais fortes feudos se haviam colocado em oposição a ele na guerra civil e somente se submeteram após uma desastrosa derrota final. Eram os chamados Senhores Externos. Tinham sido deixados por Ieyasu no controle de seus feudos e samurais e, entre todos os senhores feudais do Japão, eram os que continuavam a ter a maior autonomia em seus domínios. Apesar disso, excluiu-os da honra de serem seus vassalos e de todas as funções importantes. Estas funções importantes foram reservadas para os Senhores Internos, os partidários de Ieyasu na guerra civil. A fim de manter este difícil regime, os Tokugawa recorreram à estratégia de evitar que os senhores feudais, os daimios, acumulassem poder, impedindo quaisquer combinações entre eles, que viesse a ameaçar o domínio do Xógum. Os Tokugawa simplesmente não aboliram a organização feudal, como também, visando manter a paz no Japão e o domínio da Casa de Tokugawa, tentaram fortalecê-la e torná-la ainda mais rígida.

A sociedade feudal japonesa estava organizada em estratos e a posição social de cada um era fixada por herança. Os Tokugawa consolidaram este sistema e regulamentaram os pormenores do comportamento diário de cada casta. Todo chefe de família era obrigado a afixar à sua porta a posição de classe e os fatos exigidos pelo seu *status* hereditário. As roupas que podia usar, os alimentos que tinha permissão de comprar e o tipo de casa em que podia legalmente morar eram regulamentados de acordo com a categoria herdada. Abaixo da Família Imperial e dos nobres da corte, havia quatro castas japonesas, em ordem hierárquica: os guerreiros (samurai), os fazendeiros, os artesãos e os comerciantes. Ainda abaixo destes, estavam os párias. Os mais numerosos e famosos dentre os párias eram os Eta, trabalhadores em ofícios proscritos. Eram varredores, sepultadores dos executados, esfoladores de animais mortos e curtidores de peles. Eram eles os intocáveis do Japão ou, mais exatamente, os seus incontáveis, pois até mesmo a extensão das estradas que atravessavam suas aldeias não era aferida, como se a terra e os habitantes da região não existissem. Eram miseravelmente pobres e, embora se lhes fosse garantido o desempenho de seus ofícios, achavam-se fora da estrutura formal.

Os comerciantes situavam-se logo acima dos párias. Por mais estranho que isto possa parecer aos americanos, era bastante realístico numa sociedade feudal. Uma classe de comerciantes é sempre demolidora do feudalismo. A medida que os negociantes tornam-se respeitáveis e prósperos, o feudalismo decai. Quando os Tokugawa, através das mais drásticas leis jamais aplicadas por qualquer país, decretaram o isolamento do Japão no século XVII, tiraram o solo debaixo dos pés dos comerciantes. O Japão havia mantido um comércio por toda extensão das costas da China e da Coreia, desenvolvendo-se, então, inevitavelmente, uma classe de negociantes. Os Tokugawa terminaram com tudo isto considerando um delito passível de pena capital construir ou operar embarcações que ultrapassassem determinadas dimensões. Os pequenos barcos permitidos não podiam atravessar o continente, nem transportar carregamentos de mercadorias. O comércio nacional também foi severamente limitado, mediante barreiras alfandegárias erguidas nas fronteiras de cada feudo, com medidas rigorosas contra a entrada e saída de mercadorias. Criaram-se outras leis acentuando a baixa posição social dos comerciantes. Leis suntuárias regulavam as roupas e guarda-chuvas que podiam usar, a quantia que podiam despender num casamento ou funeral. Não podiam morar em bairro de samurais. Não dispunham de proteção legal contra as espadas dos samurais, os guerreiros privilegiados. A política Tokugawa de manter os comerciantes em posições inferiores falhou, é claro, numa economia monetária, a exemplo da que já então vigorava no Japão. Entretanto, a tentativa fora feita.

O regime Tokugawa congelou em formas rígidas as duas classes adequadas a um feudalismo estável, os guerreiros e os fazendeiros. Durante as guerras civis, finalmente terminadas por Ieyasu, o grande comandante Hideyoshi já havia consumado a separação dessas duas classes, por intermédio da sua famosa "caça de espada". Desarmara os camponeses e conferira aos samurais o direito exclusivo de usarem espadas. Os guerreiros não podiam ser mais fazendeiros, artesãos ou comerciantes. Nem mesmo o menos graduado deles poderia legalmente ser um produtor, deveria ser membro de uma classe parasítica, que auferia seu estipêndio anual de arroz por meio de impostos lançados sobre os camponeses. O daimio lidava com este arroz, distribuindo a cada samurai dependente o rendimento que lhe cabia. Não importava onde o samurai fosse buscar auxílio; era inteiramente dependente do seu senhor. Em períodos mais antigos da história japonesa fortes laços ligavam o chefe feudal aos seus guerreiros, em meio a uma guerra quase incessante entre os feudos; no período de paz de Tokugawa os laços tornaram-se econômicos. Pois o guerreiro-dependente, ao contrário do seu equivalente europeu, não era um subsenhor com posse de terra e servos, nem tampouco um soldado da fortuna. Era um pensionista de estipêndio fixo, estabelecido para a sua linhagem familiar no começo do Período Tokugawa, o qual não era grande. Sábios japoneses calcularam que a pensão média de todos os samurais regulava com a dos agricultores, o que certamente importava em mera subsistência.* Nada prejudicava mais a família do que a divisão de tal estipêndio por entre os herdeiros, o que levava os samurais a limitarem a sua progênie. Nada lhes era mais mortificante do que um prestígio decorrente de riqueza e ostentação, por isso davam grande ênfase nos seus preceitos às superiores virtudes da frugalidade.

Um grande abismo separava os samurais das outras três classes: os fazendeiros, os artesãos e os comerciantes. Estas três últimas constituíam a "gente comum". Os samurais não o eram. As espadas que os samurais usavam como prerrogativa própria e símbolo de casta não eram apenas enfeites. Tinham o direito de usá-las contra a gente comum. Já o haviam feito tradicionalmente antes da época dos Tokugawa, sendo que as leis de Ieyasu apenas sancionavam velhos costumes quando decretavam: "A gente comum que proceder inconvenientemente para com os samurais ou não se mostrar respeitosa com os seus superiores poderá ser executada no local". Não pretendia Ieyasu que se criasse uma dependência mútua entre a gente comum e os dependentes samurais. Sua política baseava-se em rigorosos regulamentos hierárquicos. As duas classes tinham acesso ao daimio e prestavam contas diretamente a ele; era como se estivessem em escadas diferentes. Abaixo e acima de cada uma delas, havia lei, regulamento, controle e reciprocidade. Entre o povo nas duas escadas havia apenas distância. A separação entre as duas classes era forçosamente

* Citado por Herbert Norman, *Japan's Emergence as a Modem State*, p. 17, nº 12.

transposta pelas circunstâncias, a toda hora, mas não constituía parte do sistema.

Durante o Período Tokugawa os dependentes samurais não eram meros manejadores de espada. Tornavam-se cada vez administradores das propriedades de seus senhores e especialistas em artes pacíficas, como o drama clássico e a cerimônia do chá. Todo o protocolo caía na sua esfera e as intrigas do daimio eram consumadas através de suas hábeis manobras. Duzentos anos de paz constituem um longo período e o simples manejo da espada tinha seus limites. Assim como os negociantes, a despeito dos regulamentos de casta, desenvolviam um sistema de vida que atribuía posição de destaque a atividades corteses, artísticas e agradáveis, os samurais puderam desenvolver as artes de paz, além, é claro, dá prontidão das espadas.

Os fazendeiros, a despeito de sua desproteção legal contra os samurais, dos pesados tributos de arroz lançados sobre eles e de todas as restrições que lhes eram impostas, tinham garantidas certas seguranças. A posse de suas fazendas lhes era assegurada, sendo que no Japão a propriedade de terras confere prestígio. Sob o regime Tokugawa, a terra não podia ser permanentemente alienada, constituindo esta lei uma garantia para o cultivador individual e não, como no feudalismo europeu, para o senhor feudal. O fazendeiro tinha direito permanente a alguma coisa que prezava de forma suprema e, segundo parece, terá trabalhado a sua terra com a mesma diligência e irrestrito cuidado com que seus descendentes cultivam seus arrozais hoje em dia. Contudo, ele era o Atlas que sustentava toda a parasítica classe superior de Cerca de dois milhões de pessoas, inclusive o governo do Xógum, as instituições do daimio e as pensões dos dependentes samurais. Era taxado em espécie, isto é, pagava ao daimio uma percentagem de suas colheitas. Enquanto que no Sião, outro país de cultura de arroz, o imposto tradicional é de 10%, no Japão Tokugawa era de 40%. Mas, na realidade, era ainda mais elevado. Em alguns feudos era de 80% e havia sempre corveia ou exigências de trabalho, que recaía sobre a capacidade e o tempo do fazendeiro. Como os samurais, os fazendeiros também limitavam suas famílias, conservando-se quase na mesma cifra a população do Japão inteiro durante todos os séculos do Período Tokugawa. Para um país asiático, tais cifras estáticas de população durante um longo período de paz são bastante expressivas a respeito do seu regime. Era espartano nas suas restrições, tanto sobre os dependentes sustentados pelos impostos, quanto sobre a classe produtora, mas relativamente fidedigno entre o dependente e o seu superior. Todos sabiam de suas obrigações, de suas prerrogativas e de sua condição social, e, se estas fossem infringidas, mesmo os mais humildes poderiam protestar.

Os fazendeiros, ainda que na mais extrema pobreza, levavam seus protestos não apenas ao senhor feudal, como também às autoridades do Xogunato. Houve pelo menos mil dessas revoltas durante os dois e meio séculos Tokugawa. Não eram elas ocasionadas pelo tradicional pesado regulamento de "40% para o príncipe e 60% para os cultivadores"; todas elas constituíram em protestos contra impostos adicionais. Quando as condições não fossem mais suportáveis, os fazendeiros poderiam marchar em grande número contra seus senhores, mas as normas de petição e julgamento eram ordeiras. Os fazendeiros redigiam petições formais de reparação que submetiam ao tesoureiro do daimio. Quando esta petição era interceptada ou quando o daimio não tomava conhecimento de suas reclamações, enviavam seus representantes à capital, a fim de apresentarem suas denúncias escritas ao Xogunato. Em casos notórios, somente podiam assegurar a entrega daquela escondendo-a no palanquim de alguma alta autoridade, de passagem pelas ruas da capital. Mas, apesar dos riscos assumidos pelos fazendeiros na entrega da petição, era a mesma examinada pelas autoridades do Xogunato e cerca de metade dos julgamentos resultavam a favor dos camponeses.*

As exigências do Japão quanto à lei e à ordem não ficavam atendidos com o julgamento do Xogunato sobre as reivindicações dos fazendeiros. Suas reclamações poderiam ser justas e aconselhável ao Estado atendê-las, mas os líderes camponeses haviam transgredido a lei rígida da hierarquia. Independente de qualquer decisão a seu favor, haviam transgredido a lei inerente de sua sujeição, o que não podia ser tolerado. Eram,

* Borton, Hugh, *Peasant Uprisings in Japan of the Tokugawa Periode*. Transactions of the Asiatic Society of Japan, 2nd. Series, 16 (1936).

portanto, condenados à morte. A integridade de sua causa nada tinha a ver com o assunto. Até mesmo os camponeses aceitavam esta inevitabilidade. Os condenados eram seus heróis e o povo afluía à execução, onde os líderes eram fervidos em óleo, decapitados ou crucificados, não entrando em agitação, contudo, as multidões. Constituía isto a lei e a ordem. Posteriormente, eles poderiam erguer altares aos executados e venerá-los como mártires, mas aceitavam a condenação como parcela das leis hierárquicas sob as quais viviam.

Os Xóguns Tokugawa, em suma, tentaram solidificar a estrutura de casta dentro de cada feudo e tornar cada classe dependente do senhor feudal. O daimio situava-se no ápice da hierarquia de cada feudo e podia exercer suas prerrogativas sobre seus dependentes. O grande problema administrativo do Xógum consistia em controlar os daimios, evitando que formassem alianças ou levassem a cabo planos de agressão. Mantiveram-se os salvo-condutos e as autoridades aduaneiras nas fronteiras dos feudos, a fim de permitir rigorosa vigilância sobre "saída de mulheres e entrada de armas", evitando-se que algum daimio tentasse mandar para fora suas mulheres e contrabandeasse armas. O daimio não podia contratar casamento sem a permissão do Xógum, a fim de ser evitada alguma perigosa aliança política. O comércio entre os feudos era impedido até mesmo a ponto de se tornarem intransitáveis as pontes. Os espiões do Xógum mantinham-no bem informado sobre os gastos do daimio e, se os cofres feudais iam-se abarrotando, o Xógum exigia-lhe que empreendesse obras públicas dispendiosas, visando recolocá-lo nos trilhos. O mais famoso de todos os regulamentos prescrevia que o daimio passasse a metade de cada ano na capital e, mesmo quando regressasse para residir no seu feudo, tinha de deixar a mulher em Yedo (Tóquio), como refém nas mãos dos Xóguns. Mediante todas essas medidas, a administração assegurava a manutenção de superioridade e reforço de sua posição dominante na hierarquia.

O Xógum, evidentemente, não era a pedra angular da abóbada, pois detinha a governança como nomeado do Imperador. Este, com a sua corte de nobres hereditários (*kuge*), vivia isolado em Kyoto e não possuía realmente poder. Suas reservas financeiras eram menores do que as de daimios menos expressivos e as próprias cerimônias da corte eram rigorosamente limitadas por regulamentos do Xogunato. Ainda assim, nem mesmo os extremamente poderosos Xóguns Tokugawa tomaram quaisquer medidas para abolir este duplo governo de Imperador e genuíno governante. Não era coisa nova no Japão. Desde o século XII, um Generalíssimo (Xógum) vinha governando o país em nome de um trono privado de efetiva autoridade. Em alguns séculos, a divisão de funções fora tão longe que o poder real delegado pelo misterioso Imperador a um chefe secular hereditário era, por sua vez, exercido por um conselheiro hereditário deste último. Sempre houve delegação após delegação da autoridade original. Até mesmo nos derradeiros e violentos dias do regime Tokugawa, Comodoro Perry não suspeitava da existência-de um Imperador em segundo plano, cabendo a Townsend Harris, nosso primeiro enviado que negociou o primeiro tratado comercial com o Japão em 1858, descobrir, por si mesmo, que havia um Imperador.

A verdade é que a concepção que o Japão tinha do seu Imperador é a encontrada com frequência nas ilhas do Pacífico. Ele é o Chefe Sagrado que poderá ou não tomar parte na administração. Em algumas ilhas do Pacífico, ele assim o fez e, em outras, delegou sua autoridade. Contudo, sua pessoa era sempre sagrada. Entre as tribos da Nova Zelândia, o Chefe Sagrado era tão sacrossanto que não podia se alimentar, sendo que até mesmo a colher que utilizava não tocava seus dentes sagrados. Tinha de ser carregado quando ia ao estrangeiro, pois qualquer solo tocado por seu pé sagrado tornava-se automaticamente tão sagrado que deveria passar para possessão do Chefe Sagrado. Sua cabeça era especialmente sacrossanta, não podendo ser tocada por ninguém. Suas palavras chegavam até os deuses tribais. Em algumas ilhas do Pacífico, como Samoa e Tonga, o Chefe Sagrado não descia na arena da vida. Um Chefe Secular desempenhava todos os deveres de Estado. James Wilson, que visitou a ilha de Tonga no Pacífico Oriental, em fins do século XVIII, escreveu que o governo da mesma "muito de assemelha ao governo do Japão, onde a majestade sagrada é uma espécie de prisioneiro estatal do capitão-

-general".* Os Chefes Sagrados de Tonga viviam isolados dos negócios públicos, mas desempenhavam funções rituais. Cabia-lhes receber os primeiros frutos dos jardins e dirigir uma cerimônia, antes que homem algum pudesse comê-los. Quando o Chefe Sagrado morria, a sua morte era anunciada pela frase "Os céus estão vazios". Era enterrado com solenidade num grande túmulo real. Mas não tomava parte na administração.

O Imperador, mesmo politicamente impotente e "uma espécie de prisioneiro estatal do capitão general", ocupava, segundo as definições japonesas, uma "devida posição" na hierarquia. A participação ativa do Imperador em assuntos mundanos constituía para eles uma medida do seu *status*. Sua corte em Kyoto era um bem que preservaram através dos longos séculos de poder dos generalíssimos dominadores de bárbaros. Somente do ponto de vista ocidental é que as suas funções eram supérfluas. Os japoneses, sempre acostumados à definição rigorosa do papel hierárquico, encaravam diferentemente o assunto.

A configuração extrema do sistema hierárquico japonês dos tempos feudais, desde o pária ao Imperador, deixou sua forte marca no Japão moderno. Afinal de contas, o regime feudal terminou legalmente há apenas cerca de setenta e cinco anos, e os hábitos nacionais arraigados não desaparecem no decurso de uma existência humana. Os estadistas japoneses do período moderno também elaboraram planos cuidadosos, como veremos no próximo capítulo, a fim de preservar grande parte do sistema, não obstante as alterações radicais nos objetivos do seu país. Os japoneses, mais do que qualquer outra nação soberana, foram condicionados para um mundo onde as menores particularidades de conduta já estão traçadas e onde o *status* já está determinado. Durante dois séculos, quando a lei e a ordem foram mantidas em tal mundo com mão de ferro, os japoneses aprenderam a aliar segurança e tranquilidade a esta hierarquia meticulosamente planejada. Enquanto respeitassem os limites de fronteiras conhecidas e cumprissem obrigações costumeiras, poderiam confiar no seu

* Wilson, James. *A missionary Voyage to the Southern Pacific Ocean performed in the years 1796, 1797 and 1798 in the ship Duff*. Londres, 1799, p. 384. Citado por Edward Winslow Gifford, Tongan Society. Bernice P. Bishop Museum, Bulletin 61. Havaí, 1929.

mundo. O banditismo era reprimido. As guerras civis entre os daimios eram evitadas. Se os vassalos pudessem provar que outros haviam transgredido seus direitos, teriam licença de apelar, como faziam os fazendeiros quando explorados. Era arriscado, porém, aceito. O melhor dos Xóguns Tokugawa chegava mesmo a ter uma Caixa de Reclamações, na qual qualquer cidadão podia deixar o seu protesto e cuja chave somente o Xógum tinha. Havia garantias genuínas no Japão de que as agressões seriam punidas, desde que fossem atos não permitidos pelo quadro de conduta existente. Todos nele confiavam e somente se sentiam seguros quando o seguiam. É submetendo-se a ele que cada um demonstrava a sua coragem e integridade e não o modificando ou se revoltando contra ele. Dentro de seus limites estabelecidos, parecia-lhes tratar-se de um mundo conhecido e seguro. Seus regulamentos não eram os abstratos princípios éticos de um decálogo, mas diminutas especificações do que era apropriado nesta ou naquela situação; o que era apropriado em se tratando de um samurai ou de um homem comum; o que era correto para um irmão mais velho ou para um mais moço.

Os japoneses não se tornaram um povo pacífico e submisso sob este sistema, como algumas nações o fizeram sob um forte regime hierárquico. É importante reconhecer que se conferiam determinadas garantias a cada classe. Mesmo aos párias era assegurado um monopólio de seus comércios particulares e as suas corporações autônomas eram reconhecidas pelas autoridades. Eram grandes as limitações impostas a cada classe, mas havia também ordem e segurança.

As restrições de casta tinham, outrossim, uma certa flexibilidade não existente, por exemplo, na índia. Os direitos alfandegários japoneses forneciam várias técnicas pormenorizadas de manipulação do sistema, sem violentar as atitudes consagradas. Um homem podia mudar sua posição de casta de várias maneiras. Quando financiadores e negociantes enriqueciam, como inevitavelmente acontecia na economia monetária japonesa, os ricos utilizavam diversas maneiras de se infiltrar nas classes superiores. Tornavam-se "proprietários de terras" através do uso de hipotecas e arrendamentos. É verdade que aterrados camponeses era inalienável, mas a locação de fazendas era excessivamente elevada no Japão, sendo rendoso deixar o homem do campo em suas terras. Os financiadores fixavam-se nas terras onde recolhiam seus aluguéis. Este "domínio" de terras proporcionava-lhes prestígio, além de lucro. Seus filhos casavam-se com samurais. Ascendiam socialmente.

Outra manipulação tradicional do sistema de casta foi através do costume da adoção, que proporcionava um modo de "aquisição" do *status* de samurai. A medida que os negociantes enriqueciam, a despeito de todas as restrições Tokugawa, providenciavam a adoção de seus filhos em famílias de samurais. No Japão raramente se adota um filho e sim um marido para uma filha. Este fica conhecido como "marido adotado". Torna-se herdeiro de seu sogro. Paga um preço alto, pois o seu nome é riscado do registro de sua família, passando para o da esposa Adota o nome desta e vai viver com a sogra. Porém, se o preço é elevado, as vantagens são grandes. Isto porque os descendentes do comerciante próspero tornam-se samurais e a empobrecida família samurai efetuava uma aliança com a riqueza. Não há violentação do sistema de castas, que permanece o que sempre foi. O sistema, porém, foi manipulado, de modo a proporcionar aos ricos a ascensão de classe.

O Japão, portanto, não exigia que as castas promovessem casamentos apenas entre si. Havia medidas aprovadas que lhes permitiam uma interligação por casamento. A resultante infiltração de comerciantes prósperos nas classes samurais inferiores muito contribuiu para o incremento de um dos maiores contrastes entre a Europa Ocidental e o Japão. Quando o feudalismo desmoronou na Europa foi devido à pressão de uma classe média crescente e cada vez mais poderosa, que veio a dominar o moderno período industrial. No Japão não se verificou uma ascensão de alguma classe média forte. Os comerciantes e financiadores "compraram" uma posição social de classe superior através de métodos aprovados. Os comerciantes e os samurais inferiores tornaram-se aliados. É curioso e surpreendente assinalar que, na ocasião em que o feudalismo se encontrava agonizante nas duas civilizações, o Japão aprovava a mobilidade de classes em grau bem mais elevado do que a Europa continental, nada evidenciando melhor esta afirmativa do que a ausência de qualquer sinal de guerra de classes entre a aristocracia e a burguesia.

É fácil sustentar que a causa comum feita por essas duas classes foi mutuamente vantajosa no Japão, mas, tê-lo-ia sido também na França. Foi vantajosa na Europa Ocidental nos casos isolados em que ocorreu. Mas a rigidez de classe era intensa na Europa, sendo que, na França, o conflito de classes acabou por conduzir à expropriação da aristocracia. No Japão, elas se tornaram mais próximas. A aliança que derrubou o combalido Xogunato foi a que se efetuou entre os comerciantes-financistas e os samurais dependentes. A era moderna no Japão conservou o sistema aristocrático. Dificilmente teria assim ocorrido, sem que se sancionassem, no Japão, as técnicas de mobilidade de classe.

O fato de os japoneses amarem e confiarem no seu meticulosamente explícito quadro de conduta não deixava de ter certa justificação. Garantia a segurança, contanto que se obedecesse às regras; permitia protestos contra agressões injustificadas e poderia ser manipulado em vantagem própria. Exigia o cumprimento de obrigações recíprocas. Quando o regime Tokugawa desmoronou na primeira metade do século XIX, nenhum grupo no país favoreceu a extinção do quadro. Não houve Revolução Francesa. Nem mesmo houve um 1848. No entanto, os tempos eram terríveis. Da gente comum ao Xogunato, todas as classes endividaram-se com os financiadores e os negociantes. A simples existência de classes improdutivas além da escala das despesas oficiais habituais tornaram-se insuportáveis. À medida que o aperto da pobreza intensificava-se sobre eles, os daimios não mais puderam pagar os estipêndios fixos aos seus dependentes samurais e todo o esquema de liames feudais tornou-se um escárnio. Tentou-se reavivá-los aumentando os já pesados impostos sobre os camponeses. Eram cobrados com anos de antecedência, reduzindo os fazendeiros à extrema miséria. O próprio Xogunato encontrava-se igualmente arruinado e pouco poderia fazer a fim de manter a situação. O Japão atravessava terrível transe nacional por volta de 1853, quando o Almirante Perry surgiu com seus comandados. A sua entrada forçada seguiu-se, em 1858, um acordo comercial com os Estados Unidos, que o Japão não estava em condições de recusar.

Entretanto, o grito emergido do Japão foi *Isshin* – escavar o passado, reconstruir. Era o oposto do revolucionário. Nem mesmo era progressista. Juntamente ao grito de "Reponham o Imperador", acrescia-se o grito igualmente popular de "Expulsem os bárbaros". O país apoiava o programa de voltar ao período áureo de isolamento e os poucos líderes que preconizavam a impossibilidade de uma tal diretriz eram assassinados por seus esforços. Não parecia haver a menor probabilidade de que um país não revolucionário como o Japão iria modificar seu rumo no sentido de ajustar-se a quaisquer padrões ocidentais e ainda menos que, dentro de cinquenta anos, estaria competindo com países ocidentais nos seus próprios terrenos. Todavia, foi o que aconteceu. Utilizou os seus recursos, que não se comparavam aos ocidentais, a fim de alcançar um objetivo não visado no Japão por nenhum grupo categorizado, nem pela opinião pública. Nenhum ocidental da década de 60 do século passado teria acreditado se visse o futuro numa bola de cristal. Não havia no horizonte nuvem alguma maior do que a mão de um homem, que indicasse o tumulto de atividade que varreria o Japão nas décadas seguintes. No entanto, o impossível aconteceu. A população do Japão, atrasada e dominada pela hierarquia, passou por um novo processo e acabou por assimilá-lo.

4. A REFORMA MEIJI

O grito de guerra que anunciou a era moderna no Japão foi *Sonno joi*, "Reponham o Imperador e expulsem os bárbaros". Este lema procurou manter o Japão imaculado de contatos com o mundo exterior assim como restaurar uma idade áurea do século X antes do advento do "duplo mando" de Imperador e Xógum. A corte do Imperador em Kyoto era reacionária ao extremo. A vitória da facção do Imperador significava para os seus partidários a humilhação e expulsão de estrangeiros, a reintegração de costumes tradicionais da vida no Japão e que os "reformistas" não mais deliberassem nos negócios. Os grandes Senhores Externos, os daimios dos mais fortes feudos do Japão que promoveram a derrubada do

Xogunato, viam na Restauração o modo pelo qual eles, ao invés dos Tokugawa, pudessem governar o Japão. Visavam apenas uma mudança de pessoal. Os agricultores almejavam guardar maior porção do arroz que cultivavam, porém, odiavam as "reformas". Os samurais desejavam conservar as pensões e ter a oportunidade de usar suas espadas para maiores glórias. Os comerciantes, que financiaram as forças da Restauração, queriam expandir o mercantilismo, sem contudo jamais questionar o sistema feudal.

Quando as forças anti-Tokugawa triunfaram e o "duplo mando" teve fim em 1868 com a Restauração do Imperador, os vencedores viram-se impelidos, segundo os padrões ocidentais, a uma política isolacionista ferozmente conservadora. A princípio, o regime seguiu o rumo oposto. Mal um ano no poder, aboliu o direito de tributação do daimio em todos os feudos. Recolheu os cadastros e apropriou a taxa de "40% para o daimio" dos camponeses. Não deixou de haver compensação para esta desapropriação. O governo destinou a cada daimio o equivalente a metade do seu salário normal, liberando-o ao mesmo tempo do sustento de seus dependentes samurais e dispêndios com obras públicas. Os dependentes samurais, assim como o daimio, recebiam pensões do governo. Por todos os cinco anos subsequentes, aboliu-se sumariamente qualquer desigualdade entre as classes, proscrevendo-se as insígnias e as vestimentas distintivas de casta e classe – até mesmo os rabichos foram cortados – libertando-se os párias, retirando--se as leis contra a alienação de terras, removendo-se as barreiras entre feudos e tornando não oficial o Budismo. Por volta de 1876, as pensões dos daimios e samurais foram convertidas em indenizações a vencerem-se em cinco a quinze anos. Eram elas pequenas ou grandes, de acordo com o salário fixo de tais indivíduos no tempo dos Tokugawa, possibilitando-lhes com esse dinheiro a iniciativa de empreendimentos dentro da nova economia não feudal. "Era a etapa final de consumação daquela peculiar união de comerciantes e príncipes financeiros com os príncipes feudais ou proprietários, já evidenciada no período Tokugawa."*

* Norman, p. 96.

Essas notáveis reformas do incipiente regime Meiji não foram populares. Houve um entusiasmo muito mais generalizado com uma invasão da Coreia, de 1871 a 1873, do que em torno de tais medidas. O governo Meiji não somente persistiu no seu drástico caminho de reformas, como eliminou o projeto de invasão. O seu programa era tão fortemente contrário aos desejos da grande maioria daqueles que haviam lutado para instituí-lo que, por volta de 1877, Saigo, seu maior líder, organizara uma rebelião geral contra o governo. Seu exército representava todos os anseios pró-feudais dos partidários imperiais, traídos pelo regime Meiji desde o primeiro ano da Restauração. O governo convocou um exército voluntário não samurai, derrotando os samurais de Saigo. Contudo, a rebelião servia para indicar a extensão do descontentamento suscitado pelo regime no Japão.

O descontentamento dos agricultores foi igualmente acentuado. Entre 1868 e 1878, a primeira década Meiji, verificaram-se, pelàmenos, 190 revoltas. Em 1877, o novo governo efetuou seus primeiros movimentos vagarosos no sentido de amenizar o grande ônus fiscal sobre os camponeses, justificando-lhes a ideia de que o regime os traíra. Além do mais, os agricultores opuseram-se à fundação de escolas, ao recrutamento, à medição de terras, a ter de cortar os rabichos, à igualdade legal dos párias, ^s restrições drásticas sobre o Budismo oficial, às reformas do calendário e a muitas outras medidas que modificavam os seus modos de vida estabelecidos.

Quem era, então, este "governo", que empreendia tais reformas drásticas e impopulares? Era o constituído por aquela "peculiar união" no Japão dos samurais inferiores e a classe dos comerciantes, promovida por instituições japonesas especiais já na época feudal. Eram os samurais dependentes que haviam aprendido política quando camaristas e intendentes dos daimios e foram eles também os organizadores dos monopólios feudais de minas, têxteis, papelões e congêneres. Eram comerciantes que haviam comprado a posição de samurais e difundido o conhecimento de técnicas produtivas nessa classe. Essa aliança samurai-negociante logo revelou administradores competentes e seguros, que traçaram a política Meiji e planejaram a sua execução. O problema verdadeiro, entretanto, não é de qual classe provinham eles e sim como podiam ser tão capazes e realistas. O Japão, emergindo do medievalismo na segunda metade do século XIX e estando tão fraco então, quanto o atual Sião, produziu líderes capazes de conceber e levar a cabo uma das obras de maior nível político e vitoriosas já tentadas por alguma nação. A força e também a fraqueza desses líderes estão arraigadas no caráter japonês tradicional, e o principal objetivo deste livro está em examinar qual foi e qual é este caráter. Neste ponto, cabe-nos apenas assinalar como os estadistas da Era Meiji desincumbiram-se da sua empresa.

Não empreenderam a sua tarefa como uma revolução ideológica, e sim como um trabalho. A meta que concebiam era fazer do Japão um país de destaque. Não eram iconoclastas. Não injuriaram e arruinaram a classe feudal. O que se fez foi atraí-lo com pensões substanciais, a ponto de eventualmente aliciá-los para o regime. Melhoraram por fim a situação do camponês, mais se atribuindo a sua demora de dez anos à deplorável condição inicial do Tesouro à Época Meiji do que a uma rejeição de classe às reivindicações que os camponeses faziam ao regime.

Os estadistas operosos e atilados que dirigiram o governo Meiji rejeitaram, contudo, as ideias de pôr fim à hierarquia no Japão. A Restauração simplificara a ordem hierárquica colocando no ápice o Imperador e abolindo o Xógum. Os estadistas da pós-Restauração, acabando com os feudos, eliminaram o conflito entre a lealdade ao suserano e ao Estado. Essas mudanças não depuseram os hábitos hierárquicos. Deram-lhes nova localização. "Suas Excelências", os novos líderes do Japão, de fato fortaleceram o governo centralizado, a fim de impor ao povo os seus bem elaborados programas. Alternavam as ordens vindas de cima com as dádivas, logrando assim sobreviver. Não pensaram, todavia, que tinham de dar satisfações à opinião pública que talvez não quisesse reformar o calendário, fundar escolas públicas ou prescrever a discriminação contra as párias.

Uma dessas dádivas vindas de cima foi a Constituição do Japão, dada pelo Imperador ao seu povo em 1889. Conferia um lugar ao povo no Estado e instituía a Dieta. Foi criada com grande cuidado por Suas Excelências, após um estudo crítico de muitas constituições do Mundo Ocidental. Contudo, seus redatores adotaram "toda precaução possível na defesa contra a interferência popular e a invasão da opinião pública".* A própria repartição que a elaborou pertencia ao Departamento da Casa Imperial, sendo por conseguinte sacrossanta.

Os estadistas da Era Meiji estavam cônscios do seu objetivo. Durante os anos 80, o Príncipe Ito, estruturador da Constituição, enviou o Marquês Kido a fim de consultar Herbert Spencer na Inglaterra sobre os problemas que se antepunham ao Japão e, após longas conversações, Spencer escreveu a Ito os seus pareceres. A respeito de hierarquia, Spencer alvitrou que o Japão dispunha nos seus acordos tradicionais de uma base incomparável para a felicidade nacional, que deveria ser mantida e desenvolvida. As obrigações tradicionais para com os superiores, disse ele, e acima de tudo para com o Imperador, constituíam a grande oportunidade do Japão. Este lograria progredir seguramente sob os seus "superiores" e prevenir-se contra as dificuldades inevitáveis em nações mais individualistas. Os grandes estadistas da Época Meiji muito se agradaram ao ver assim confirmadas as suas convicções. Dispunham-se a conservar no mundo moderno as vantagens de se observar a "devida posição". Não tencionavam solapar o hábito da hierarquia.

Em todos os campos de atividade, fossem políticos, religiosos ou econômicos, os estadistas da Era Meiji determinaram os deveres da "devida posição" entre o Estado e o povo. Todo o seu sistema é tão distanciado de dispositivos dos Estados Unidos e da Inglaterra que geralmente não chegamos a perceber seus pontos básicos. Havia, sem dúvida, uma direção superior poderosa que não se propunha a seguir a orientação da opinião pública. Este governo era administrado por uma hierarquia suprema, sem jamais incluir membros eleitos. Neste nível o povo não podia ter ingerência. Em 1940, a hierarquia suprema do governo era composta por aqueles que tinham "acesso" ao Imperador, por aqueles que se constituíam nos seus consultores imediatos e por aqueles cujas altas designações traziam o selo privado. Incluíam-se entre estes últimos os ministros, os prefeitos-governadores, os juízes, os chefes

* Citado de uma autoridade japonesa que baseia suas observações em declarações do Barão Kaneko, um dos redatores. Ver Norman ibid., p. 88.

de repartições nacionais e outros funcionários de igual responsabilidade. Na hierarquia, nenhuma autoridade eleita chegava a tal situação, estando, por exemplo, fora de cogitações para os membros eleitos da Dieta qualquer interferência na escolha ou aprovação de um Ministro ou dirigente da Secretaria de Finanças ou de Transportes. A Câmara Baixa eleita da Dieta constituía uma voz do povo que dispunha do privilégio nada desprezível de interrogar e criticar as Autoridades Superiores, mas não tinha voz ativa em nomeações, em assuntos orçamentários e em decisões, não podendo inclusive promulgar uma legislação. A Câmara Baixa chegava a ser controlada por uma Câmara Alta não eleita, formada em sua metade por nobres e numa quarta parte por nomeados imperiais. Desde que o seu poder de aprovar a legislação praticamente se igualava ao da Câmara Baixa, estipulou-se novo controle hierárquico.

O Japão assegurou, portanto, que os detentores de elevados postos no Governo permanecessem "Suas Excelências", mas isto não significa que não houvesse autogoverno no seu "devido lugar". Em todos os países asiáticos, sob quaisquer regimes, a autoridade de cima sempre desce até encontrar em terreno mediano o autogoverno local vindo debaixo. As dessemelhanças entre países diferentes dizem respeito a todas as questões referentes a quanto se eleva a prestabilidade democrática, quantas ou quão poucas são as suas responsabilidades e se a liderança local permanece receptiva a toda a comunidade ou é apropriada antecipadamente pelos magnatas locais em prejuízo do povo. O Japão dos Tokugawa possuía, como a China, minúsculas unidades de cinco a dez famílias, recentemente denominadas de *tonari gumi*, constituindo as mínimas unidades de responsabilidade política da população. O chefe deste grupo de famílias vizinhas assumia a liderança dos negócios, era responsável pela sua boa conduta, tinha obrigação de fornecer relatórios de quaisquer atos duvidosos e entregar ao governo indivíduos procurados. Os estadistas da Época Meiji aboliram-nas, de início, tendo sido mais tarde restaurados e denominadas de *tonari gumi*. Nas cidades e aldeias o governo por vezes as fomentava ativamente, mas hoje em dia elas raramente funcionam mesmo em vilarejos. As unidades dos povoados (*buraku*) são mais importantes. As *buraku* não foram abolidas nem incorporadas como unidades no governo. Situavam-se numa zona em que o Estado não atuava. Esses povoados de umas quinze casas continuam a funcionar ainda hoje de maneira organizada através de seus chefes anualmente revezados, que "cuidam dos bens do povoado, controlam o auxílio ao povoado concedido às famílias em caso de morte ou incêndio, escolhem os dias apropriados para o trabalho cooperativo na agricultura, na construção de casas ou no conserto de estradas, assim como anunciam as festividades locais e feriados, tocando o sino de incêndio ou batendo dois blocos de madeira um no outro, dentro de um certo ritmo".* Ao contrário de alguns países asiáticos, esses dirigentes não são também responsáveis pelo recolhimento dos impostos de Estado na sua comunidade, não tendo eles, portanto, de suportar tal ônus. A sua posição nada tem de ambivalente; atuam no setor da responsabilidade democrática.

O governo civil moderno no Japão reconhece oficialmente a administração local de cidades, aldeias e vilarejos. Os "mais velhos" eleitos escolhem um chefe digno de confiança que atua como representante da comunidade em todos os entendimentos com o Estado, representado pelos governos nacional e da prefeitura. Nos vilarejos, o chefe é um morador antigo, membro de uma família de agricultores proprietários rurais. Trabalha com prejuízo financeiro, mas seu prestígio é considerável. Ele e os mais velhos são responsáveis pelas finanças do vilarejo, saúde pública, manutenção de escolas e especialmente pelos registros de propriedades e dossiês individuais. A repartição do governo do vilarejo é um local movimentado. Encarrega-se de despender a verba estatal para a educação primária das crianças, assim como da arrecadação e distribuição do seu quinhão local bem maior de despesas escolares, administração e locação da propriedade local, aproveitamento de terras e florestamento e registros de todas as transações de bens, que se tornam legais somente ao darem entrada devidamente nesta repartição. Cumpre-lhe conservar também um registro atualizado de residência, estado civil, nascimentos, adoções, qualquer encontro com a lei e outros fatos em relação a cada indivíduo que ainda mantenha residência oficial na

* Embree, John F. *The Japanese Nation*. p. 88.

comunidade, além de um registro familiar, em que constem dados similares acerca da própria família. Qualquer informação dessas é enviada de qualquer parte do Japão para a repartição oficial local de cada um e arrolada no dossiê. Quando se pleiteia um cargo, o candidato é submetido a julgamento ou de alguma forma solicitado a identificar-se; escreve à repartição local competente da comunidade ou a ela se dirige pessoalmente, obtendo assim uma pública-forma, fornecida às pessoas interessadas. Não se afronta levianamente a possibilidade de um mau assentamento no próprio dossiê ou no da família.

A cidade, aldeia e vilarejo têm, portanto, uma responsabilidade considerável. É a responsável pela comunidade. Mesmo nos anos 1920, quando o Japão tinha partidos políticos nacionais, o que em qualquer país significa uma alternância de domínio entre os "de dentro" e os "de fora", a administração local geralmente permanecia incólume a tal evolução, sendo dirigida pelos mais velhos que agem por toda a comunidade. Em três pontos, no entanto, as administrações locais não têm autonomia: todos os juízes são nomeados nacionalmente, toda a polícia e os professores são empregados do Estado. Já que a maioria das questões cíveis no Japão ainda são resolvidas mediante arbitragem ou através de intermediários, os tribunais quase não figuram na administração. A polícia é mais importante. A polícia tem de estar de prontidão nos comícios, mas tais deveres são periódicos e a maior parte do tempo deles é dedicada à guarda dos registros pessoais e de bens. O Estado pode transferir policiais com frequência de um posto para outro, a fim de que permaneçam desvinculados de elos locais. Os professores são também transferidos. O Estado regulamenta cada detalhe das escolas e, como na França, cada escola do país está estudando no mesmo dia a mesma lição do mesmo compêndio. Todas as escolas executam os mesmos exercícios calistênicos da mesma transmissão radiofônica, na mesma hora matutina. A comunidade não dispõe de autonomia local sobre escolas, polícia ou tribunais.

O governo japonês difere grandemente, portanto, em todos os pontos do americano, onde os indivíduos eleitos são investidos da mais elevada responsabilidade executiva e legislativa, e o controle local é exercido através da direção da polícia e de tribunais de polícia. Contudo, não difere formalmente da estrutura governamental de países rematadamente ocidentais tais como a Holanda e a Bélgica. Na Holanda, por exemplo, como no Japão, o Ministério da Rainha redige todas as leis propostas, não tendo a Dieta na prática iniciado a legislação. A Coroa Holandesa nomeia legalmente até mesmo prefeitos de aldeias e cidades, e assim o seu direito formal alcança mais zonas locais de interesse do que no Japão antes de 1940. É isto verdade, muito embora na prática a Coroa Holandesa aprove geralmente uma nomeação local. A responsabilidade direta da polícia e dos tribunais perante a Coroa é também holandesa. Enquanto na Holanda podem as escolas serem organizadas livremente por qualquer grupo sectário, o sistema escolar japonês é idêntico ao da França. A responsabilidade local por canais, pôlderes e melhoramentos é também um dever de toda a comunidade na Holanda, e não de um prefeito e autoridades eleitas politicamente.

A verdadeira diferença entre a forma de governo japonesa e casos como esses da Europa Ocidental jaz não na forma e sim no funcionamento. Os japoneses fiam-se nos hábitos antigos de deferência, firmados na experiência passada e formalizados no seu sistema ético e na etiqueta. O Estado pode ficar certo de que quando suas Excelências atuam na sua "devida posição", suas prerrogativas serão respeitadas, não porque seja aprovada a política, mas porque é errado no Japão desprezar fronteiras entre as mesmas. No nível mais elevado da política a "opinião popular" não se entrosa. O governo solicita apenas "apoio popular". Quando o Estado demarca o seu campo oficial na zona do interesse local, a sua jurisdição também é aceita com deferência. O Estado, em todas as suas funções domésticas, não é considerado um mal necessário, quanto o é geralmente encarado nos Estados Unidos. Aos olhos japoneses, o Estado vem quase a ser o bem supremo.

De mais a mais, o Estado é meticuloso ao reconhecer o "devido lugar" para a vontade do povo. Nas zonas da legítima jurisdição popular não será exagero assinalar que o Estado Japonês tenha precisado persuadir o povo, ainda que para o seu próprio bem. O agente de expansão agrícola do Estado poderá agir quase com o mínimo autoritarismo no aperfeiçoamento de antigos métodos de agricultura que o seu congênere de Idaho. A autoridade estatal, ao defender as associações de crédito dos agricultores afiançadas pelo Estado ou as cooperativas de agricultores para compra e venda, é obrigada a realizar prolongadas mesas-redondas com as eminências locais, e depois acatar-lhes a decisão. Os assuntos locais exigem gerência local. O modo de vida japonês determina a autoridade devida e define a sua devida esfera. Atribui muito maior deferência – e portanto liberdade de ação – aos "superiores" do que as culturas ocidentais, mas também estes devem manter a sua posição. O lema japonês é: cada coisa no seu lugar.

No campo da religião, os estadistas da Era Meiji adotaram medidas formais muito mais estranhas do que no governo. Continuavam, entretanto, fiéis ao mesmo lema japonês. O Estado considerou de seu domínio um culto que preserva especificamente os símbolos da unidade e superioridade nacionais e quanto ao resto concedeu ao indivíduo a liberdade de culto. Esta área de jurisdição nacional era o Xintó do Estado. Já que se interessava pelo devido respeito aos símbolos nacionais, tal qual nos Estados Unidos a saudação à bandeira, o Xintó do Estado, diziam eles, "não era uma religião". O Japão podia, portanto, exigi-lo de todos os cidadãos, sem violar o dogma ocidental da liberdade religiosa mais do que os Estados Unidos ao demandar a saudação à bandeira. Era um simples gesto de obediência. Por "não ser religião", o Japão podia ensiná-lo nas escolas sem arriscar-se à crítica ocidental. O Xintó do Estado nas escolas torna-se a história do Japão desde a era dos deuses e a veneração do Imperador, "sempiterno governante". Era sustentado e regulamentado pelo Estado. Todas as outras áreas da religião, mesmo o Xintó sectário ou ritual, sem falar no Budismo e as seitas cristãs, eram entregues à iniciativa individual, como nos Estados Unidos. As duas áreas chegavam a ser separadas administrativa e financeiramente. O Xintó do Estado tinha o seu próprio departamento no Ministério do Interior, sendo os sacerdotes, as cerimônias e os altares patrocinados pelo Estado. O Xintó ritual e as seitas budistas e cristãs eram da competência de um Setor de Religião, do Departamento de Educação e sustentados por contribuições voluntárias dos membros.

Devido à posição oficial do Japão quanto ao assunto, não se pode falar do Xintó do Estado como uma grande Igreja Oficializada, mas pelo menos como uma grande Instituição. Havia mais de 110.000 altares, estendendo-se desde o grande Altar de Ise, templo da Deusa do Sol, até pequenos altares locais, limpados pelo sacerdote oficiante por ocasião de uma cerimônia especial. A hierarquia nacional de sacerdotes correspondia à política e as linhas de autoridade partiam desde o mais ínfimo sacerdote, através dos de distrito e prefeitura, até as suas mais altas Excelências eclesiásticas. Oficiavam cerimônias para o povo, mais do que dirigiam o culto pelo povo, não havendo no Xintó do Estado nada paralelo à nossa familiar frequência de igreja. Os sacerdotes do Xintó do Estado – já que não constituía uma religião – eram proibidos por lei de ensinar qualquer dogma e não podia haver ofícios de igreja à maneira ocidental. Ao invés, nos dias regulares de cerimônias, os representantes oficiais da comunidade compareciam diante do sacerdote, enquanto este os purificava, agitando na frente deles uma vara com cânhamo e galhardetes de papel. Abria ele, então, a porta do santuário, invocando os deuses, com um agudo grito, a virem participar de uma refeição cerimonial. O sacerdote rezava e cada participante, por ordem de graduação, apresentava, com uma profunda reverência, o objeto onipresente no antigo e no novo Japão: um raminho de sua árvore sagrada, com tiras de papel branco dependuradas. O sacerdote enviava de volta os deuses com outro grito e fechava as portas do santuário. Nos dias festivos do Xintó do Estado, o Imperador, por seu turno, celebrava os rituais para o povo e as repartições públicas fechavam. Mas tais feriados não constituíam grandes festividades populares como as cerimônias em honra dos altares locais ou mesmo os feriados budistas. Tanto uns como os outros situam-se na zona "livre", fora do Xintó do Estado.

Nesta zona o povo japonês ocupa-se das grandes seitas e festividades caras aos seus corações. O Budismo continua sendo a religião da grande massa do povo e as várias seitas, com os seus diferentes ensinamentos e profetas fundadores, são poderosas e onipresentes. O próprio Xintó tem seus grandes cultos situados fora do Xintó do Estado. Alguns constituíam cidadelas de puro nacionalismo, antes mesmo de o governo, nos anos 1930, ter assumido tal posição; alguns são seitas de curas pela fé, comparáveis à Ciência Crista; outros prendem-se a princípios confucionistas, sendo que outros ainda se especializaram em estados de transe e peregrinações a montanhas sagradas. A maioria dos festejos populares são também realizados fora do Xintó do Estado. Nesses dias, o povo se aglomera nos santuários. Cada um purifica-se enxaguando a boca e invoca a descida do deus puxando uma corda de sino ou batendo palmas. Curva-se em reverência, envia de volta o deus através de outra puxada da corda do sino ou batida de palmas e sai para as principais atividades do dia, quais sejam, as de comprar bugigangas e guloseimas dos vendedores que instalaram suas barracas, assistir a lutas livres, exorcismos ou mesmo danças *kagura*, liberalmente animadas por palhaços, que, em geral, divertem a multidão. Um inglês que morou no Japão citava os versos de William Blake, por ele sempre lembrados nas festividades japonesas:

Se na igreja nos dessem bebida,
E um fogo trouxesse a alma aquecida,
Cantando e rezando ao dia ficar,
Jamais nossa fé iria faltar.

A não ser para aqueles poucos que profissionalmente se dedicaram às austeridades religiosas, a religião não é austera no Japão. Os japoneses consagram-se também às peregrinações religiosas, que se constituem em feriados grandemente apreciados.

Os estadistas da Época Meiji, portanto, cuidadosamente demarcaram a zona de atuação do Estado no governo e do Xintó do Estado no terreno religioso. Deixaram as outras zonas para o povo, assegurando, no entanto, para eles, como autoridades supremas da nova hierarquia, a preponderância em assuntos que a seus olhos diziam respeito diretamente ao Estado. Ao organizar as Forças Armadas, defrontaram-se eles com um problema similar. Rejeitaram, como em outros terrenos, o antigo sistema de castas, mas no Exército adiantaram-se mais do que na vida civil. Proscreveram ali até mesmo a linguagem de reverência do Japão, embora na prática persistisse, sem dúvida, o antigo tratamento. O Exército passou também a fazer promoções à categoria de oficiais na base do mérito e não de família, num grau que dificilmente poderia ser posto em prática em outros terrenos. A sua reputação entre os japoneses elevou-se e, ao que tudo indica, merecidamente. Constituiu certamente o melhor meio disponível para angariar o apoio popular para o novo Exército. As companhias e pelotões, igualmente, eram formados de vizinhos da mesma região e o serviço militar em tempo de paz era feito em postos próximos à casa de cada um. Isso significava não apenas que os laços locais eram conservados, como também que todos os que passavam pelo treinamento militar viviam dois anos durante os quais as relações entre oficiais e praças, entre veteranos e calouros superavam as entre samurais e agricultores ou entre ricos e pobres. O Exército funcionava de muitas maneiras como um nivelador democrático, constituindo em grande parte um verdadeiro exército popular. Enquanto o Exército, na maioria dos outros países, é considerado como o braço forte defensor da situação vigente, no Japão, a simpatia do Exército pelo campônio mobilizou-o em reiterados protestos contra os grandes financistas e industriais.

Os estadistas japoneses talvez não tenham aprovado todas as consequências da organização de um exército popular, mas não a ponto de julgarem cabível assegurar a supremacia do Exército na hierarquia. Garantiram tal objetivo através de medidas nas mais altas esferas. Não as incluíram na Constituição, mas conservaram como norma costumeira a já reconhecida independência do Alto Comando com relação ao governo civil. Os Ministros do Exército e da Marinha, em contraste, por exemplo, com o dirigente dos Negócios Exteriores e dos demais, tinham acesso direto ao Imperador, podendo, por conseguinte, utilizar o seu nome, ao impor as suas medidas. Não precisavam informar ou consultar os seus colegas civis de gabinete. Além disso, as Forças Armadas dispunham de uma vantagem sobre qualquer gabinete. Podiam impedir a formação de um gabinete em que não confiassem, mediante o simples expediente de recusarem a dispensa de generais e almirantes para ocuparem postos militares no gabinete. Sem tais elevadas patentes do serviço ativo para as posições de Ministros do Exército e da Marinha, não poderia haver gabinete. Nenhum civil ou oficial da reserva poderia ocupar tais postos. Analogamente, se as Forças Armadas se descontentassem com qualquer ato do Ministério, poderiam ocasionar a sua dissolução fazendo voltar os seus representantes no gabinete. Neste mais alto nível de governo, a alta hierarquia militar assegurava-se contra qualquer compatibilização com interferências. Se precisasse de garantias, existia uma na Constituição: "Se a Dieta não aprovar o orçamento apresentado, o Governo disporá automaticamente do orçamento do ano anterior para o atual período". A façanha do Exército de ocupação da Mancharia, quando o Ministério das Relações Exteriores prometera que tal passo não seria dado, constituiu apenas um dos casos em que a hierarquia militar apoiou efetivamente seus comandantes em campanha na ausência de uma resolução ministerial. Como em outros terrenos, o mesmo ocorria no Exército: no que respeita a privilégios hierárquicos, os japoneses inclinam-se a aceitar todas as consequências, não por concordância acerca da diretriz, mas por desencorajarem a transgressão de limites entre as prerrogativas.

No campo do desenvolvimento industrial, o Japão seguiu um caminho sem paralelo em qualquer nação ocidental. De novo Suas Excelências arrumaram o jogo e estabeleceram as regras. Não apenas planejaram, como construíram e financiaram, com dinheiro do governo, as indústrias que julgaram necessárias. A burocracia estatal organizou-as e dirigiu-as. Técnicos estrangeiros foram importados e os japoneses foram enviados ao exterior para aprender. Quando, então, segundo eles, essas indústrias estavam "bem organizadas e os negócios prosperavam", o governo alienou-as para firmas particulares. Foram vendidas aos poucos, a "preços ridiculamente baixos"* a uma oligarquia financeira selecionada, a famosa Zaibatsu, principalmente das famílias Mitsui e Mitsubishi. Seus estadistas consideraram o desenvolvimento industrial demasiado importante para o Japão para ser confiado às leis da oferta e da procura ou à livre empresa. Mas esta política não se deveu ao dogma socialista. Precisamente os Zaibatsu é que colheram as vantagens. O feito do Japão foi organizar as indústrias que considerou necessárias com o mínimo de tropeço e desperdício.

Por tais meios, o Japão conseguiu reformar "a ordem normal do ponto de partida e as etapas subsequentes da produção

* Norman, *op. cit.* p. 131. Este exame é baseado na esclarecedora análise fornecida por Norman.

capitalista".* Ao invés de começar com a produção de bens de consumo e indústria leve, primeiro incumbiu-se ele das indústrias-chave pesadas. Arsenais, estaleiros, usinas siderúrgicas, construção de ferrovias tiveram prioridade e rapidamente alcançaram um elevado estágio de eficiência técnica. Nem todos foram entregues a mãos particulares, permanecendo grandes indústrias militares presas à burocracia e financiadas por contas especiais do governo.

Em todo este campo de indústrias, às quais concedia o governo prioridade, o pequeno comerciante ou o empresário não burocrata não tinham "devido lugar". Somente o Estado e os grandes estabelecimentos financeiros de confiança e politicamente protegidos é que atuavam em tal área. Mas, como em outros setores da vida japonesa, havia também uma zona livre na indústria. Eram as indústrias "de sobra", que funcionavam com um financiamento mínimo e uma utilização máxima de mão de obra barata. Essas indústrias leves poderiam existir sem a tecnologia moderna e o conseguem. Funcionam elas através do que costumávamos chamar nos Estados Unidos de suadouros domésticos. Um pequeno industrial compra a matéria-prima, dá de empreitada a uma família ou oficina pequena com quatro ou cinco operários, retoma-a, repetindo a entrega para mais uma etapa de operação e por fim vende o produto ao comerciante ou exportador. Nos anos 1930 , nada menos de 53% dos industriários do Japão trabalhavam, dessa maneira, em oficinas e casas com menos de cinco operários.**

Muitos deles são protegidos por antigas praxes de aprendizado, sendo grande o número de mães que, nas grandes cidades do Japão, trabalham em suas tarefas com os seus bebês atados às costas.

Esta dualidade da indústria japonesa é quase tão importante no modo de vida japonês quanto a do setor do governo e a da religião. É como se, quando os estadistas japoneses decidissem da necessidade de uma aristocracia financeira correspondente às suas hierarquias em outros campos, criassem para ela as indús-

* Norman, *op. cit.* p. 125.

** Prof. Uyeda, citado por Farley, Miriam S. *Pigmy Factories: Far Eastern Survey*, VI (1937), p. 2.

trias estratégicas, selecionassem as casas comerciais politicamente protegidas e as filiassem nas suas "devidas posições" às outras hierarquias. Não fazia parte de seu plano de governo apartarem-se desses grandes estabelecimentos financeiros e os Zaibatsu valeram-se de uma espécie de paternalismo persistente que lhes proporcionava não somente lucros como também dignidades. Era inevitável, dadas as antigas atitudes japonesas com relação a lucro e dinheiro, que uma aristocracia financeira recebesse o ataque do povo, mas o governo fez o que pôde no sentido de criá-la de acordo com as ideias consagradas de hierarquia. Não foi inteiramente bem sucedida, pois os Zaibatsu vêm sendo atacados pelos grupos dos chamados Jovens Oficiais do Exército e das zonas rurais. Mas verdade é ainda que o maior rancor da opinião pública japonesa volta-se não contra os Zaibatsu, mas sim contra os *narikin*. Narikin geralmente tem a acepção de *nouveau riche*, mas não dá ideia do sentimento japonês. Nos Estados Unidos os novos ricos são rigorosamente os "arrivistas". São ridículos por serem desajeitados, sem o tempo necessário para adquirir o devido verniz. Tal desvantagem, contudo, é contrabalançada pelo simpático predicado de se originarem das cabanas de toros, ascendendo da condução de mulas ao controle de milhões petrolíferos. Entretanto, no Japão, narikin é um termo extraído do xadrez japonês e significa um peão promovido a rainha, movimentando-se pelo tabuleiro como um grande figurão, sem possuir direito algum hierárquico para fazer uma coisa dessas. O narikin tem a fama de ter adquirido a sua fortuna lesando ou explorando os outros e o rancor contra ele está o mais longe possível da atitude adotada nos Estados Unidos em relação ao "rapaz da cidade que se sai bem". O Japão reservou um lugar na sua hierarquia para a grande fortuna e conservou-se aliado a ela. Quando a riqueza é conseguida fora desse campo, a opinião pública japonesa recebe-a com acrimônia.

Os japoneses, portanto, organizam o seu mundo em constante referência com a hierarquia. Na família e nas relações pessoais, idade, geração, sexo e classe ditam a conduta devida. No governo, religião, Exército e indústria, as zonas acham-se cuidadosamente separadas por hierarquias, onde nem aos mais elevados, nem aos mais baixos se permite ultrapassar as suas prerrogativas sem uma punição. Contanto que se conserve a "devida posição", os japoneses vão adiante sem protesto. Sentem-se seguros. Está claro que nem sempre estão "seguros" no sentido de que os seus melhores bens estejam protegidos, e sim porque consideram legítima a hierarquia, sendo ela tão característica do seu julgamento sobre a vida quanto a fé na igualdade e na livre empresa o é na vida americana. Os problemas do Japão surgiram quando ele tentou exportar a sua fórmula de "segurança". No seu próprio país a hierarquia ajusta-se à imaginação popular, porque esta por ela foi modelada. As ambições só podiam ser as que se formassem nesse tipo de mundo. Mas revelou-se um produto fatal para a exportação. Os outros países consideraram as grandiloquentes pretensões do Japão de impertinência para pior. Os oficiais e soldados japoneses, entretanto, continuavam a surpreender-se pelo fato de que os habitantes não os acolhessem bem. Não estava o Japão lhes oferecendo uma posição, conquanto baixa, numa hierarquia, e não era esta desejável, mesmo para os que se encontram em seus degraus inferiores? Os seus Serviços de Guerra continuavam a divulgar séries de filmes de guerra focalizando o "amor" da China pelo Japão, sob a imagem de furiosas e tresloucadas garotas chinesas que descobriam a felicidade apaixonando-se por um soldado ou engenheiro japonês. Estava bem longe da versão nazista de conquista, contudo, a longo prazo não era mais bem sucedida. Não podiam exigir das outras nações o mesmo que de si próprios. Imaginar que o pudessem constituiu o seu erro. Não atinaram que o sistema de moralidade japonesa que os condicionara a "aceitar a devida posição" era algo com que não poderiam contar no exterior. Os outros países não o tinham. É um produto genuíno do Japão. Os seus escritores tanto se asseguravam desse sistema ético, a ponto de não descrevê-lo, o que vem a ser imprescindível, antes que se possa entender os japoneses.

5. DEVEDOR DOS SÉCULOS E DO MUNDO

Na língua inglesa, costumávamos falar acerca de sermos "herdeiros dos séculos". Duas guerras e uma grande crise econômica diminuíram de algum modo a autoconfiança antes pressagiada, contudo, fato é que essas vicissitudes não aumentaram certamente nosso sentido de dívida para com o passado. Os países orientais viram a moeda do outro lado: são devedores dos séculos. O que os ocidentais denominam de culto dos ancestrais não é na maior parte um culto nem é de todo dirigido aos ancestrais; é antes um reconhecimento em ritual do grande débito do homem em relação a tudo o que se passou antes. Aliás, tem débito não apenas para com o passado; cada contato cotidiano com outras pessoas aumenta o seu débito para com o presente, do qual devem emanar suas decisões e ações diárias. É o ponto de partida fundamental. Devido a que os ocidentais tão pouco atentam para o seu débito para com o mundo e o que este lhe deu sob a forma de cuidados, educação, bem-estar, ou mesmo pelo simples fato de terem nascido, os japoneses julgam inadequadas as nossas motivações. Os homens virtuosos não declaram, como fazem os dos Estados Unidos, que nada devem a ninguém. Não desprezam o passado. A probidade no Japão repousa sobre o reconhecimento do próprio lugar dentro da grande rede de mútuo débito, abarcando tanto os antepassados quanto os contemporâneos.

É simples pôr em palavras este contraste entre o Oriente e o Ocidente, porém é difícil avaliar a diferença que faz no viver. Até que compreendamos isto no Japão, não seremos capazes de perscrutar quer o supremo auto sacrifício com que nos familiarizamos tanto durante a guerra, quer as súbitas animosidades que acometem os japoneses em situações que não julgamos propícias a tanto. A situação de devedor pode tornar um homem extremamente suscetível e os japoneses o comprovam. Igualmente lhes confere grandes responsabilidades.

Tanto os chineses quanto os japoneses têm muitas palavras com o significado de "obrigações". Elas não são sinônimas, e os seus sentidos específicos não têm tradução literal em inglês porque as ideias que expressam nos são estranhas. A palavra que corresponde a "obrigações", cobrindo desde o maior até o menor débito de uma pessoa, é *on*. Na acepção japonesa, traduz-se para o inglês por uma série de palavras, de "obrigações" e "lealdade" até "bondade" e "amor", entretanto estas palavras deturpam-lhe o significado. Se quisesse mesmo dizer amor ou mesmo obrigação, os japoneses sem dúvida empregariam *on* com os seus filhos, no entanto este é um emprego impossível para a palavra. Não tem tampouco o sentido de lealdade, expressado por outras palavras japonesas, de modo algum sinônimas de *on*. Em todos os seus empregos *on* é carga, débito, ônus que se carrega o melhor que seja possível. Recebe-se *on* de um superior e o ato de aceitar o *on* de alguém que não seja de fato um superior ou igual ocasiona uma incômoda sensação de inferioridade. Quando eles dizem "Tenho um *on* com relação a ele", querem significar "tenho um monte de obrigações para com ele" e chamam este credor, este benfeitor, o seu "homem do *on*".

"Lembrar-se do seu *on*" poderá querer dizer um puro extravasamento de mútua devoção. Uma historieta de um manual de leitura do segundo ano primário, intitulada "Não esqueça o *on*", usa a palavra neste sentido. É dirigida às criancinhas, em suas aulas de ética.

> Hachi é um bonito cão. Ao nascer, foi adotado por um estranho e tratado como filho da casa. Por isso, até mesmo o seu corpo fraco tornou-se saudável e quando o dono ia para o trabalho todas as manhãs, acompanhava-o (ao dono) ao ponto dos bondes e à tarde voltava lá para esperá-lo.
>
> No devido tempo, o dono morreu. Hachi, sabendo disso ou não, continuou procurando pelo dono todos os dias. Dirigindo-se ao habitual ponto, olhava para ver se o dono encontrava-se em meio ao grupo de pessoas que descia, quando o bonde chegava.
>
> Desta maneira, passaram-se dias e meses. Passou-se um ano, dois anos, três anos, mesmo passados dez anos, a envelhecida figura de Hachi era vista todos os dias no ponto dos bondes, à espera do dono.

A moral desta historieta é a fidelidade, que vem a ser apenas um outro nome para amor. Um filho que nutre profundo afeto por sua mãe pode dizer que não esquece o *on* que dela recebeu, significando que tem por ela a devoção sincera de Hachi por seu dono. O termo, contudo, refere-se especificamente não a este amor, e sim a tudo o que a mãe fez por ele quando bebê, os seus sacrifícios quando foi um menino, tudo o que ela fez para promover os seus interesses quando homem, tudo o que ele lhe deve pelo simples fato de que ela existe. Implica numa retribuição sobre tal débito, significando, portanto, amor. Mas o sentido primordial é de débito, ao passo que nós consideramos o amor como algo dado livremente, sem peias de obrigação.

On é sempre empregado neste sentido de devoção sem limites quando emana do principal e maior dos débitos, *on* imperial. É o débito para com o Imperador, que se deve aceitar com gratidão incomensurável. Seria impossível, acham eles, estar satisfeito com o próprio país, com a própria vida, com os próprios interesses grandes e pequenos, sem pensar também em aceitar tal privilégio. Em toda a história japonesa, esta personalidade a concentrar maior débito dos homens constituía o maior entre todos os superiores nos limites do horizonte. Em diferentes períodos havia sido o suserano, o lorde feudal e o Xógum. Atualmente é o Imperador. Qual fosse o superior, não chegava a ser tão importante quanto a primazia secular do hábito japonês de "lembrar-se do *on*". O Japão moderno utilizou todos os meios no sentido de concentrar este sentimento sobre o Imperador. Cada favoritismo que obtenham para o próprio modo de vida aumenta o *on* imperial de cada um. Cada cigarro distribuído ao Exército nas linhas de frente, em nome do Imperador, durante a guerra, sublinhava o *on* de cada soldado para com ele. Cada gole de saque a eles repartido, antes da batalha, constituía mais um *on* imperial. Cada piloto *kamikaze* de avião suicida estava, diziam eles, retribuindo o seu *on* imperial. Todos os soldados que, segundo eles, morriam até o último homem defendendo alguma ilha do Pacífico estariam descarregando o seu ilimitado *on* para com o Imperador.

É igualmente possível dever-se *on* a alguém abaixo do Imperador. Está claro que existe o *on* que se recebe dos pais. Esta é a base do famoso devotamento filial oriental, que coloca os pais em posição de autoridade tão estratégica com relação aos filhos. É expresso nos termos do débito que os filhos têm para com eles e empenham-se em pagar. São os filhos, portanto, que devem porfiar pela obediência, ao contrário da Alemanha – lá também se verifica essa autoridade sobre os filhos – onde os pais têm de lutar muito para arrancar e impor esta obediência. Os japoneses são muito realistas na sua versão da devoção filial oriental, havendo entre eles um ditado acerca do *on* aceito dos pais que pode ser traduzido livremente assim: "Somente depois que se é pai é que se tem noção do débito contraído para com os próprios". Isto é, o *on* dos pais consiste nos próprios cuidados e preocupações diárias de que são investidos os pais e as mães. A limitação japonesa do culto aos ancestrais, a antepassados recentes e lembrados, traz esta ênfase sobre a efetiva subordinação na infância muito avante nos seus pensamentos, considerando-se o truísmo bastante óbvio em qualquer cultura de que todo homem e toda mulher foi outrora um bebê indefeso que não teria sobrevivido sem o cuidado dos pais, e durante anos, até ser um adulto, foi provido de lar, alimentação e vestuário. Os japoneses sentem de forma preponderante que os americanos subestimam tudo isto e, como diz um escritor, "Nos Estados Unidos, lembrar o *on* aos pais é pouco mais do que ser bom para o pai e a mãe".

Ninguém pode deixar *on* para os filhos, é claro, mas o devotamento pelos filhos constitui uma retribuição ao débito contraído para com os pais, quando se era indefeso. Efetua-se em parte o pagamento de *on* aos pais dando-se uma educação aos filhos tão boa ou melhor. As obrigações que se têm para com os filhos tão só se subordinam ao "*on* para com os pais".

Existe um *on* especial que se tem para com o professor e o patrão (*nushi*). Ambos auxiliaram o progresso de cada um, sendo-lhe, portanto, devido o *on*, o que poderá acarretar no futuro a necessidade de aceder a algum pedido seu, quando se encontrarem em dificuldades ou dar preferência, talvez a algum dos seus jovens parentes, após a sua morte. Deve-se chegar a grandes extremos para pagar obrigações e o tempo não diminui a dívida. Com os anos ela aumenta ao invés de decrescer. Acresce-lhe uma espécie de força. Um *on* para com alguém é coisa séria, segundo mostra um costumeiro provérbio: "Nunca se salda um décimo milésimo de um *on*". Constitui um pesado ônus e o "poder do *on*", segundo se considera, situa-se acima das meras preferências pessoais.

O livre operar desta ética do débito depende de cada um ser capaz de considerar-se um grande devedor sem experimentar demasiada animosidade ao desempenhar-se das obrigações. Já vimos quão minuciosa é a disposição hierárquica organizada no Japão. Os hábitos de subordinação diligentemente continuados possibilitam os japoneses a acatarem seu débito moral a um ponto que não ocorreria a um ocidental. Isto se torna mais fácil se os superiores forem olhados como amigos. Há curiosa evidência em sua linguagem de que os superiores eram de fato tidos como sendo "afetuosos" para com os seus dependentes. *Ai* significa "amor" no Japão e foi esta palavra que pareceu aos missionários do século passado a única palavra japonesa possível de usar nas suas traduções do conceito cristão de "amor". Utilizaram-na ao traduzirem a Bíblia no sentido do amor de Deus pelo homem e o amor do homem por Deus. Mas *ai* quer dizer especificamente o amor de um superior para com os seus dependentes. Um ocidental talvez pudesse achar que significasse "paternalismo", mas no sentido japonês quer dizer mais do que isso. Era uma palavra que denotava afeição. No Japão moderno *ai* ainda é usado neste sentido rigoroso de amor de cima para baixo, mas, talvez devido em parte ao sentido cristão e, sem dúvida, como consequência de esforços oficiais para demolir as distinções de classe, poderá ser usado hoje em dia igualmente como amor entre iguais.

A despeito dos abrandamentos culturais, entretanto, constitui auspiciosa circunstância no Japão quando o *on* é "devido" sem desagrado. Não se gosta de assumir sem mais nem menos a dívida de gratidão envolvida pelo *on*. Sempre falam de "levar uma pessoa a dever um *on*" e no mais das vezes a tradução mais aproximada é "prevalecer sobre outro", embora nos Estados Unidos "prevalecer" denote requerer alguma coisa de alguém, e no Japão a frase signifique dar-lhe algo ou fazer-lhe uma gentileza. Os favores ocasionais de semelhantes estranhos são os que mais causam ressentimentos, pois, com respeito aos vizinhos e às relações hierárquicas, há muito estabelecidas, já são sabidas e aceitas as complicações do *on*. Com simples conhecidos e entre os da mesma posição, verifica-se o agastamento. Seria preferível evitar-se o enredamento em todas as consequências do *on*. A passividade do público no Japão, quando há um acidente, não é apenas falta de iniciativa. É o reconhecimento de que qualquer interferência não oficial levaria o recebedor a dever um *on*. Uma das leis mais conhecidas, de tempos anteriores à Era Meiji, era: "Ocorrendo uma briga ou discussão, não se deverá desnecessariamente intervir nela", sendo que uma pessoa ao ajudar uma outra numa situação dessas no Japão, sem uma autorização expressa, é suspeita de estar assumindo uma indesculpável preponderância. O fato de que o recebedor ficará em grande débito para com ele não torna qualquer um ansioso por aproveitar-se de tal vantagem e sim muito relutante em ajudar. Especialmente em situações pouco formais é que os japoneses se mostram extremamente cautelosos quanto a se enredarem em *on*. Até mesmo o oferecimento de um cigarro, por parte de uma pessoa com quem antes não se tinham laços, provoca constrangimento e a maneira cortês de expressar agradecimento será: "Oh, este sentimento venenoso (*kino doku*)". "Será mais fácil de tolerar", disse-me um japonês, "se logo for demonstrado o incômodo experimentado, já que nunca se pensou em fazer algo por ele e, portanto, se está envergonhado de receber o *on*." "*Kino doku*" é, assim por vezes traduzido por "Obrigado", isto é, pelos cigarros, outras vezes por "Desculpe", isto é, pelo débito, ou então por

"Sinto-me como um patife", isto é, porque você obrigou-me a este ato de generosidade. Significa tudo isso pura e simplesmente.

Os japoneses têm muitos modos de dizer "Obrigado", os quais expressam este mesmo constrangimento em aceitar o *on*. O menos ambivalente, a frase adotada nas lojas das cidades modernas significa "Oh, esta coisa difícil" (*arigato*). Os japoneses geralmente esclarecem que "esta coisa difícil" é o grande e raro favor concedido à loja pelo freguês ao comprar. Constitui um cumprimento. É usado também quando se recebe um presente e em circunstâncias inumeráveis. Outras palavras igualmente comuns para "obrigado" relacionam-se como *kino doku* à relutância em receber. Os lojistas que dirigem os próprios estabelecimentos na maior parte das vezes dizem literalmente: "Oh, isto não acaba", (*sumimasen*), isto é, "Estou aceitando *on* do senhor e segundo os modernos ajustes econômicos jamais lhe poderei pagar. Lamento estar colocado numa posição dessas". *Sumimasen* traduz-se por "Obrigado", "Agradecido", ou "Desculpe-me", "Perdão". Usa-se esta palavra, de preferência a todos os outros obrigados, por exemplo, se alguém se precipita atrás do nosso chapéu, numa rua, em plena ventania. Ao ser ele restituído, a cortesia exige que confessemos nossa inquietação em aceitar. "Ele está me oferecendo um *on* e nunca o vi antes. Nunca tive a oportunidade de oferecer-lhe o primeiro *on*. Sinto-me culpado por causa disso, mas me sentirei melhor se pedir-lhe desculpas. *Sumimasen* é talvez a palavra mais comum para obrigado no Japão. Digo-lhe que reconheço ter aceito o *on* dele, e que este não termina com o ato de apanhar de volta o meu chapéu. Mas o que posso fazer? Somos desconhecidos."

A mesma atitude acerca de débito é expressa ainda mais acentuadamente, do ponto de vista japonês, por outra palavra para obrigado, *katajikenai*, escrita com o caráter "insulto", "humilhação". Tanto significa "Sinto-me insultado", quanto "Sinto-me grato". O dicionário japonês explica que com este termo se diz que pelo extraordinário favor recebido se sente envergonhado e insultado porque não se é digno do benefício. Nesta frase confessa-se expressamente a vergonha por aceitar o on, sendo a vergonha, *haji*, conforme veremos, uma coisa amargamente sentida no Japão. *Katajikenai*, "Sinto-me insultado", ainda é usada por lojistas conservadores ao agradecerem aos fregueses, e estes usam-na quando solicitam a cobrança de suas compras. É palavra constantemente encontrada em romances anteriores à Era Meiji. Uma bonita moça de classe humilde, que serve na corte e é escolhida pelo senhor como sua amante, diz-lhe *Katajikenai*, isto é, "Sinto-me envergonhada de aceitar imerecidamente este *on*. Sinto-me atemorizada com a sua bondade". Ou o samurai, numa rixa feudal, ao ser libertado pelas autoridades, diz *Katajikenai*: "Tanto me humilhei que aceito este *on*. Não me é adequado encontrar-me em posição tão modesta. Desculpem. Humildemente lhes agradeço".

Essas frases atestam, melhor do que quaisquer generalizações, o "poder do on". Ele é constantemente devido com ambivalência. Em relações estruturadas consagradas, o grande débito que ele envolve amiúde tão só leva o homem a adiantar em pagamento tudo que está dentro dele. Contudo, é penoso ser um devedor e as animosidades brotam facilmente. Quanto o fazem, está vivamente descrito na conhecida novela *Botchan*, de um dos mais famosos romancistas japoneses, Soseki Natsume. Botchan, o herói, é um rapaz de Tóquio que está lecionando pela primeira vez numa cidadezinha da província. Logo descobre que despreza a maior parte de seus colegas professores, evidencia-se o fato de que não se dá bem com eles. Afeiçoa-se, no entanto, a um jovem professor e, ao saírem juntos, aquele amigo recém-descoberto, a quem ele chama de Porco-espinho, oferece-lhe um copo de água gelada. Paga um sen e meio por ele, correspondente a um quinto de um centavo.

Pouco tempo depois, outro professor informa a Botchan que Porco-espinho falou mal dele. Botchan acredita no mexeriqueiro e de imediato passa a preocupar-se com o *on* que aceitou de Porco-espinho.

> "Dever um *on* a um sujeito desses, ainda que por algo tão trivial como água gelada, atinge a minha honra. Um sen ou meio sen que seja, não morrerei em paz devendo este *on*... O fato de aceitar eu o *on* de alguém, sem protestar, constitui um ato de boa vontade, sinal de que o reputo um sujeito decente. Ao invés de insistir em pagar a minha água gelada, recebi orne manifestei gratidão. Eis uma admissão que não pode ser comprada por dinheiro algum. Não possuo títulos, nem cargo oficial, mas sou independente, e levar alguém independente a aceitar o favor de um *on* representa muito mais do que se ele desse um milhão de ienes em retribuição. Deixei Porco-espinho esbanjar um sen e meio e dei-lhe meus agradecimentos, mais caros do que um milhão de ienes."

No dia seguinte, ele joga um sen e meio sobre a mesa de Porco-espinho, pois somente depois de deixar de dever o *on* pelo copo de água gelada poderá ele começar a resolver a presente questão entre eles: a referência insultuosa que lhe referiram. Poderá daí resultar briga, mas o *on* terá de ser saldado primeiro, já que não ocorre mais entre amigos.

Tal suscetibilidade com relação a ninharias, tal penosa vulnerabilidade ocorrem em relatórios americanos sobre quadrilhas de adolescentes e anamneses de neuróticos. Trata-se, porém, de uma virtude japonesa. Bem poucos japoneses levariam a questão a esse extremo, acham eles, mas não há dúvida de que muitos são negligentes. Comentaristas japoneses, escrevendo acerca de Botchan, descrevem-no como "de temperamento exaltado, puro como cristal, um campeão do direito". O próprio autor identifica-se com Botchan, tendo sido sempre o personagem reconhecido pelos críticos como um autorretrato. É uma narrativa sobre a alta virtude, pois a pessoa que aceita o *on* só poderá içar-se da posição de devedor considerando a sua gratidão do valor de "um milhão de ienes" e agindo nessa conformidade. Só poderá aceitá-lo da parte de "um sujeito decente". Em meio à sua fúria, Botchan contrasta o seu *on* para com Porco-espinho com o *on* aceito há muito de sua velha ama. Tinha ela cega parcialidade por ele e achava que ninguém do resto da família lhe dava valor. Costumava trazer-lhe balas e lápis de cor às escondidas e certa vez deu-lhes três ienes. "Suas constantes atenções para comigo provocavam-me calafrios." Mas embora se sentisse "insultado" com o oferecimento dos três ienes, aceitara-o como um empréstimo, que jamais pagará no transcurso dos anos subsequentes. Mas isto, diz ele consigo mesmo, contrastando com o seu modo de sentir acerca do *on* para com Porco-espinho, era porque "*o considero parte de mim mesmo*". Esta vem a ser a chave das reações japonesas com relação ao *on*. Podem ser contidas, sejam quais forem os confusos sentimentos, contanto que "o homem do on" seja de fato a própria criatura; ele está preso ao "meu" esquema hierárquico ou está fazendo alguma coisa em cuja prática me posso imaginar, como, por exemplo, restituir-me o chapéu num dia de ventania ou, então, trata-se de uma pessoa que me admira. Uma vez destruídas essas identificações, o *on* constitui uma ferida supurada. Por mais insignificante a dívida contraída, a virtude consiste em ressentir-se dela.

Todo japonês sabe que se se torna o ora demasiado pesado sob quaisquer circunstâncias, defrontar-se-á com dificuldades. No "Departamento de consultas" de uma moderna revista, encontra-se um bom exemplo disto. A seção é uma espécie de "Conselhos aos enamorados desprezados", fazendo parte do *Tokyo Psychoanalytic Journal*. O conselho pouco tem de freudiano, mas é bem japonês. Um homem idoso escreveu solicitando conselho:

Sou pai de três meninos e uma menina. Minha esposa faleceu há dezesseis anos. Com pena de meus filhos, não casei de novo, e eles consideram tal fato uma virtude minha. Agora meus filhos estão todos casados. Há oito anos, quando meu filho casou-se, recolhi-me a uma casa, a alguns quarteirões de distância. É embaraçoso declarar, mas durante três anos venho mantendo um caso com uma garota no escuro (prostituta contratada de uma casa de tolerância). Ela falou-me de sua situação e tive pena dela. Comprei-lhe a liberdade por uma pequena soma, trouxe-a para a minha casa, ensinei-lhe boas maneiras e conservei-a como empregada. O seu senso de responsabilidade é grande, além de ser notavelmente econômica. Entretanto, meus filhos e nora e minha filha e genro desprezam-me por isso e tratam-me como um estranho. Não os culpo, o erro é meu.

Os pais da garota não pareceram entender a situação e, já que ela está em idade de casar, escreveram, querendo-a de volta. Fui ao encontro deles e expliquei-lhes as circunstâncias. São muito pobres mas não estão atrás do dinheiro. Resolveram considerá-la como morta e deixaram que continuasse na sua situação. Ela própria quer ficar ao meu lado até a minha morte. Mas as nossas idades são de pai e filha, e por isso às vezes penso em mandá-la para casa. Meus filhos acham que ela está atrás do meu dinheiro.

Tenho uma doença crônica e julgo ter apenas um ou dois anos de vida. Gostaria que me mostrasse que rumo tomar. Acrescentarei apenas como conclusão que embora ela tenha sido outrora "uma garota do escuro", isso foi devido às circunstâncias. O seu caráter é bom e os pais não são interesseiros.

O médico japonês considerou este o caso típico de ter o velho depositado um *on* por demais pesado sobre os filhos. Diz ele:

O senhor descreveu um acontecimento de todos os dias... Preliminarmente, devo dizer que, segundo depreendo da sua carta, está solicitando de mim a resposta que o "senhor" deseja, o que me leva a algum antagonismo a seu respeito. Não há dúvida de que dou valor ao fato de não ter casado, porém, o senhor utilizou isso com a finalidade que os seus filhos devessem o *on* e também para se justificar dentro da sua atual linha de ação. Não gosto disto. Não quero dizer que o senhor seja hipócrita, mas a sua personalidade é muito fraca. Teria sido melhor ter explicado aos seus filhos que vive com uma mulher – já que não pode deixar de ter uma – sem deixá-los a dever um *on* (pelo senhor ter permanecido solteiro). Os filhos, como é natural, estão contra porque o senhor enfatizou bastante este *on*. A final de contas, os seres humanos não perdem seus desejos sexuais e o senhor não consegue evitá-los. Entretanto, tenta-se dominar o desejo. Os seus filhos esperavam isso do senhor porque aguardavam que vivesse de acordo com a imagem que haviam formado da sua pessoa. Ao contrário, foram iludidos e faço ideia de como se sentem, embora isto seja egoístico da parte deles. Estão casados, sexualmente satisfeitos e são egoístas ao negar isto ao seu pai. O senhor pensa de uma maneira e os seus filhos, de outra (como acima). As duas maneiras de pensar não se combinam.

O senhor afirma que a moça e os pais são boa gente. É o que lhe agrada pensar. Todos nós sabemos que as pessoas são boas e más, dependendo das circunstâncias, da situação e, pelo fato de não estarem no momento buscando vantagem, não quer dizer que sejam "boa gente". Acho os pais da moça bobos de deixarem-na servir de concubina a um homem próximo da morte. Se tal pretendem dela, deviam então pleitear algum lucro ou vantagem. É fantasia sua julgar de outro modo.

Não admira que seus filhos estejam achando que os pais da moça estejam atrás do seu dinheiro. Acredito que realmente o estejam. A moça é jovem, talvez não pense nisso, mas os pais, sim.

Há duas alternativas que lhe cabem:

1) Ser "um homem completo" (a ponto de nada lhe ser impossível), terminar com a moça e chegar a um acordo com ela. Não acredito, porém, que pudesse fazer isso, seus sentimentos não haveriam de permiti-lo.

2) "Voltar a ser um homem comum" (desistir das pretensões) e destruir a imagem de homem ideal a seu respeito, por parte de seus filhos.

Quanto aos bens, faça um testamento imediatamente, declarando as partes da moça e dos seus filhos.

Concluindo, lembre-se de que está velho e se tornando infantil, conforme depreendo da sua letra. Suas ideias são mais emocionais do que racionais. Está querendo esta moça como uma substituta materna, embora alegue estar querendo salvá-la da sarjeta. Não creio que uma criança possa viver sem a mãe, portanto, aconselho-o a adotar a segunda alternativa.

Esta carta se refere a várias coisas sobre o *on*. Uma vez que uma pessoa resolveu fazer os próprios filhos deverem um *on* sobrecarregado, somente poderá modificar seu rumo de ação de modo arriscado. Deverá saber que irá sofrer por causa disso. Além do mais, por maior que seja para ele o preço do *on* devido pelos filhos, não lhe caberá avocá-lo a si como um mérito a ser haurido. É errado usá-lo "para se justificar na sua presente linha de ação". Os seus filhos acham-se "naturalmente" ressentidos; devido ao fato de o pai ter iniciado algo que foi incapaz de sustentar, eles foram "enganados". É tolice de um pai imaginar que apenas por se ter dedicado inteiramente a eles, enquanto necessitavam dos seus cuidados, irão os filhos agora adultos ser excepcionalmente solícitos com relação a ele. Contrariamente, estão cônscios apenas do *on* em que incorreram e "naturalmente estão contra o pai".

Os americanos não julgam desta maneira uma tal situação. Achamos que um pai que se dedicou aos seus filhos sem mãe deverá mais tarde ocupar um cálido lugar em seus corações e não terá os filhos voltados "naturalmente contra ele". A fim de poder avaliá-la à maneira japonesa, poderemos, contudo, considerá-la como uma transação financeira, pois nesse âmbito temos atitudes comparáveis. Teria sido perfeitamente possível que disséssemos a um pai que emprestou dinheiro a seus filhos numa transação formal, na qual tiveram de arcar com juros, que "eles estão naturalmente em oposição a você". Igualmente podemos assim entender por que uma pessoa que aceitou um cigarro fale da sua "vergonha", ao invés de dizer um singelo "Obrigado". Somos capazes de compreender o ressentimento com que se referem a alguém levar outrem a dever um *on*. É possível, para nós, no mínimo, obter um ressaibo no tocante à grandiosa exaltação por parte de Botchan da dívida de um copo de água gelada. Mas os americanos não estão acostumados a aplicar tais critérios financeiros a um convite ocasional num balcão de lanchonete ou à longa devoção, de anos a fio, de um pai com relação a seus filhos sem mãe, ou ainda à dedicação de um cão fiel como Hachi. O Japão, sim. Amor, afabilidade, generosidade, por nós avaliados na medida em que são doados sem compromissos, no Japão estes se impõem. E cada ato assim recebido torna cada qual um devedor. Conforme diz o provérbio deles: "É imprescindível (em grau incomensurável) uma generosidade inata para aceitar o *on*".

6. SALDANDO UM DÉCIMO MILÉSIMO

O *on* é uma dívida que precisa ser paga, mas no Japão todos os pagamentos são considerados como pertencentes a toda uma outra categoria. Os japoneses acham a nossa moral, que confunde essas duas categorias em nossa ética e em nossas palavras neutras tais como obrigação e dever, tão estranha quanto a nós pareceriam os negócios financeiros numa tribo, cuja língua não fizesse separação entre "devedor" e "credor" em transações monetárias. Para eles o débito primordial e sempre presente que se denomina *on* está a mundos de distância do tenso e ativo pagamento nomeado numa série de outros conceitos. O débito de um homem (*on*) não constitui virtude, o pagamento o é. A virtude começa quando ele se empenha ativamente no mister da gratidão.

Compreenderemos melhor a questão da virtude no Japão se tivermos em mente o paralelo com transações financeiras; consideremo-la, pois, como se tivesse por trás as sanções contra a insolvência existentes nas transações de bens nos Estados Unidos. Aqui vinculamos um homem à sua obrigação moral. Não particularizamos as circunstâncias atenuantes quando um homem tira o que não é seu. Não admitimos que seja uma questão de impulso se um homem paga ou não uma dívida a um banco. E o devedor é tão responsável pelo juro acumulado quanto pelo dinheiro inicial que obteve. Consideramos o patriotismo e o amor por nossas famílias como bem diferentes de tudo isto. No nosso entender, amor é assunto do coração e melhor quando livremente doado. Patriotismo, no sentido de colocar os interesses de nossa pátria acima de tudo, é tido como bastante quixotesco ou pelo menos incompatível com a falível natureza humana, até que os Estados Unidos sejam atacados pelas forças armadas de um inimigo. Desprovidos do básico postulado japonês do grande débito automaticamente incorrido através do nascimento de cada homem e cada mulher, achamos que um homem deverá compadecer-se e auxiliar os seus pais necessitados, não espancar a esposa e prover do necessário os filhos. Tais coisas, entretanto, não são quantitativamente orçadas como uma dívida de dinheiro e não alcançam a mesma recompensa do sucesso obtido nos negócios. No Japão, elas são consideradas do mesmo modo que a solvência financeira nos Estados Unidos e as sanções por trás delas são tão fortes quanto as dos Estados Unidos relativas à possibilidade de se pagarem as contas e os juros de hipoteca. Não são assuntos a serem cuidados apenas em crises tais como declarações de guerra ou doença séria de um parente; constituem uma sombra permanente, como a preocupação do pequeno agricultor de Nova Iorque acerca da sua hipoteca ou a de um financista de Wall Street, observando a alta do mercado após vender a descoberto.

Os japoneses dividem em categorias distintas, cada um com suas regras diferentes, aqueles pagamentos de *on* ilimitados tanto em quantidade quanto em duração e aqueles quantitativamente equivalentes e vencíveis em ocasiões especiais. Os pagamentos ilimitados de débitos são chamados de *gimu* e eles dizem a seu respeito que: "Jamais se paga um décimo milésimo do (deste) on". O gimu de cada um congrega dois tipos de obrigações: pagamento do *on* aos pais, o *ko*, e o pagamento do *on* ao Imperador,

QUADRO ESQUEMÁTICO DAS OBRIGAÇÕES
JAPONESAS E SUAS RECIPROCAS

I. *On*: obrigações incorridas passivamente. "Aceitar um *on*". "dever um on", isto é. *on* são obrigações do ponto de vista do recebedor passivo.

ko on. O *on* aceito do Imperador.

oya on. O *on* aceito dos pais.

nushi no on. O *on* aceito do chefe.

shi no on. O *on* aceito do professor.

on aceito em todos os contatos durante a vida.

NOTA: Todas essas pessoas de quem se aceita o *on* tornam-se *on jin*, "o homem do *on*".

II. Reciprocas do *on*. "Pagam-se estas dívidas", "devolvem-se estas obrigações" ao homem do *on*. isto é, as obrigações do ponto de vista do pagamento ativo.

A. *Gimu*. O pagamento integral destas obrigações continua não mais do que parcial, sem limite de tempo.

chu. Dever para com o Imperador, alei, o Japão.

ko. Dever para com os pais e ancestrais (por consequência, para com os descendentes).

nimmu. Dever para com o próprio trabalho.

B. *Giri*. Estas dívidas são consideradas como tendo de ser pagas com equivalência matemática em relação ao favor recebido, havendo limites de tempo.

1. *Giri*-para-com-o-mundo

Deveres para com o senhor feudal.

Deveres para com família afim.

Deveres para com pessoas não aparentadas, originárias de *on* aceito, por exemplo, quanto a um presente em dinheiro, um favor, contribuição em trabalho (como "partícipe").

Deveres para com pessoas de parentesco não suficientemente próximo (tias, tios, sobrinhos, sobrinhas) originários de um *on* aceito não deles e sim de ancestrais comuns.

2. *Giri*-para-com-o-nome. Versão japonesa do *die Ehre*.

O dever de "limpar" a reputação de insulto ou atribuição de fracasso, isto é, o dever de *vendetta*. (N.B. O ajuste de contas não é tido como agressão).

O dever de não admitir fracasso (profissional) ou ignorância.

O dever de cumprir todas as regras de etiqueta japonesas, por exemplo, observar conduta respeitosa, não viver além das posses, dominar todas as demonstrações de emoção em ocasiões inadequadas etc.

o *chu*. Essas duas obrigações de gimu são compulsórias e constituem o destino universal do homem. O próprio ensino primário no Japão, é chamado de "educação gimu", porque não há outra palavra que transmita tão adequadamente o sentido de "exigido". Os acidentes da vida poderão modificar os detalhes do próprio gimu, este, porém, é automaticamente incumbente a todos e sobrepõe-se às mais imprevistas circunstâncias.

As duas formas de *gimu* são absolutas. Constituindo-as assim, o Japão divorciou-se dos conceitos chineses de dever para com o Estado e devotamento filial. O sistema ético chinês tem sido repetidamente adotado no Japão desde o século VII, sendo *chu* e *ko* palavras chinesas. Mas os chineses não consideram essas virtudes absolutas. A China postula uma virtude dominante, que vem a ser uma condição de lealdade e devotamento. É geralmente traduzida por "benevolência" (*jen*), mas significa quase tudo que os ocidentais entendem por boas relações entre as pessoas. Um pai precisa ter *jen*. Se um governante não o tiver, será justo que o seu povo se rebele contra ele. É uma condição sobre a qual se baseia o dom de lealdade. O domínio do Imperador e o de suas autoridades dependia da sua feitura de *jen*. A ética chinesa emprega tal critério para todas as relações humanas.

Este postulado ético chinês nunca foi aceito no Japão. O grande estudioso japonês, Kanichi Asakawa, assinalando tal contraste nos tempos medievais, diz: "No Japão, essas ideias eram obviamente incompatíveis com a sua soberania imperial e, portanto, nunca aceitas integralmente, mesmo como teorias".* A verdade é que o *jen* tornou-se uma virtude proscrita no Japão, de todo rebaixada da eminência que possuía na ética chinesa. No Japão pronuncia-se *jin* (grafado como os caracteres usados pelos chineses) e "fazer jin" ou sua variação "fazer jingi" está bem longe de ser uma virtude exigida mesmo nas camadas mais elevadas. Tanto foi expurgado do seu sistema ético, a ponto de significar algo praticado fora da lei. Poderá ser até um ato louvável, como assinar uma lista de subscrição para caridade pública ou conceder clemência a um criminoso. Não deixa, porém, de ser, enfaticamente, um ato de super-rogação, que não se exigia da pessoa.

"Fazer jingi" é também usado em outro sentido de "fora da lei", no de virtude entre bandidos. A honra entre ladrões, dos vigorosos assaltantes espadachins do período Tokugawa – manejavam uma espada só, ao contrário dos espadachins samurais, de duas espadas, – consistia em "fazer jingi". Quando um desses foras-da-lei pedia proteção a um outro que fosse estra-

* *Documents of Iriki*, 1929. p. 380, n. 19.

nho, este, a fim de assegurar-se contra uma vingança futura do bando do suplicante, concedia-o e deste modo "praticava jingi". Em sentido moderno, "praticar jingi" rebaixou-se ainda mais. Surge com frequência em meio a discussões de atos puníveis: "Os trabalhadores comuns", dizem os seus jornais, "continuam praticando jingi e precisam ser punidos. A polícia deveria agir no sentido de acabar com o jingi nos antros em que medra no Japão". Referem-se, é claro, à "honra entre ladrões", que floresce entre os extorsionários e assaltantes. Dizem que o empreiteiro no Japão moderno, em especial, "faz jingi" quando, como o *padrone* italiano nos portos norte-americanos, no princípio do século, entra em relações fora-da-lei com trabalhadores não especializados e enriquece à custa de arrendá-los para tirar lucros. Dificilmente poderia ir mais longe a degradação do conceito chinês de *jen*.* Tendo os japoneses reinterpretado inteiramente e rebaixado a virtude crucial do sistema chinês, sem nada pôr no seu lugar que pudesse tornar condicional o gimu, o devotamento filial passou a ser no Japão um dever obrigatório, ainda que significasse fechar os olhos à corrupção e iniquidade de um pai. Somente poderia ser revogado se entrasse em conflito com a obrigação para com o Imperador, mas, certamente, jamais quando um pai fosse indigno ou estivesse destruindo a felicidade dos filhos.

Num de seus filmes modernos, uma mãe apossa-se de um dinheiro que o seu filho casado, um mestre-escola de aldeia, arrecadou dos habitantes, a fim de resgatar uma jovem escolar, prestes a ser vendida pelos pais a uma casa de prostituição, por estarem eles passando fome por ocasião de uma carestia rural. A mãe do mestre-escola rouba o dinheiro do filho embora não seja pobre, já que é dona de um decente restaurante. O filho sabe que ela tirou, mas tem de arcar com a culpa. A esposa descobre a verdade, deixa um bilhete de suicida, assumindo inteira responsabilidade pela perda do dinheiro, e afoga-se juntamente com o bebê. Há publicidade em seguida, mas o papel

* Quando os japoneses usam a expressão "conhecendo jin", estão de certo modo mais próximos do sentido chinês. Os budistas exortam as pessoas a "conhecerem jin", o que significa ser compassivo e benevolente. Mas, conforme diz o dicionário de japonês, "conhecendo jin refere-se antes ao homem ideal do que aos atos".

da mãe na tragédia nem sequer é aludido. O filho cumpriu a lei de devotamento filial e parte sozinho para Hokkaido, a fim de fortalecer o seu caráter e preparar-se para provas semelhantes em anos futuros. É um virtuoso herói. Meu companheiro japonês contestou vigorosamente meu óbvio veredicto americano de que a pessoa responsável pela tragédia toda havia sido a mãe desonesta. O devotamento filial, declarou ele, com frequência entra em conflito com outras virtudes. Se o protagonista tivesse sido bastante sagaz, teria encontrado um modo de reconciliá-las, sem perder a dignidade. Não haveria a menor possibilidade de conservar esta última, se fosse culpar a mãe, ao invés de a si próprio.

Tanto as novelas, como a vida real, ambos, estão repletos dos pesados encargos do devotamento filial, após o casamento de um rapaz. Exceto nos círculos "modan" (modernos), é tacitamente aceito em famílias respeitáveis que os pais escolham a esposa do filho, geralmente através dos bons ofícios de intermediários. A família, e não o filho, é que principalmente se interessa pelo assunto de uma acertada escolha, não apenas por causa das negociações monetárias envolvidas, como também porque a esposa inscrever-se-á na genealogia familiar e perpetuará a linhagem desta mediante os filhos. É costume os intermediários prepararem um encontro aparentemente casual entre os dois jovens em questão, na presença dos pais, sem que, no entanto, conversem. Ás vezes, os pais decidem arranjar para o filho um casamento de conveniência, em cujo caso o pai da moça lucrará financeiramente e os pais do rapaz ligando-se a uma boa família. Outras vezes, preferem escolher a moça por suas qualidades pessoalmente aceitáveis. O pagamento do *on* dos pais por parte do bom filho não lhe permite discutir a decisão daqueles. Após o seu casamento, prossegue o pagamento. O filho morará com os pais, especialmente se for o herdeiro da família, sendo proverbial que a sogra não goste da nora. Descobre nela toda sorte de defeitos, podendo mandá-la embora e acabar com o casamento, mesmo quando o jovem marido é feliz com a esposa e nada pretende senão viver com ela. As novelas japonesas e os casos pessoais tanto acentuam o sofrimento do marido quanto o da mulher. O marido, é claro, estará fazendo *ko*, ao submeter-se à dissolução do casamento.

Uma japonesa "modan", atualmente nos Estados Unidos, recebeu em seus aposentos, em Tóquio, uma jovem esposa grávida, cuja sogra obrigara-a a abandonar o jovem marido pesaroso. Achava-se ela doente e sucumbida, contudo, não culpava o marido. Aos poucos, foi-se interessando pelo bebê que logo daria à luz. Mas quando a criança nasceu, apareceu a mãe, acompanhada pelo filho silencioso e submisso, para reclamar o bebê. Pertencia, é claro, à família do marido e a sogra levou-o, enviando-o imediatamente para um lar adotivo.

Ocasionalmente, nisso se incluía o devotamento filial e constitui devido pagamento do débito para com os pais. Nos Estados Unidos, tais histórias são tidas como exemplos de interferência externa na legítima felicidade individual. No Japão, não se pode considerar esta interferência como "externa", devido ao seu postulado de débito. Histórias como essa, no Japão, assim como nossas histórias de homens honestos que pagam aos credores após incríveis privações pessoais, focalizam os verdadeiramente virtuosos, pessoas que granjearam o direito de se respeitarem, que comprovaram ser bastante fortes para aceitarem as próprias frustrações pessoais. Estas frustrações, conquanto virtuosas, poderão deixar naturalmente um resíduo de ressentimento, sendo bem de notar que o provérbio asiático acerca das Coisas Odiosas, que na Birmânia, por exemplo, incluem "fogo, água, ladrões, patrões e homens maldosos", no Japão especifica "terremoto, trovão e o Velho (chefe da casa, o pai)".

O devotamento filial não abrange, como na China, a linha de antepassados de séculos atrás, nem o vasto e proliferante clã vivente que deles descende. A veneração japonesa cuida de reverenciar apenas aos ancestrais recentes. Há necessidade de restauração anual da lápide para preservar suas identidades e, quando os vivos não mais recordam um ancestral, seu culto é negligenciado. Nem tampouco no santuário familiar se guardam suas placas. Os japoneses apenas prezam o devotamento aos lembrados em vida, concentrando-se no aqui e no agora. Muitos escritores costumam comentar a falta de interesse deles pela especulação de corpo ausente, ou em formar imagens de objetos distantes, servindo como outro exemplo disso a sua versão de devotamento filial, ao contrastar-se com o da China.

A maior importância prática da sua versão reside, no entanto, na maneira como limita as obrigações de ko entre pessoas vivas.

Pois o devotamento filial, tanto na China quanto no Japão, é bem mais do que consideração e obediência para com os próprios pais e antepassados. Todo o cuidado pelos filhos, tido pelos ocidentais como dependente do instinto maternal e da responsabilidade paterna, consideram eles dependente do devotamento aos próprios ancestrais. O Japão é bastante explícito quanto a isso: paga-se o débito para com os ancestrais transferindo aos filhos o cuidado que se recebeu. Não há palavra para expressar a "obrigação do pai para com os seus filhos" e tais deveres são cobertos pelo ko devido aos pais e aos pais destes. O devotamento filial inclui todas as numerosas responsabilidades que repousam sobre o chefe de uma família, no sentido de prover à subsistência dos filhos, educar esses filhos assim como aos irmãos mais jovens, desincumbir-se da gerência da comunidade, abrigar os parentes necessitados e milhares de deveres cotidianos similares. A drástica limitação da família institucionalizada no Japão restringe acentuadamente o número de pessoas em relação às quais tem um homem o gimu. Se um filho morre, constitui uma obrigação de devotamento filial aguentar o ônus do sustento da viúva e dos filhos. Igualmente, o ocasional provimento de abrigo para uma filha viúva e a sua família. Não constitui, porém, gimu receber uma sobrinha viúva. Isto feito, estará sendo cumprida uma obrigação inteiramente diferente. Constitui gimu criar e educar os próprios filhos. Mas, ao se educar um sobrinho, o costume é adotá-lo legalmente como filho. Não será gimu se conservar a condição de sobrinho.

O devotamento filial não exige que a assistência, mesmo aos parentes imediatamente necessitados nas gerações descendentes, seja dada com consideração e bondade. As jovens viúvas da família são chamadas de "parentes do arroz frio", querendo dizer que elas comem o arroz quando já esfriou, estando subordinadas a qualquer membro do círculo interno da família, devendo aceitar com profunda obediência quaisquer decisões acerca de seus assuntos. Juntamente com os filhos, pertencem ao ramo pobre da parentela e quando em casos especiais logram melhor situação do que esta, não é porque o chefe da família lhes deva como um gimu este melhor tratamento. Nem tampouco um gimu, cuja incumbência recai sobre irmãos, implica no cumprimento de suas obrigações com entusiasmo. Amiúde recebem-se elogios por se ter cumprido as obrigações para com um irmão mais jovem, quando é mais do que sabido que os dois se odeiam ferozmente.

O maior antagonismo é entre a sogra e a nora. A nora entra para o círculo doméstico como uma estranha. Constitui seu dever aprender como a sogra gosta que as coisas sejam feitas e em seguida saber como executá-las. Em muitos casos, a sogra adota categoricamente a posição de que a jovem esposa nem de longe satisfaz os requisitos de seu filho, havendo casos em que se pode inferir que tenha considerável ciúme. Mas, conforme o provérbio japonês, "A odiada nora continua gerando os queridos netinhos e, portanto, o ko está sempre presente". A jovem nora mostra-se externamente sempre submissa, mas, geração após geração, essas criaturas meigas e encantadoras transformam-se em sogras tão exigentes e críticas como o foram anteriormente as suas próprias. Não podem exprimir sua agressividade como jovens esposas, mas também não se transformam em seres humanos genuinamente mansos. Em época ulterior, previsivelmente, descarregam contra as noras o peso acumulado do seu ressentimento. As moças japonesas de hoje falam abertamente sobre a grande vantagem de casar com um filho que não seja herdeiro para que não sejam obrigadas a morar com uma sogra dominadora.

"Trabalhar para o ko" não significa necessariamente alcançar benignidade na família. Em algumas culturas, constitui o ponto crucial da lei moral na família aumentada. Mas não no Japão. Como diz um escritor japonês, "justamente porque tem em alta estima a família é que o japonês não superpõe nada ao elevado apreço pelos seus membros individuais ou pelos laços familiares entre si".* Está claro que isso nem sempre é verdade, mas, constitui o quadro geral. A ênfase recai sobre as obrigações e o pagamento de débito, assumindo os mais velhos grandes responsabilidades, consistindo uma delas em cuidar que› os menores cumpram os sacrifícios requeridos. Caso se mostrem estes ressentidos, pouca diferença faz. Tem

* Nohara, K., *The True Face of Japan*. London. 1936, p. 45.

de obedecer às decisões dos mais velhos ou então fracassam no gimu.

As acentuadas animosidades entre membros da família, tão típicas do devotamento filial no Japão, não se verificam quanto à outra grande obrigação, igualmente gimu: a fidelidade ao Imperador. Os estadistas japoneses planejaram acertadamente ao apartarem o seu Imperador como um Chefe Sagrado, removendo-o do tumulto da existência; somente assim no Japão poderia ele concorrer para congregar o povo todo para um serviço não ambivalente ao Estado. Não bastava torná-lo pai de seu povo, pois o pai dentro de casa, a despeito das obrigações a ele devidas, era uma figura por quem se poderia ter "tudo menos uma elevada estima". O Imperador tinha de ser um Pai Sagrado, apartado de todas as considerações seculares. A fidelidade para com ele, chu, a virtude suprema, deve tornar-se uma contemplação extática de um Bom Pai fantasiado, livre dos contatos do mundo. Os primeiros estadistas da Era Meiji escreveram, depois de ter visitado os países do Ocidente, que em todos eles a história fora feita através do conflito entre governante e povo, o que era indigno do Espírito do Japão. Ao regressarem, escreveram na Constituição que o Governante haveria de "ser sagrado e inviolável", sem ser considerado responsável por quaisquer atos de seus ministros. Serviria como símbolo supremo da unidade japonesa e não como o chefe responsável de um Estado. Já que o Imperador não servira como chefe executivo por uns sete séculos, foi simples perpetuar o seu papel de bastidores. Restou apenas aos estadistas da Época Meiji lhe atribuir, nas mentes de todos os japoneses, aquela elevadíssima virtude incondicional, o chu. No Japão feudal o chu constituíra a obrigação do Chefe Secular, o Xógum, e sua longa história suscitou aos estadistas da Era Meiji o que era necessário fazer, dentro das novas disposições, de maneira a cumprir o seu objetivo, a unificação espiritual do Japão. Naqueles séculos, o Xógum havia sido Generalíssimo e principal administrador e, a despeito do chu a ele devido, as conspirações contra a sua supremacia e a sua vida eram frequentes. A fidelidade para com ele amiúde entrava em conflito com as obrigações para com o suserano, sendo que muitas vezes a lealdade mais elevada era menos imperiosa do que a inferior. A fidelidade para com o suserano, afinal de contas, baseava-se em laços aconchegados, tornando comparativamente fria aquela que era dedicada ao Xógum. Aliás, os dependentes, em épocas tumultuadas, lutaram para depor o Xógum e instalar em seu lugar o seu suserano. Os profetas e líderes da Restauração Meiji lutaram durante um século contra o Xogunato Tokugawa, sob o lema de que se devia chu ao Imperador, isolado na sombria obscuridade, uma figura cujos traços cada um podia desenhar para si mesmo, de acordo com os próprios desejos. A Restauração Meiji foi a vitória deste partido, sendo exatamente esta mudança de chu de Xógum para Imperador simbólico que justificou o uso do termo "restauração" para o ano de 1868. O Imperador permaneceu isolado. Ele investiu Suas Excelências com autoridade, entretanto, ele próprio não chefiava o governo, o exército ou ditava pessoalmente a política. A mesma espécie de conselheiros, embora melhor escolhidos, continuava a dirigir o governo. A verdadeira revolução foi no terreno espiritual, pois o chu tornou-se o pagamento de cada um ao Chefe Sagrado, sumo sacerdote e símbolo da unidade e perpetuidade do Japão.

A facilidade com que o chu foi transferido para o Imperador foi auxiliada, é claro, pelo folclore tradicional de que a Casa Imperial descendia da Deusa Solar. Mas a folclorística pretensão de divindade não foi tão crucial como julgaram os ocidentais. Não há dúvida de que os japoneses intelectuais que repeliram totalmente essas pretensões não puseram em dúvida, por isso mesmo, o chu ao Imperador, como, da mesma forma, a massa do povo que admitia o nascimento divino não queria significar com isso o mesmo que os ocidentais. *Kami*, a palavra traduzida como "deus", quer dizer literalmente "cabeça", isto é, o pináculo da hierarquia. Os japoneses não criam um grande abismo entre o humano e o divino, como o fazem os ocidentais, sendo que todos eles tornam-se kami após a morte. Nos tempos feudais, atribuía-se o chu aos chefes da hierarquia desprovidos de qualificações divinas. Muito mais importante para a transferência do chu ao Imperador foi a ininterrupta dinastia de uma única casa imperial por toda a história do Japão. É ocioso alegarem os ocidentais que tal continuidade constituía uma mistificação porque as regras de sucessão não se amoldavam às das famílias reais da Inglaterra ou Alemanha. As regras eram as do Japão, e de acordo com elas, a sucessão havia sido ininterrupta "desde a eternidade". O Japão não era nenhuma China, com trinta e seis dinastias diferentes na história conhecida. Era um país que, com todas as mudanças adotadas, jamais havia dilacerado a sua contextura social. O padrão conservara-se intato. Fora este argumento, e não a ascendência divina, que as forças anti Tokugawa exploraram durante os cem anos que antecederam à Restauração. Alegavam eles que o chu era devido apenas ao que se encontrasse no topo da hierarquia, portanto, somente ao Imperador. Elevaram-no a sumo sacerdote da nação e tal função não significava necessariamente divindade. Era mais decisiva do que a descendência de uma deusa.

Envidaram-se todos os esforços no Japão moderno a fim de personalizar o chu e dirigi-lo especificamente para a figura do próprio Imperador. O primeiro Imperador após a Restauração foi um indivíduo de relevo e dignidade e durante o seu longo reinado tornou-se facilmente um símbolo pessoal para os seus súditos. Suas raras aparições em público eram encenadas com todos os acessórios de culto. Nenhum murmúrio erguia-se das multidões ao se curvarem diante dele. Não erguiam os olhos para fitá-lo. As janelas fechavam-se por toda a parte acima do primeiro andar para que nenhum homem pudesse olhar de cima para o Imperador. Os seus contatos com os conselheiros graduados eram igualmente hierárquicos. Não se dizia que chamasse os seus administradores. Algumas poucas privilegiadas Excelências "tinham acesso" a ele. Não publicava editos acerca de questões políticas controversas; suas publicações diziam respeito a assuntos como ética, poupança ou, então, designam marcos indicadores do encerramento de um debate, tranquilizando, em consequência, o seu povo. Quando se achava no leito de morte, o Japão inteiro transformava-se num templo, onde os devotos consagravam-se à intercessão em seu favor.

De todas essas maneiras, era o Imperador tornado um símbolo, colocado fora do alcance da controvérsia nacional. Assim como a fidelidade à bandeira está acima e além de todos os partidos políticos, do mesmo modo, o Imperador era "inviolável". Cercamos o nosso manejar da bandeira com um grau de ritual que consideramos inteiramente inadequado para qualquer ser humano. Os japoneses, entretanto, aproveitaram-se ao máximo do caráter humano do seu símbolo supremo. Podiam amá-lo e ele poderia corresponder. Extasiavam-se de que "se ocupasse deles com os seus pensamentos". Dedicavam as vidas a "aliviar-lhe o coração". Numa cultura baseada tão intensamente em laços pessoais como a do Japão, o Imperador constituía um símbolo de lealdade muito superior a uma bandeira. Professores em período de treinamento eram reprovados se considerassem o amor à pátria como o maior dever do homem. Tal dever teria de ser a retribuição feita à própria pessoa do Imperador.

O chu proporciona um duplo sistema de relação súdito-Imperador. O súdito defronta-se, em ascendente, até o Imperador, diretamente, sem intermediários. Ele "alivia o seu coração" pessoalmente, através de suas ações. Ao receber, contudo, as ordens do Imperador, o súdito as ouve retransmitidas através de todos os intermediários existentes entre eles. "Ele fala pelo Imperador" é uma frase que invoca o chu, constituindo a sanção mais poderosa dentre as possíveis de serem invocadas por qualquer outro Estado moderno. Lory relata um incidente durante manobras militares em tempo de paz, quando um oficial saiu com um regimento, sob ordens de não beberem dos cantis sem a sua permissão. O treinamento militar japonês punha grande ênfase na capacidade de marchar de oitenta a noventa quilômetros sem descanso, sob condições penosas. Naquele dia, vinte homens caíram pelo caminho, de sede e esgotamento. Cinco morreram. Quando os seus cantis foram examinados, estavam intatos. "O oficial dera a ordem. Falara pelo Imperador."*

Na administração civil, o chu sanciona tudo, desde a morte até os impostos. O coletor, o policial, os funcionários do alistamento local constituem instrumentos através dos quais o súdito presta o chu. O ponto de vista japonês consiste em que a obediência à lei é o pagamento do seu maior débito, o *ko-on*. Não poderia ser mais marcante o contraste com o modo de pensar nos Estados Unidos. Para os norte-americanos, quaisquer leis novas, dos sinais das ruas ao imposto de renda, são consideradas pelo país inteiro como interferências na liberdade individual respeitante aos próprios negócios. A regulamentação federal é duplamente suspeita, pois, interfere também com a liberdade de cada estado em fazer as suas próprias leis. É tida como sendo

* Lory. Hillis. *Japan's Military Masters*. 1943. p. 40.

imposta ao povo pelos burocratas de Washington, sendo que muitos cidadãos consideram o mais vigoroso protesto contra essas leis como o mínimo que possa fazer, precisamente devido ao seu amor-próprio. Os japoneses julgam-nos, portanto, um povo sem leis. Nós achamos que eles são um povo submisso, sem ideia de democracia. Seria mais correto reconhecer que o amor próprio dos cidadãos, nos dois países, é vinculado a atitudes diferentes. Aqui, depende ele da gerência dos próprios negócios; no Japão, do pagamento do que se deve a benfeitores acreditados. Ambas as disposições apresentam suas próprias dificuldades: as nossas residem em que seja difícil conseguir a aceitação de regulamentações, mesmo quando vantajosas para todo um país; as deles, em que, em qualquer idioma, seja difícil estar em débito a tal ponto que a vida inteira de cada qual se obscureça em face disso. Provavelmente, todos os japoneses, a certa altura, tenham inventado maneiras de viver dentro da lei e mesmo de contornar o que para isto seja requerido. Admiram, igualmente, certas formas de violência, ação direta e vingança particular repelidas pelos norte-americanos. Mas, tais restrições e quaisquer outras que possam ser alegadas, ainda não elucidam o poder do chu sobre os japoneses.

Quando o Japão se rendeu em 14 de agosto de 1945, o mundo teve uma demonstração quase inacreditável do seu funcionamento. Muitos ocidentais, com experiência e conhecimento do Japão, sustentavam que seria impossível a sua capitulação. Seria ingenuidade, insistiam eles, imaginar que os seus exércitos, espalhados pela Ásia e ilhas do Pacífico, pacificamente depusessem as armas. Grande parte das forças armadas japonesas não haviam sofrido derrota local e achavam-se convencidas da justiça de sua causa. As ilhas interiores também achavam-se repletas de intransigentes e um exército de ocupação, com a sua vanguarda necessariamente pequena, correria o risco de ser massacrado, uma vez fora da cobertura do armamento naval. Durante a guerra, os japoneses não haviam recuado diante de nada e constituem um povo belicoso. Quanto a isso, os analistas norte-americanos não levaram em conta o chu. O Imperador falou e a guerra acabou. Antes que a sua voz soasse através do rádio, ferrenhos oponentes lançaram um cordão em torno do palácio, tentando impedir a proclamação.

Mas, uma vez lida, foi ela aceita. Nenhum comandante de campanha na Mancharia ou Java, nenhum Tojo no Japão colocou-se em oposição. Nossos soldados desembarcaram nos aeroportos e foram recebidos com cortesia. Os correspondentes estrangeiros, conforme escreveu um deles, podiam chegar pela manhã com o dedo em suas armas de pequeno porte, mas ao meio-dia haviam-nas posto de lado e à tarde passeavam, comprando bugigangas. Os japoneses achavam-se agora "aliviando o coração do Imperador", ao seguirem os caminhos da paz. Uma semana antes, haviam-no feito dedicando-se a expulsar os bárbaros, até mesmo com auxílio de lanças de bambu.

Não havia mistério quanto a isso, exceto para os ocidentais incapazes de admitir como variam as emoções que influenciam a conduta dos homens. Alguns haviam proclamado não haver outra alternativa senão a exterminação prática. Outros apregoavam que o Japão somente poderia salvar-se se os liberais tomassem o poder, derrubando o governo. Ambas as análises faziam sentido dentro dos termos de uma nação ocidental, empenhada numa guerra total, com apoio popular. Estavam errados, contudo, pois atribuíam ao Japão rumos de ação essencialmente ocidentais. Alguns profetas ocidentais ainda acham, após meses de ocupação pacífica, que tudo foi perdido por não ter ocorrido revolução alguma de caráter ocidental ou porque "os japoneses não sabiam que estavam derrotados". Eis aí uma boa filosofia social ocidental, baseada em padrões ocidentais do que seja justo e correto. Mas o Japão não é o Ocidente. Ele não utilizou aquele último recurso das nações ocidentais: a revolução. Nem tampouco empregou birrenta sabotagem contra o exército de ocupação do inimigo. Usou o próprio recurso: a capacidade de exigir de si próprio, como chu, o enorme preço da rendição incondicional, antes que estivesse abatido o seu poder de luta. A seus próprios olhos, este enorme pagamento, entretanto, trouxe algo que apreciava acima de tudo: o direito de declarar ter sido o Imperador quem dera a ordem, ainda que esta fosse de rendição. Mesmo na derrota, a lei suprema ainda era o chu.

7. O PAGAMENTO "MAIS DIFÍCIL DE SUPORTAR"

"O giri", diz o provérbio japonês, "é o mais difícil de suportar". Uma pessoa deve pagar o giri assim como o gimu, só que é uma série de obrigações de fundamento diferente. Não existe equivalente em nossa língua, sendo uma das mais curiosas entre todas as estranhas categorias de obrigações morais descobertas pelos antropólogos na cultura mundial. É caracteristicamente japonês. O Japão compartilha com a China tanto o chu como o ko e, a despeito das mudanças efetuadas nesses conceitos, apresentam eles alguma semelhança familiar com imperativos morais bem conhecidos em outros países orientais. Entretanto, o giri não lhe advém nem do confucionismo chinês nem do budismo oriental. Trata-se de uma categoria japonesa, sendo impossível compreender os rumos de ação por eles empreendidos sem levá-lo em consideração. Nenhum japonês consegue falar de motivações ou boa reputação, ou então dos dilemas com que se defrontam homens e mulheres no seu país natal, sem aludir constantemente ao giri.

Para um ocidental, o giri abrange uma lista extremamente heterogênea de obrigações (ver quadro na p. 101), desde a gratidão por um antigo favor até o dever de vingança. Não é de admirar que os japoneses não tenham tentado explicar o giri aos ocidentais. Os próprios dicionários japoneses mal conseguem defini-lo. Um deles descreve-o assim – passo a traduzir: "reto caminho; estrada que os seres humanos deveriam seguir; algo que se cumpre a contragosto, para evitar explicações ao mundo." Ainda assim o ocidental não poderá ter uma ideia muito clara, mas, a palavra "a contragosto" ressalta um contraste com o gimu. Este, por muitas que sejam as árduas exigências que faz sobre uma pessoa, consiste pelo menos num grupo de deveres assumidos dentro do círculo imediato de sua família e para com o governante, que se mantém como símbolo de seu país, do seu modo de viver e do seu patriotismo. É devido a pessoas por motivo dos vigorosos laços estreitados no próprio nascimento. Por mais relutantes que possam ser certos atos de transigência, o gimu nunca é definido como "a contragosto". Entretanto, "pagar o giri" está impregnado de mal-estar. Os apuros da situação de devedor chegam ao auge no "círculo do giri".

O giri tem duas divisões bastante distintas. Aquilo que chamarei de "giri para o mundo" – literalmente "pagar o giri" – é a obrigação de se pagar aos semelhantes o *on*, enquanto "giri para o nome" será o dever de conservar o próprio nome e reputação limpos de qualquer acusação, um pouco à moda da "honra" alemã. Giri para o mundo pode ser aproximadamente descrito como o cumprimento de relações contratuais – em contraste com o gimu, tido como o cumprimento de obrigações íntimas para as quais se nasce. Deste modo, o giri inclui todos os deveres que se tem para com a família do cônjuge, ao passo que o gimu é com relação aos que se tem para com a própria família. O termo para sogro é pai-por-giri, sogra é mãe-por-giri e cunhado e cunhada são irmão-por-giri e irmã-por-giri. Esta terminologia é usada tanto para os irmãos do cônjuge, quanto para o cônjuge dos irmãos. O casamento no Japão é, sem dúvida, um contrato entre famílias e o livrar-se dessas obrigações contratuais para com a outra família, durante toda a vida, constitui "trabalhar para o giri". É mais penoso para a geração que ajustou o contrato – os pais – e definitivamente pior para a jovem esposa com relação à sogra porque, como dizem os japoneses, a noiva foi morar numa casa onde não nascera. As obrigações do marido para com os seus sogros são diferentes, mas são também temidas, pois ele poderá ter de emprestar-lhes dinheiro quando estiverem em dificuldades e deverá igualmente assumir outras responsabilidades contratuais. Conforme disse um japonês: "Se um filho crescido faz coisas para a mãe, é porque a ama e, portanto, não poderá ser giri. Não se trabalha para o giri quando se age de coração". Uma pessoa cumpre escrupulosamente seus deveres para com os parentes de seu cônjuge, entretanto, se o faz é porque deve evitar a todo custo a temível condenação: "o homem que não conhece o giri".

A maneira como eles sentem acerca deste dever para com a família do cônjuge surge bastante clara no caso do "marido adotado", o homem que se casa à maneira de uma mulher. Quando uma família tem duas filhas e não tem filhos, os pais escolhem um marido para uma das filhas, a fim de perpetuar o nome da família. O nome dele é apagado do registro da sua própria família, uma vez que adota o nome do sogro. Vai para a casa da esposa, fica sujeito "em giri" ao sogro e à sogra, e quando morre, é enterrado em terreno deles. Em todos esses atos, segue o padrão exato da mulher no casamento comum. As razões para a adoção de um marido para a filha podem não ser simplesmente a ausência de um filho: amiúde é uma transação através da qual os dois lados esperam lucrar. São os chamados "casamentos políticos". A família da moça pode ser pobre, mas boa, e o rapaz poderá trazer dinheiro em caixa, subindo em troca, na hierarquia de classe. Ou a família da moça pode ser rica e com capacidade de educar o marido, que em troca deste benefício transfere-se de família. Ou, então, o pai da moça poderá ligar-se a um sócio em perspectiva para a sua firma. De qualquer modo, o giri de um marido adotado é particularmente pesado, o que vem a ser justo, já que o ato de mudar o nome de um homem para o registro de outra família é drástico no Japão. No Japão feudal ele tinha de se pôr à prova na nova casa, tomando o lado de seu pai adotivo em combate, ainda que isto significasse ter de matar o próprio pai. No Japão moderno, os "casamentos políticos" envolvendo maridos adotados recorrem a esta forte sanção do giri, com a finalidade de ligar o jovem aos negócios do sogro ou às fortunas de família com os mais consistentes laços que os japoneses podem proporcionar. Especialmente na Era Meiji, às vezes isto era vantajoso para os dois lados. Contudo, é geralmente violento o ressentimento de ser um marido adotado, existindo um conhecido provérbio japonês que diz: "Se você tiver três *go* de arroz (cerca de meio litro), jamais vá ser um marido adotado". Dizem os japoneses que este ressentimento é "devido ao giri". Não alegam, conforme o fariam os americanos, tivéssemos nós um costume semelhante, que seja "porque o impede de desempenhar o papel de um homem". Afinal de contas, o giri é suficientemente penoso e "a contragosto", portanto, "devido ao giri" significa para um japonês uma relação bastante incômoda.

Não apenas os deveres para com os parentes próximos do cônjuge é que são giri. Estão na mesma categoria os próprios deveres para com tios e tias, sobrinhos e sobrinhas. O fato de, no Japão, não contarem como devotamento filial (ko) os deveres em relação a parentes mais chegados constitui uma das grandes diferenças nas relações de família entre o Japão e a China. Nesta, muitos de tais parentes, além de outros muito mais distantes, haveriam de compartilhar de riquezas, ao passo que no Japão são giri, ou parentes "contratuais". Os japoneses assinalam acontecer amiúde jamais terem essas pessoas feito pessoalmente um favor (*on*) à pessoa solicitada a vir em seu auxílio. Ajudando-as, ele estará pagando o *on* aos seus antepassados comuns. Igualmente é esta a sanção por trás do cuidado dos próprios filhos – sem dúvida, um gimu – mas, ainda que ela seja a mesma, a assistência a esses parentes mais distantes conta como giri. Quando se tem de ajudá-los, como se fosse aos parentes próximos do cônjuge, diz-se: "Estou enredado de giri".

A grande relação tradicional de giri, considerada pela maioria dos japoneses até mesmo em precedência quanto à relação com os parentes próximos do cônjuge, é a do dependente para com o senhor feudal e os companheiros de armas. É a fidelidade devida por um homem honrado ao seu superior e aos colegas de classe. Esta obrigação do giri é celebrada numa vasta literatura tradicional, sendo identificada como a virtude dos samurais. No Japão antigo, antes da unificação do país efetuada pelos Tokugawa, era amiúde considerada como uma virtude ainda maior e mais prezada do que o chu, naquela época a obrigação para com o Xógum. Quando no século XII um Xógum Minamoto exigiu de um dos daimios a entrega de um senhor feudal inimigo por ele abrigado, este respondeu com uma carta que ainda é conservada. Declarou-se ele profundamente ofendido com a imputação quanto ao seu giri, recusando-se a transgredi-lo, mesmo em nome do chu. "Os negócios públicos", escreveu ele, "(são uma coisa) sobre a qual pouco controle tenho, mas o giri entre homens honrados constitui uma realidade eterna", transcendente à própria autoridade do Xógum. Recusou-se ele "a cometer um ato desleal contra os seus estimados amigos".* Esta transcendente virtude samurai do Japão antigo está presente em grande número de narrativas folclóricas de cunho histórico, conhecidas hoje em dia em todo o Japão e aproveitadas em dramas *nô*, teatro *kabuki* e danças *kagura*.

Dentre essas narrativas, uma das mais conhecidas é a do gigantesco e invencível *ronin* (um samurai autônomo, que vive à custa dos próprios expedientes), o herói Benkei, do século XII. Completamente sem recursos e contando apenas com a sua força miraculosa, abriga-se nos mosteiros, dominando os monges pelo terror. Vence todos os samurais que por lá passam, com a finalidade de colecionar-lhes as espadas, equipando-se assim à moda feudal. Acaba desafiando, segundo lhe parece, um simples rapazelho, um senhor feudal franzino e de maneiras afetadas. Encontra nele, porém, um adversário à altura, descobrindo que se trata do herdeiro dos Minamoto, que conspira no sentido de reconquistar o Xogunato para a sua família. É na verdade o querido herói japonês Yoshitsune Minamoto. Benkei faz-lhe doação do seu veemente giri e pratica uma centena de proezas em nome de sua causa. Finalmente, entretanto, veem-se eles obrigados a escapar de uma

* Citado por Asakawa, Kanichi, *Documents of Iriki*, 1929.

esmagadora força inimiga, juntamente com os seus seguidores. Disfarçam-se de peregrinos monacais, que viajam pelo Japão a fim de angariar contribuições para um templo e, para escapar à prisão, Yoshitsune veste-se como um membro do grupo, enquanto Benkei finge-se de chefe. Defrontam-se com uma guarda colocada pelo inimigo em seu caminho e Benkei inventa para eles uma longa lista de "contribuintes" para o templo, que finge ler do seu pergaminho. O inimigo quase os deixa passar. No último momento, porém, suas suspeitas são despertadas pela elegância aristocrática que Yoshitsune não consegue dissimular, mesmo sob o disfarce de subalterno. Chamam o grupo de volta. Imediatamente, Benkei utiliza um recurso que livra Yoshitsune de qualquer suspeita: repreende-o por uma trivialidade qualquer e esbofeteia-o. O inimigo convence-se, pois será impossível que, caso aquele peregrino fosse Yoshitsune, um de seus dependentes ousasse levantar a mão contra ele. Seria uma inconcebível quebra do giri. O ato irreverente de Benkei salva as vidas do pequeno magote. Uma vez em território seguro, Benkei lança-se aos pés de Yoshitsune e pede-lhe que o mate. O seu senhor, complacente, perdoa-o.

Essas velhas estórias de tempos em que o giri vinha do coração e não era contaminado de ressentimento constituem o sonho de uma idade de ouro do Japão moderno. Naquela época, conforme rezam as histórias, não existia "a contragosto" no giri. Se havia conflito com relação ao chu, podia-se honrosamente ater-se ao giri. O giri era então uma apreciada relação frente a frente, com todos os adornos feudais. "Conhecer o giri" significava ser fiel a vida inteira a um senhor que, por seu turno, cuidava de seus dependentes. "Pagar o giri" queria dizer oferecer até mesmo a própria vida ao senhor a quem se devia tudo.

Está claro que isto é uma fantasia. A história feudal do Japão fala de uma quantidade de dependentes cuja fidelidade foi comprada pelo daimio no lado contrário da batalha. E o que ainda era mais importante, como veremos no próximo capítulo, qualquer censura lançada pelo senhor sobre o seu dependente poderia, justificada e tradicionalmente, levar o dependente a deixar o seu serviço e até mesmo entrar em negociações com o inimigo. O Japão exalta o tema da vingança com o mesmo prazer com que celebra a fidelidade aos mortos.

E ambos eram giri. A fidelidade era o giri para com o senhor e a vingança por um insulto era giri para com o próprio nome. No Japão são dois lados do mesmo escudo.

As velhas histórias de fidelidade constituem, todavia, agradáveis devaneios para os japoneses de hoje, pois, atualmente "pagar o giri" não é mais fidelidade para com o próprio chefe verdadeiro e sim cumprir toda a espécie de obrigações para com toda a espécie de pessoas. As frases constantemente usadas hoje em dia são cheias de ressentimento e de ênfase sobre a pressão da opinião pública, que obriga uma pessoa a fazer giri contra a vontade. Dizem eles: "estou arranjando este casamento somente por giri"; "só por causa de giri fui forçado a dar-lhe o emprego"; "preciso vê-lo apenas por giri". Falam constantemente de estarem "enredados de giri", expressão traduzida pelo dicionário como "estou obrigado a isto". "Ele coagiu-me com giri"; "ele acuou-me com giri", dizem eles, e estes como outros usos, significam que alguém convenceu a pessoa que fala a praticar um ato que ela não almejava ou visava, mediante o levantar de alguma questão relativa a pagamento devido a um *on*. Em aldeias campesinas, nas transações em pequenos estabelecimentos, nos altos círculos do Zaibatsu e no Conselho de Ministros do Japão, as pessoas são "coagidas com giri" e "acuadas com giri". Um pretendente poderá efetuá-lo onerando o futuro sogro com alguma antiga relação ou negociação entre as duas famílias ou pode um homem utilizar esta mesma arma a fim de apoderar-se das terras de um camponês. O próprio indivíduo que estiver sendo "acuado" achará que deve aquiescer. Dirá ele: "Se não seguro o meu homem do *on* (de quem recebi o próprio), meu giri cairá em descrédito". Todos esses costumes trazem uma íntima conexão com a relutância e aquiescência "apenas por amor à honestidade", conforme o expressa o dicionário japonês.

As regras do giri são estritamente as do pagamento exigido, não constituindo uma coleção de preceitos morais como os Dez Mandamentos. Quando um homem é obrigado por força do giri, presume-se que talvez tenha de pôr de lado o seu sentido de justiça, sendo comum ouvir-se que: "Não pude agir direito por causa do giri". Tampouco as regras do giri têm a ver com amar ao próximo como a nós mesmos. Elas não especificam que um homem deva agir generosamente por pura espontaneidade do coração.

Um homem deve fazer o giri, dizem eles, porque, "se não o fizer, hão de considerá-lo como "uma pessoa que não conhece o giri" e se cobrirá de vergonha diante do mundo". É o que as pessoas dizem que torna tão necessário aquiescer. Realmente, "giri para o mundo" costuma aparecer em tradução inglesa como "conformidade com a opinião pública", e o dicionário traduz "Ele não pode ser ajudado porque constitui giri para o mundo" por "Não irão aceitar qualquer outro rumo de ação".

Neste "círculo do giri" é que o paralelo com as sanções americanas quanto ao pagamento de dinheiro que se pediu emprestado mais nos ajuda a entender a atitude japonesa. Não achamos que um homem tenha de pagar o favor de uma carta recebida, um presente dado ou uma palavra oportuna com o rigor necessário à regularidade de seus pagamentos de juros ou de uma dívida bancária. Nessas transações financeiras, a falência é a penalidade para o fracasso – bastante pesada, aliás. Entretanto, os japoneses consideram um homem falido quando deixa de pagar o giri, sendo que todos os contatos na vida tendem a incorrer em giri de um modo ou de outro. Isto significa manter uma resenha de palavrinhas e atos que os americanos pouco ligam, sem preocupações de obrigações contraídas, querendo dizer na verdade que se deve caminhar com cautela num mundo complicado.

Existe um outro paralelo entre as ideias japonesas de giri para com o mundo e as americanas de pagamento de dinheiro. O pagamento de giri é regulado para um equivalente exato. Nisto o giri difere do gimu, que jamais pode ser nem sequer aproximadamente satisfeito, por mais que se faça. Mas o giri não é ilimitado. Para os americanos, os pagamentos são fantasticamente desproporcionais ao favor original, mas não é assim que são encarados pelos japoneses. Achamos que a doação de presentes deles é igualmente fantástica quando, duas vezes por ano, cada casa embrulha algo de maneira cerimoniosa, como retribuição a um presente recebido seis meses atrás ou quando a família de uma empregada traz presentes pelos anos afora, em paga do favor de tê-la contratado. Contudo, os japoneses proíbem pagar presentes com outros maiores. Não constitui parte integrante da honra de cada um retribuir com "veludo puro". Uma das coisas mais depreciativas que se pode dizer a respeito de um presente é que o doador "retribui um vairão (peixe pequeno) com um goraz (peixe grande)". O mesmo ocorre quanto ao pagamento do giri.

Sempre que possível, são conservados assentamentos dos intercâmbios, de trabalho ou de mercadorias. Nas aldeias, alguns são obra dos chefes, outros, de alguém do grupo de trabalho, outros, ainda, são de família ou pessoais. Para um enterro, é costume trazer-se "dinheiro para o incenso", podendo os parentes trazer também pano colorido para os pendões funerários. Os vizinhos vêm ajudar, as mulheres na cozinha e os homens cavando a sepultura e fabricando o caixão. Na aldeia de Suye Mura, o chefe organizou o livro em que tais coisas eram registradas. Constituía um assentamento valioso para a família do falecido, pois revelava os tributos dos vizinhos. Costuma ser igualmente uma lista que revela os nomes aos quais a família deve tributos recíprocos, a serem pagos quando ocorrer uma morte em outras famílias. São intercâmbios a longo prazo. Existem também retribuições a curto prazo em qualquer funeral de aldeia, como em qualquer tipo de festividade. Os que ajudaram a fabricar o caixão são alimentados, trazendo eles, portanto, uma medida de arroz para a família enlutada, como pagamento parcial de sua comida. Este arroz é também registrado nos assentamentos do chefe. Para a maioria das festividades, também o convidado traz vinho de arroz como pagamento parcial das bebidas. Quer seja a ocasião de nascimento, morte, transplante de arroz, construção de casa, ou festa social, a transferência de giri é cuidadosamente anotada, para futuro pagamento.

Os japoneses têm outra convenção quanto ao giri paralela às ocidentais relativas ao pagamento de dinheiro. Se a devolução ultrapassa o devido prazo, aumenta, como se acrescida de juros. O Doutor Eckstein faz um relato disto, na ocasião de seus entendimentos com o industrial japonês que financiou a sua viagem ao Japão, a fim de coligir material para a sua biografia de Noguchi. Regressou ele aos Estados Unidos para escrever o livro e finalmente enviou o manuscrito para o Japão. Não recebeu notificação de recebimento, nem carta alguma. Ficou naturalmente preocupado, com medo de que alguma coisa na obra pudesse ter ofendido os japoneses, entretanto as cartas continuavam sem resposta. Anos mais tarde, o industrial telefonou-lhe. Encontrava-se nos Estados Unidos e logo depois chegava à residência do Doutor Eckstein, trazendo dúzias de cerejeiras japonesas. O presente era principesco. Justamente por ter estado em expectativa tanto tempo, é que necessariamente haveria de ser algo magnificente. "Certamente", comentou o doador ao Doutor Eckstein, "o senhor não poderia desejar que eu lhe retribuísse *rapidamente*".

Um homem "acuado com giri" vê-se amiúde obrigado a pagar débitos que cresceram com o tempo. Uma pessoa pode pedir auxílio a um pequeno negociante por ser sobrinho de um professor desse negociante, quando criança. Já que quando jovem o estudante não pode retribuir o seu giri ao professor, o débito acumulou-se durante os anos e o comerciante terá de "a contragosto evitar explicações ao mundo".

8. LIMPANDO O NOME

O giri ligado ao nome é o dever de conservar imaculada a reputação. Consiste numa série de virtudes – algumas das quais parecem opostas a um ocidental, mas que, para os japoneses, possuem unidade suficiente por não constituírem pagamentos de benefícios recebidos. Acham-se "fora do círculo do *on*". São os atos que mantêm limpa a reputação, sem estarem ligados a débitos específicos para com outras pessoas. Neles se inclui, portanto, a manutenção de todas as heterogêneas exigências de etiqueta concernentes à "devida posição" como a revelação de estoicismo na dor e a defesa da própria reputação na profissão ou ofício. O giri ligado ao nome reclama igualmente atos que eliminem um estigma ou insulto. O estigma compromete o prestígio e deverá ser extirpado. Talvez seja necessário vingar-se do difamador ou então cometer suicídio, existindo toda a espécie de rumos de ação possíveis entre esses dois extremos. O fato é que não se dá de ombros levianamente ao que seja comprometedor.

Os japoneses não têm palavras separadas para o que designo aqui como "o giri ligado ao nome". Consideram-no simplesmente o giri fora do círculo do *on*. É esta a base de classificação e não o fato de que o giri para com o mundo seja uma obrigação de retribuir favores e que o ligado ao nome consista principalmente em vingança. O fato de as línguas ocidentais separarem os dois em categorias tão opostas como gratidão e vingança não impressiona os japoneses. Por que não haverá de abranger uma virtude a conduta de um homem, tanto ao retribuir a benevolência quanto ao reagir ao desprezo ou à malevolência?

No Japão assim acontece. Um homem idôneo sente com a mesma intensidade os insultos tanto quanto os benefícios que recebe. Constitui virtude pagar a um ou a outro. Ele não separa os dois, como fazemos nós, chamando a um agressão e ao outro não agressão. Para ele, a agressão começa apenas fora do "círculo do giri". Contanto que se mantenha o giri, limpando de mácula o nome, não se é culpado de agressão, trata-se de um ajuste de contas. "O mundo está virado", dizem eles, enquanto um insulto, estigma ou derrota não seja revidado ou eliminado. Um homem decente deve tentar pôr o mundo novamente em posição de equilíbrio. É a virtude humana e não um vício bem humano. O giri ligado ao nome, e até mesmo a maneira como é linguisticamente combinado no Japão com gratidão e lealdade, tem sido uma virtude ocidental em determinados períodos da história europeia. Floresceu largamente na Renascença, especialmente na Itália e tem muito em comum com *el valor español* na Espanha clássica e com *die Ehre* na Alemanha. Algo de muito semelhante conceituava o duelo na Europa há um século. Sempre que esta virtude de lavar as manchas da própria honra esteve em ascendência, no Japão ou nos países ocidentais, persistiu sempre em seu âmago a transcendência do proveito em qualquer sentido material. O virtuoso assim era considerado na proporção em que se oferecia para "honrar" os bens, a família e a própria vida. Faz parte da sua própria definição, constituindo a base da asserção, por parte de tais países, de que seja um valor "espiritual". Não há dúvida de que assim se envolvem eles em grandes perdas materiais, mal se podendo justificar dentro de uma base de lucros e perdas. Reside aí o grande contraste entre esta versão de honra e a competição de verdadeira degola e franca hostilidade que se manifesta na vida nos Estados Unidos. Na América pode acontecer de não haver exclusão de influência alguma numa negociação política ou financeira, mas trata-se de uma guerra para obter ou conservar alguma vantagem material. Somente casos excepcionais, como, por exemplo, nas contendas das Montanhas de Kentucky, onde prevaleceram códigos de honra, é que caem na categoria do giri ligado ao nome.

O giri ligado ao nome e toda a hostilidade e vigilante expectativa que o cerca em qualquer cultura não é, porém, virtude característica do continente asiático. Não é, como se diz, oriental. Os chineses não o têm, nem os siameses, nem os indianos. Os chineses consideram tal sensibilidade para com insultos e difamações como um traço de gente "pequena" – moralmente pequena. Não constitui parte do seu ideal de nobreza, como no Japão. A violência, considerada errada quando irrompe sem mais nem menos, não fica bem pela ética chinesa a exemplo de um homem que a ela se entrega para o revide de um insulto. Acham ridículo ser assim tão sensível. Não encaram tampouco um estigma como algo cuja erradicação seja edificante. Os siameses desconsideram esse tipo de sensibilidade aos insultos. Do mesmo modo que os chineses, regulam seus ajustes, ridicularizando seus difamadores, mas não imaginam que a sua honra tenha sido contestada. "A melhor maneira de evidenciar a selvageria de um antagonista", dizem eles, "é concordar com ele".

A significação completa do giri ligado ao nome não pode ser entendida sem que se coloquem em contexto todas as virtudes não agressivas nele incluídas no Japão. A vingança é apenas uma das virtudes por ele exigidas ocasionalmente. Dele constam também grandes doses de conduta tranquila e equilibrada. O estoicismo, o autocontrole imprescindível a um japonês de amor-próprio, faz parte do seu giri ligado ao nome. Uma mulher não deve queixar-se na hora do parto e um homem tem de elevar-se acima da dor e do perigo. Quando as enchentes invadem uma aldeia japonesa, o amor-próprio de cada um leva-o a reunir todos os seus pertences e procurar as elevações de terreno. Não há lamentações, correrias, nem pânico. Quando os ventos equinociais e a chuva chegam, numa fúria de ciclone, há semelhante autocontrole. Um procedimento desses completa o respeito que cada um sente por si mesmo no Japão, ainda que a longo prazo não viva assim. Acham eles que o amor-próprio americano não exige autocontrole. Há uma *noblesse oblige* neste autocontrole no Japão e nos tempos feudais exigia-se, portanto, mais dos samurais do que da gente comum, mas a virtude, embora menos premente, constituía preceito de vida entre as classes. Se se exigia dos samurais que chegassem a extremos ao se elevarem acima da dor física, a gente comum era forçada a chegar a extremos ao aceitar as agressões dos samurais armados.

São famosas as histórias acerca do estoicismo dos samurais. Eram proibidos de se deixarem vencer pela fome, o que, no entanto, era por demais trivial para ser mencionado. Impunha-se-lhes quando famintos que aparentassem ter acabado de comer: deviam palitar os dentes ostensivamente. "Os filhotes de passarinho", diz a máxima, "choram por comida, mas o samurai traz aos dentes o palito". Na guerra passada foi esta a máxima militar para o soldado combatente. Não devem tampouco ceder à dor. A atitude japonesa era como a réplica do menino-soldado a Napoleão: "Ferido? Não, majestade, estou morto". Um samurai não devia dar sinais de sofrimento até cair morto e devia aguentar a dor sem pestanejar. Contam que o Conde Katsu, que morreu em 1899, quando menino teve os testículos lacerados por um cão. Ele pertencia a uma família de samurais, reduzida, no entanto, à miséria. Enquanto o médico o esperava, o pai mantinha a espada encostada ao seu nariz. "Se der um pio", avisou ele, "morrerá de um jeito que pelo menos não será vergonhoso".

O giri ligado ao nome exige também que se viva de acordo com a própria situação na vida. Se um homem falha neste giri, não tem direito a respeitar-se, o que significava no período Tokugawa a aceitação, como parte de seu amor-próprio, das pormenorizadas leis suntuárias que regulavam praticamente tudo o que usasse, tivesse ou utilizasse. Os americanos ficam profundamente chocados por leis que definam tais coisas como advindas da situação de classe herdada. O amor-próprio nos Estados Unidos está relacionado com a melhoria da própria posição social, sendo que leis suntuárias rígidas constituem uma negação da própria base de nossa sociedade. Ficamos horrorizados com as leis Tokugawa que estabeleciam para o fazendeiro de uma classe a permissão de comprar determinada boneca para a filha e para o de uma outra, uma boneca diferente. Na América, entretanto, obtemos os mesmos resultados apelando para uma ratificação diversa. Aceitamos sem críticas o fato de que o filho do dono da fábrica tenha uma coleção de trens elétricos e que a filha do agricultor contente-se com uma boneca de sabugo de milho. Aceitamos diferenças de rendimentos e justificamo-las. Ganhar um bom salário faz parte do nosso esquema de amor-próprio. Se as bonecas são reguladas pelos rendimentos isto não constitui violação de nossas ideias morais. Quem é rico compra melhores bonecas para os seus filhos. No Japão, ficar rico é suspeito, ao passo que conservar a sua posição não o é. Mesmo hoje em dia, tanto o pobre quanto o rico investem o amor-próprio no cumprimento das convenções da hierarquia. É uma virtude estranha à América, e o francês Tocqueville já o assinalou nos anos 1830, no seu livro já mencionado. Nascido na França no século XVIII, conhecia e amava o modo de vida aristocrático, a despeito de seus generosos comentários sobre o igualitarismo nos Estados Unidos. A América, disse ele, a despeito de suas virtudes, carecia de verdadeira dignidade. "A verdadeira dignidade consiste em adotar a posição devida, nem demasiado elevada, nem demasiado baixa, o que tanto está ao alcance do campônio, quanto do príncipe". Tocqueville teria compreendido a atitude japonesa de que as diferenças de classe não são elas mesmas humilhantes.

"A verdadeira dignidade", nesta era de estudo objetivo de culturas, é considerada como algo que diferentes pessoas podem definir de modo diverso, exatamente como sempre definem por eles mesmos o que é humilhante. Os americanos, que atualmente proclamam que o Japão não alcançará o amor-próprio enquanto não o compelirmos ao igualitarismo, são culpados de etnocentrismo. Se o que esses americanos querem é, conforme dizem, um Japão com amor-próprio, terão de respeitar as bases japonesas de amor-próprio. Podemos reconhecer, como o fez Tocqueville, que esta "verdadeira dignidade" aristocrática está ficando ultrapassada no mundo moderno e que uma outra, mais apurada, está tomando o seu lugar. Também assim sucederá no Japão. Enquanto isso, modernamente, terá o Japão de ir reconstruindo o seu amor-próprio na sua própria base, e não na nossa. E terá de purificá-lo à sua maneira.

O giri ligado ao nome está igualmente relacionado com muitos gêneros de compromissos, além dos da devida posição. Quem pede um empréstimo, poderá estar empenhando o giri ligado ao seu nome. Há uma geração, era comum dizer: "Sujeito-me a cair no ridículo, se não pagar esta dívida". Se falhasse, não se transformava literalmente num alvo de risos: não existiam pelourinhos no Japão. Mas quando chegava o Ano Novo, data em que as dívidas deviam ser pagas, o devedor insolvente podia suicidar-se, a fim de "limpar o nome". A véspera de Ano Novo ainda tem a sua safra de suicidas, que assim procederam para redimir suas reputações.

Todos os compromissos profissionais resultam em giri ligado ao nome. As exigências japonesas costumam ser fantásticas quando circunstâncias especiais dão lugar à publicidade, e a reprovação possa ser geral. Veja-se, por exemplo, a longa lista de diretores de colégios que se suicidaram porque os incêndios em suas escolas – de que não eram culpados – ameaçaram o retrato do Imperador, pendurado em todos os estabelecimentos de ensino. Muitos professores, igualmente morreram queimados ao penetrarem nas escolas em chamas, a fim de salvar esses retratos. Com as suas mortes demonstraram o quanto prezavam o giri ligado a seus nomes e o seu chu ao Imperador. Há também famosas histórias de pessoas que incorreram num *lapsus linguae* durante leituras públicas solenes de um dos Editos Imperiais, seja o da Educação ou o dirigido aos Soldados e Marinheiros, e limparam os seus nomes suicidando-se. Durante o reinado do atual Imperador, um homem que inadvertidamente dera ao seu filho o nome de Hiroito – o nome dado ao Imperador jamais foi pronunciado no Japão – matou a si mesmo e ao filho.

O giri ligado ao nome como profissional é muito premente no Japão, não precisando ser mantido, no entanto, no sentido em que o americano considera de elevado padrão. Diz o professor: "Pelo giri ligado ao meu nome como professor, não posso admitir ignorância alguma", querendo dizer que, se desconhece a que espécie pertence uma rã, mesmo assim tem de fingir que assim não acontece. Se ensina inglês na base de apenas alguns anos de instrução escolar, não poderá admitir, entretanto, que alguém possa corrigi-lo. É particularmente a este tipo de defensiva que se refere o "giri ligado ao nome como professor". O homem de negócios, também, pelo giri ligado ao seu nome como homem de negócios, não pode deixar ninguém saber que os seus haveres estejam seriamente exauridos ou que os planos que elaborou para a sua organização fracassaram. E o diplomata não pode admitir em giri o malogro de sua política. Em todos esses empregos de giri, verifica-se uma identificação extrema do homem com a sua obra, tornando-se automaticamente uma crítica da própria pessoa qualquer apreciação de sua atuação ou competência.

Essas reações japonesas a imputações de falhas e insuficiências podem ser reproduzidas efetivamente nos Estados Unidos. Todos conhecemos gente atribulada pela calúnia. Raramente, porém, somos tão defensivos quanto os japoneses. Se um professor não sabe a que espécie pertence uma rã, acha mais digno confessá-lo do que arrogar-se tal conhecimento, ainda que pudesse sucumbir à tentação de esconder a sua ignorância. Se um homem de negócios acha-se descontente com algum plano de ação que vem propondo, seu parecer será de que poderá estabelecer uma diretiva nova e diferente. Jamais lhe ocorrerá estar o seu amor-próprio condicionado à asserção de que sempre esteve certo e que se admitisse estar errado, devesse pedir demissão ou aposentar-se. No Japão, entretanto, a defensiva se instala profundamente, constituindo norma de sabedoria – como também o é de etiqueta universal – não exprobrar a ninguém ter cometido um erro profissional.

Esta sensitividade evidencia-se principalmente em situações em que uma pessoa perdeu para uma outra. Pode ser apenas que a outra tenha obtido preferência para um emprego ou que a pessoa interessada tenha se saído mal em algum exame competitivo. O perdedor "arrasta vergonha" por tais fracassos e, embora esta vergonha constitua, em alguns casos, um forte incentivo para empenhos maiores, em muitos outros é um perigoso depressor. Ele perde a confiança e torna-se melancólico, irritado, ou ambos. Bloqueiam-se os seus esforços. É particularmente importante para os americanos verificar que a competição no Japão não apresenta, pois, o mesmo grau de efeitos socialmente desejáveis de nosso sistema de vida. Fiamo-nos acentuadamente na competição como uma "coisa boa". Os testes psicológicos demonstram que a competição nos estimula para uma melhor produção. O desempenho vigoriza-se sob tal estímulo. Quando nos dão algo para fazer, isoladamente, decaímos em relação ao índice que alcançamos na presença de competidores. No Japão, entretanto, seus testes revelam exatamente o oposto. É especialmente marcante uma vez terminada a infância, pois, as crianças japonesas mostram-se mais folgazãs quanto à competição, sem se preocuparem tanto com ela. Com rapazes e adultos, contudo, o desempenho piora com a competição. Candidatos com apreciável progresso diminuíram os erros e aumentaram a rapidez ao trabalharem sozinhos, passando a cometer enganos e a se retardarem com a presença de um competidor. Produziram melhor quando o seu aperfeiçoamento foi cotejado com os próprios antecedentes e não quando se mediram com outros. Os pesquisadores japoneses analisaram corretamente a razão para estes fracos índices em situações competitivas. Os seus candidatos, disseram eles, quando o projeto tornou-se competitivo, passaram a se preocupar especialmente com o perigo de serem derrotados e a produção decaiu. Tanto consideraram a competição como uma agressão, que voltaram a atenção para a sua relação com o agressor, ao invés de concentrar-se na tarefa.*

Os estudantes examinados nesses testes tendiam a ser influenciados antes de mais nada pela possível vergonha do fracasso. Como um professor ou homem de negócios confrontando-se com o giri ligado ao seu nome profissional, são eles atingidos pelo giri ligado ao nome como estudantes. Equi-

* Para um sumário, ver *The Japanese: Character and Morale* (mimeografado). Preparado por Ladislas Farago para o Comitê de Moral National, 9 East 89th Street, New York.

pes estudantis que perderam em jogos competitivos, igualmente, exacerbam-se carpindo a vergonha do fracasso. Tripulações arrojam-se dentro de seus botes, junto aos remos, chorando e se lamentando. Equipes derrotadas de beisebol ajuntam-se num pranto ruidoso. Nos Estados Unidos seriam considerados maus perdedores. Segundo a nossa etiqueta, esperamos que reconheçam ter vencido a melhor equipe. Os derrotados devem apertar as mãos dos vencedores. Por mais que detestemos ser derrotados, desprezamos os que entram em crise emocional por causa disso.

Os japoneses sempre se mostravam inventivos no sentido de idear maneiras de evitar a competição direta. Suas escolas elementares reduzem-na a um mínimo inconcebível aos americanos. Os seus professores recebem instruções visando a que cada criança deva ser ensinada a melhorar a própria atuação, sem que lhe sejam dadas oportunidades de comparar-se com outras. Nas suas escolas primárias chegam a não conservar os repetentes, levando as crianças que entraram juntas a assim se conservarem por todo o seu período elementar. Seus boletins classificam as crianças nas escolas elementares através de notas de conduta e não de trabalhos escolares: quando se torna inevitável uma situação realmente competitiva, como nos exames para o ingresso em cursos médios, a tensão é compreensivelmente grande. Todos os professores contam histórias de meninos que se suicidaram ao saber que haviam sido reprovados.

A redução ao mínimo da competição direta continua por toda a vida dos japoneses. Uma ética baseada no *on* pouco lugar tem para a competição, ao passo que o imperativo categórico americano repousa sobre o êxito na competição com os semelhantes. Todo o seu sistema de hierarquia, com as suas pormenorizadas regras de classe, reduz ao mínimo a competição direta. O sistema familiar, igualmente, pois pai e filho não se encontram institucionalmente em competição, como na América: poderão rejeitar-se, mas jamais competir. Os japoneses falam, assombrados, da família americana, onde pai e filho competem pelo uso do carro de família e pela atenção da mãe-esposa.

A onipresente instituição do intermediário representa uma das muitas maneiras através das quais os japoneses evitam o confronto direto de pessoas em competição. Toda a situação em que um homem possa envergonhar-se por não se ter saído bem exige um intermediário, empregado em grande número de ocasiões – negociação de casamento, oferecimento dos próprios serviços sob contrato, saída de um emprego e incontáveis assuntos cotidianos a serem resolvidos. Um agente desses informa os dois lados ou, no caso de uma importante negociação, como um casamento, empregam-se respectivamente dois intermediários, que ajustam os detalhes entre si antes de irem fornecer os resultados de seus trabalhos. Mediante um trato de segunda mão como esse, os representados livram-se de tomar conhecimento de reclamações e incumbências que haveriam de ressentir-se como giri ligado aos seus nomes, se estivessem em comunicação direta. O intermediário, igualmente, obtém prestígio atuando em caráter oficial, como também o respeito da comunidade com o êxito de suas manobras. As possibilidades de um acordo pacífico são maiores, pois, o intermediário está pessoalmente empenhado em negociações conciliatórias. Ele age do mesmo modo ao sondar um empregador acerca de um emprego para o seu cliente, ou ao transmitir-lhe a decisão do empregado de sair do mesmo.

Estabelece-se toda a sorte de etiquetas a fim de evitar situações causadoras de vergonha, possíveis de acarretar giri para o próprio nome. Tais situações, assim reduzidas ao mínimo, vão muito além da competição direta. O dono da casa, acham eles, deve receber o seu hóspede com um certo ritual de boas-vindas e nas suas melhores roupas. Portanto, quem encontra o fazendeiro em casa com as suas vestes de trabalho, é provável que vá ter de esperar um pouco. Ele não dará sinais de reconhecimento até envergar roupas apropriadas e providenciar, as devidas cortesias. Não faz diferença se o dono da casa tiver de trocar de roupa no aposento em que o hóspede estiver esperando. Simplesmente ele não se acha presente, até que vista o traje adequado. Nas zonas rurais, igualmente, os rapazes podem visitar as moças à noite, depois que todos em casa estejam dormindo e a moça já na cama. As moças poderão aceitar ou rejeitar suas investidas, entretanto, o rapaz usa uma toalha amarrada ao rosto, de modo a que, se for repelido, não se sinta envergonhado no dia seguinte. O disfarce não é para impedir que a moça o reconheça. É simplesmente uma técnica de avestruz, a fim de que ele não se veja obrigado a admitir que tenha sido em pessoa humilhado. A etiqueta exige também que se tenha o mínimo conhecimento de um projeto, até que o seu sucesso esteja assegurado. Faz parte dos deveres de intermediários no arranjo de um casamento aproximarem os futuros noivos antes de ser completo o contrato. Todos os esforços são envidados no sentido de tornar casual o encontro, pois se o objetivo da apresentação fosse declarado àquela altura, qualquer rompimento das negociações ameaçaria a honra de uma das famílias ou de ambas. Já que o jovem casal deve cada um estar acompanhado por um ou ambos os progenitores, e os intermediários venham a ser os donos ou donas da casa, nada mais natural que "esbarrem um no outro" casualmente na exposição anual de crisântemos, na contemplação do florescer das cerejeiras ou então num parque ou local de recreio assaz conhecidos.

De todos esses modos e de muitos outros mais, os japoneses procuram evitar as ocasiões em que o fracasso possa ser vergonhoso. Embora coloquem tanta ênfase no dever de limpar o nome de um insulto, na prática isso os leva a ajustar os acontecimentos de maneira a que o mais raramente possível se venha a experimentar insultos. Grande é o contraste com o que ocorre em muitas tribos das ilhas do Pacífico, onde limpar o próprio nome ocupa um lugar tão preeminente quanto no Japão.

Entre esses primitivos povos horticultores da Nova Guiné e Melanésia, o incentivo principal da ação tribal ou pessoal é o insulto, de que é necessário ressentir-se. Não há uma festa tribal sem que uma aldeia o traga à baila, declarando que uma outra aldeia é tão pobre que não pode alimentar dez hóspedes, é tão sovina que esconde seus inhames e cocos, tem uns chefes tão ignorantes a ponto de serem incapazes de organizar uma festa, ainda que o tentassem. A aldeia provocada limpa, então, o seu nome, deslumbrando a quem chega com o seu pródigo aparato e hospitalidade. As negociações de casamento e as transações financeiras são postas em andamento da mesma maneira. Do mesmo modo, quando decidem guerrear, terríveis insultos são trocados, antes de colocarem as flechas em seus arcos. Abordam a mais insignificante questão como se fosse ocasião para um combate mortal.

Há um grande incentivo para a ação e essas tribos costumam ter muita vitalidade. Contudo, jamais foram tidas como corteses.

Os japoneses, ao contrário, são modelos de polidez, valendo tal preeminência como indicação dos extremos a que chegaram na limitação das ocasiões em que seja necessário limpar o próprio nome. Prezam, como incomparável estímulo ao empreendimento, a animosidade ocasionada pelo insulto, entretanto, restringem as situações em que seja despertado. Era apenas cabível em determinadas situações ou quando cedessem sob pressão às disposições tradicionais para eliminá-lo. Não há dúvida de que o emprego de tal estímulo no Japão contribuiu para a posição dominante por ele alcançada no Extremo Oriente e no tocante à sua política de guerra anglo-americana na última década. Muitos debates ocidentais em torno da sensibilidade do Japão ao insulto e a sua ansiedade em vingar-se, contudo, mais se aplicariam às tribos insulto-ativistas da Nova Guiné do que ao Japão, sendo que muitas previsões ocidentais de como o Japão procederia após a derrota nesta guerra tanto se extraviaram devido a não levarem em conta as particulares limitações japonesas quanto ao giri ligado ao próprio nome.

A cortesia dos japoneses não deverá levar os americanos a menosprezar a sua sensibilidade a imputações. Os americanos trocam muito despreocupadamente comentários pessoais, numa espécie de jogo. É difícil para nós avaliar a extrema seriedade que se liga aos comentários ligeiros no Japão. Na sua autobiografia, publicada nos Estados Unidos escrita em inglês, um artista japonês, Yoshio Markino, descreveu com nitidez uma reação japonesa perfeitamente adequada ao que ele interpretou como um escárnio. Quando escreveu o livro já vivera a maior parte da sua vida adulta nos Estados Unidos e na Europa, entretanto, para ele era como se ainda morasse na sua cidade natal, a rural Aichi. Era o filho mais moço de um proprietário de terras, de boa posição social e havia sido criado com a maior afeição, num lar encantador. Quase ao final da infância, a mãe morreu e, não muito depois, o pai faliu, vendendo todos os bens para pagar as dívidas. A família dissolveu-se e Markino não tinha sequer um sen para auxiliá-lo a realizar as suas ambições. Uma delas era aprender inglês.

Empregou-se numa escola missionária das vizinhanças e exerceu o emprego de porteiro, a fim de aprender a língua. Aos dezoito anos, ainda nunca havia saído do círculo de algumas cidades provincianas, mas já decidira ir para a América.

Fui procurar um dos missionários, em quem confiava mais do que em qualquer outro. Falei-lhe da minha intenção de ir para a América, na esperança de que pudesse dar-me alguma informação útil. Para grande desapontamento meu, ele exclamou: "Como? *Você* está pretendendo ir para a América?" Sua esposa achava-se na mesma sala e ambos tiveram um sorriso de escárnio para comigo! Naquele momento senti como se todo o sangue da cabeça me tivesse corrido para os pés! Permaneci no mesmo lugar alguns segundos em silêncio, em seguida voltei ao meu quarto, sem despedir-me. Disse para mim mesmo: "Está tudo terminado".

Na manhã seguinte, fugi. Quero agora explicar a razão disso. Sempre achei a *hipocrisia* o maior crime do mundo, e nada poderia ser mais hipócrita do que um sorriso de escárnio!

Perdoo sempre a raiva alheia, porque é humano irritar-se. Geralmente perdoo quando me dizem uma mentira, porque a natureza humana é muito fraca, sendo frequente faltar a disposição de enfrentar-se a dificuldade e dizer a verdade. Perdoo também se espalham boatos ou bisbilhotices a meu respeito, pois é fácil a tentação quando outros assim persuadem.

Até mesmo assassinos posso perdoar, dependendo das circunstâncias. Mas quanto ao escárnio não há desculpa, porque não se pode zombar de gente sem hipocrisia intencional.

Permitam que lhes dê a minha definição das duas palavras. O assassino é quem mata a carne humana. O escarnecedor mata a ALMA e o *coração* alheios.

A alma e o coração valem mais do que a carne, portanto, o escárnio é o pior dos crimes. De fato, aquele missionário e a esposa tentaram assassinar-me a *alma* e o *coração* e tive uma grande dor em meu coração que gritava: "Por que vocês?"*

Na manhã seguinte ele partia com todos os seus pertences amarrados num lenço.

Conforme achava, havia sido "assassinado" pela incredulidade do missionário quanto a um rapaz provinciano sem vintém ir para os Estados Unidos a fim de tornar-se um artista. O seu nome estava maculado até que o limpasse cumprindo o seu propósito, não lhe restando outra alternativa após o "escárnio" do missionário senão sair do lugar e comprovar a sua competência

* Markino, Yoshio. *When I was a Child*. 1912, p. 159-160. Os grifos são do original.

em ir para os Estados Unidos. Soa estranho em outra língua ele acusar o missionário de "hipocrisia", já que a exclamação do americano parece-nos bastante "sincera", segundo compreendemos a palavra. Mas é que ele está usando a palavra no seu significado japonês, em que geralmente se nega sinceridade a alguém que faz pouco de uma pessoa a quem não pretende provocar no sentido de agressão. Uma zombaria dessas é injustificada e comprova "hipocrisia". "Até mesmo assassinos posso perdoar, dependendo das circunstâncias. Mas quanto ao escárnio não há desculpa." Já que não se deve "perdoar", a reação possível ao estigma é a vingança. Markino limpou o nome indo para os Estados Unidos, contudo, a vingança ocupa situação elevada na tradição japonesa como sendo "coisa boa" em caso de insulto ou derrota. Os japoneses que escrevem livros para leitores ocidentais algumas vezes usaram vigorosas figuras de linguagem para designar atitudes japonesas relativas à vingança. Inazo Nitobe, um dos mais bondosos homens do Japão, escrevendo em 1900, diz: "Na vingança existe algo que satisfaz o sentido de justiça de cada um. O nosso sentido de vingança é tão preciso quanto a nossa aptidão matemática e, até serem satisfeitos os dois termos da equação, não conseguimos evitar a sensação de algo deixado por fazer".* Yoshisaburo Okakura, num livro sobre *The Life and Thought of Japan*, utiliza como comparação um costume tipicamente japonês.

> Muitas das chamadas peculiaridades mentais dos japoneses devem sua origem ao amor pela pureza e à sua complementar aversão pela mácula Mas, convenhamos, como poderia ser de outra maneira, sendo educados como o somos para encarar as desfeitas infligidas, quer sobre a nossa honra familiar quer sobre o orgulho nacional, como umas tantas máculas e ferimentos que não seriam outra vez limpos nem curados, a menos que por total lavagem através de vindicacão? Podem considerar os casos de *vendetta* encontrados tão amiúde na vida pública e particular do Japão simplesmente e como uma espécie de matinal banho de banheira de um povo cujo sentido de limpeza transformou-se em paixão.**

E continua ele dizendo que dessa forma vivem os japoneses "vidas limpas e imaculadas, serenas e belas como uma

* Nitobe, Inazo. *Bushido, The Soul of Japan*. 1900, p. 83.

** Okakura, Yoshisaburo. *The Life and Thought of Japan*. Londres, 1913, p. 17.

cerejeira em flor". Este "matinal banho de banheira", em outras palavras, lava a sujeira sobre a pessoa atirada, sendo impossível a virtude, enquanto ela ficar aderindo. Os japoneses não têm ética que ensine não poder um homem ser insultado a menos que assim se julgue e que somente "o que sai de um homem" é que o macula e não o que é dito ou feito contra ele.

A tradição japonesa vai mantendo diante do público este ideal de "banho matinal" de *vendetta*. Incontáveis incidentes e histórias de heróis, entre as quais a mais popular é a histórica *Narrativa dos quarenta e sete ronins*, são conhecidos de todos. São lidos nos seus livros escolares e representados no teatro, transformados em filmes modernos e divulgados em publicações populares. Fazem parte da cultura viva do Japão moderno.

Muitas dessas histórias são a respeito da sensibilidade a fracassos ocasionais. Por exemplo, um daimio mandou chamar três de seus dependentes a fim de que dissessem o nome de certa esplêndida espada. Tendo eles discordado e tendo sido consultados os peritos, descobriu-se que Nagoya Sanza havia sido o único que a tinha identificado corretamente como uma lâmina Muramasa. Os que se enganaram consideraram-se insultados e resolveram matar Sanza. Um deles, ao encontrá-lo adormecido, feriu-o com a espada do mesmo. Sanza, entretanto, sobreviveu e o seu atacante dali por diante dedicou-se à sua vingança. Finalmente conseguiu matá-lo, satisfazendo o seu giri.

Há outras histórias acerca da necessidade de desforrar-se do senhor. O giri significava na ética japonesa tanto a fidelidade do dependente ao senhor até a morte, quanto a sua meia-volta de exorbitante hostilidade, ao se julgar ele próprio insultado. Um bom exemplo advém das histórias a respeito de Ieyasu, o primeiro Xógum Tokugawa. Informaram a um de seus dependentes que Ieyasu dissera dele: "Ele é o tipo do indivíduo que morrerá com uma espinha atravessada na garganta". A imputação de que haveria ele de morrer de maneira pouco digna não era aturável, e o dependente fez promessa de que não se esqueceria disso vivo ou morto. Ieyasu achava-se na ocasião unificando o país, desde a nova capital Yedo (Tóquio) e ainda não estava a salvo de seus inimigos. O dependente fez proposta aos senhores inimigos, oferecendo-se para incendiar Yedo desde a parte interna e devastá-la. Deste modo o giri seria satisfeito e ele se vingaria de Ieyasu. A maioria das discussões ocidentais em torno da lealdade japonesa nada têm de realistas, pois não assinalam que o giri não é simplesmente fidelidade. Também é uma virtude que sob determinadas circunstâncias prescreve traição. Como dizem eles, "Um homem espancado transforma-se num rebelde". E igualmente o homem insultado.

Esses dois temas das narrativas históricas – vingança contra uma pessoa que estava certa quando uma outra estava errada e a desforra contra uma imputação, mesmo partida do senhor – são corriqueiros na literatura japonesa mais divulgada, apresentando muitas variações. Quando se examinam modernas biografias, novelas e acontecimentos, torna-se claro que, conquanto muito aprecie o Japão a vingança nas suas tradições, as histórias de represálias são hoje em dia certamente tão raras quanto nos países ocidentais, talvez mais raras. Isto não quer dizer que as obsessões concernentes à honra tenham diminuído e sim que a reação aos malogros e estigmas mais e mais amiúde tornou-se defensiva, ao invés de ofensiva. O opróbrio continua como nunca a ser encarado seriamente pelo povo, porém, mais e mais amiúde paralisa as energias das pessoas, ao invés de incitá-las à luta. O ataque direto de vingança era mais possível nos anárquicos tempos anteriores à Era Meiji. No período moderno, a lei, a ordem e as dificuldades de conduzir uma economia mais interdependente tornaram a vingança subterrânea ou voltaram-na contra o peito de cada um. Uma pessoa pode tirar uma vingança particular contra o inimigo empregando um estratagema que jamais confessa – de certo modo como a velha história do hospedeiro que serviu excremento ao inimigo, misturado na comida deliciosa, nada mais pretendendo além do conhecimento de que o havia feito. O convidado jamais soube. Mas, mesmo esta forma de agressão subterrânea é mais rara hoje em dia do que o ato de voltá-la contra si mesmo. Neste caso têm-se duas alternativas: utilizá-la como incentivo para uma autodiretriz até o "impossível" ou deixar que ela devore o próprio coração.

A vulnerabilidade dos japoneses aos fracassos, estigmas e rejeições decididamente os inclina mais a se maltratarem do que aos demais. Suas novelas reiteradamente exploram o beco da melancolia, em alternância com as explosões de furor a que se têm abandonado nas últimas décadas, com tanta frequência, os japoneses instruídos. Os protagonistas dessas histórias são entediados – entediados da rotina da vida, das famílias, da cidade, do país. Não é, contudo, o tédio de procurar alcançar as estrelas, em que todos os esforços parecem triviais comparados com a grande meta figurada nos olhos da mente. Não é um tédio nascido do contraste entre a realidade e o ideal. Quando os japoneses adquirem a visão de uma grande missão perdem o seu tédio. Perdem-no de forma completa e absoluta, por mais distante que esteja a meta. O seu tipo especial de *ennui* constitui a doença de um povo por demais vulnerável. Voltam contra si próprios o seu medo de rejeição e ficam bloqueados. O retrato do tédio na novela japonesa é um estado mental bastante diferente daquele com que nos familiarizamos na novela russa, onde o contraste entre os mundos real e ideal é básico nos tédios experimentados por seus heróis. Sir George Sansom declarou que os japoneses carecem deste sentido de contraste entre o real e o ideal. Não está especificando de como isto esteja subjacente ao seu tédio e sim de que modo eles formulam a sua filosofia e a atitude geral perante a vida. Não há dúvida de que este contraste com noções básicas ocidentais vai muito além do caso aqui estudado, tendo no entanto especial pertinência com as suas assediantes depressões. O Japão equipara-se com a Rússia como uma nação tendente a retratar o tédio em suas novelas, sendo marcante o contraste com os Estados Unidos. As novelas americanas não aproveitam muito o tema. Nossos novelistas relacionam a desdita de seus personagens com uma deficiência de caráter ou os açoites de um mundo cruel, quase nunca se detêm no tédio puro e simples. Os desajustes pessoais têm uma causa, uma estruturação e instigam a condenação moral por parte do leitor de algum defeito do herói ou heroína ou algum mal da ordem social. O Japão também tem as suas novelas proletárias que denunciam as desesperadoras condições econômicas nas cidades e as terríveis ocorrências nos barcos mercantes pesqueiros, porém, suas novelas que tratam do caráter revelam um mundo onde as emoções das pessoas lhes costuma acorrer, conforme diz um autor como nuvens de gás de cloro. Nem o personagem, nem o autor julgam necessário analisar as circunstâncias ou a história da vida do herói, no sentido de explicar a nuvem. Ela vai e vem. As pessoas são vulneráveis. Introverteram a agressão com que os seus antigos heróis costumavam assolar os seus inimigos e a sua depressão não lhes parece ter causa explícita. Podem valer-se de um incidente como origem, o qual deixa, no entanto, uma curiosa impressão de não passar de um símbolo.

A ação agressiva mais extrema empreendida por um japonês moderno contra si mesmo é o suicídio. O suicídio, adequadamente executado, de acordo com os seus princípios, limpa o nome e reabilita a memória. A condenação americana do suicídio faz da autodestruição tão só uma submissão insensata ao desespero, ao passo que o respeito a ele votado pelos japoneses licencia-o como ato honroso e significativo. Em determinadas situações, é a maneira mais digna de assumir o giri ligado ao nome. O devedor omisso no dia de Ano Novo, o oficial que se mata para comprovar que assume responsabilidade de alguma lamentável ocorrência, os amantes que selam o seu amor impossível num duplo suicídio, o patriota que protesta a protelação por parte do governo da guerra com a China estão todos, assim como o menino que é reprovado no exame ou o soldado fugindo à captura, voltando contra si mesmos uma violência definitiva. Algumas autoridades japonesas dizem que esta tendência ao suicídio é nova no Japão. Não é fácil opinar, e as estatísticas revelam que nos últimos anos os observadores têm superestimado a sua frequência. Houve proporcionalmente mais suicídios na Dinamarca no século passado e mais na Alemanha anterior ao nazismo do que em tempo algum no Japão. Uma coisa, porém, é certa: os japoneses adoram o assunto. Exploram-no como os americanos o fazem com o crime, tendo com relação a ele a mesma fruição vicária. Preferem alongar-se sobre ocorrências em torno da autodestruição do que da de outros. Fazem disso, segundo a frase de Bacon, o seu "caso flagrante" favorito, pois que, satisfaz certa necessidade impossível de ser atendida com o alongar-se em outros atos.

O suicídio é também mais masoquístico no Japão moderno do que parece ter sido em narrativas históricas dos tempos feudais. Nestas, o samurai suicidava-se por ordem do governo para livrar-se de uma execução desonrosa, do mesmo modo que um soldado inimigo ocidental seria fuzilado, ao invés de enforcado, ou então adotava tal procedimento a fim de salvar-se da tortura que esperava, se caísse nas mãos do inimigo. Concedia-se *harakiri* a um guerreiro, assim como, de forma análoga, às vezes, facilitava-se o suicídio secreto a um oficial prussiano em desonra. Seus superiores deixavam uma garrafa de uísque e uma pistola sobre uma mesa em seu quarto, após ter sido ele informado de que não poderia salvar a sua honra de outra maneira. Para os samurais japoneses, tirar-se a vida numa circunstância dessas constituía apenas uma escolha de meios: a morte era certa. Nos tempos modernos o suicídio é uma opção pela morte. Uma pessoa volta contra si própria a violência, amiúde, ao invés de assassinar outrem. O ato do suicídio, que em tempos feudais era a declaração final da coragem e decisão de um homem, transformou-se hoje em dia numa autodestruição escolhida. Durante as duas últimas gerações, quando os japoneses acharam que "o mundo estava tombando", que "os dois termos da equação" não são equivalentes, que precisam de um "banho de banheira matinal" para limpar as máculas, passaram de modo considerável a se destruírem mais do que aos outros.

Mesmo o suicídio como argumento final para garantir uma vitória para o próprio lado, embora tenha ocorrido tanto em tempos feudais quanto modernos, modificou-se nesta mesma direção. Uma história famosa da Era Tokugawa refere-se a um velho tutor, de alta posição no conselho do xogunato, que desvestiu-se e colocou a espada de prontidão para um harakiri imediato, na presença de todo o conselho e de regente do xogunato. A ameaça de suicídio preponderou, conseguindo ele assim a sucessão do seu candidato à posição de Xógum. Obteve o que pretendia e não houve suicídio. Em terminologia ocidental, o tutor fizera chantagem com a oposição. Modernamente, contudo, um suicídio de protesto como esse é o ato de um mártir e não de um negociador. É consumado depois que se fracassou ou para colocar-se em evidência como opositor de um acordo já assinado, como o Ato de Paridade Naval. É efetuado de modo a que somente o ato efetivado e não a ameaça de suicídio, possa influenciar a opinião pública.

Esta crescente tendência a atacar a si próprio, quando seja ameaçado o giri ligado ao nome, não precisa incluir medidas assim extremas como o suicídio. As agressões dirigidas para dentro poderão produzir tão somente depressão e lassitude, além do típico tédio japonês tão frequente nas classes instruídas. Existem boas razões sociológicas justificando a disseminação de tal disposição de ânimo especialmente nessa classe, já que a *intelligentsia* achava-se superlotada e situada de forma bastante insegura na hierarquia. Somente uma pequena proporção de seus membros conseguia satisfazer suas ambições. Nos anos 1930 igualmente, tornaram-se eles duplamente vulneráveis, pois as autoridades receavam que estivessem tendo "pensamentos perigosos" e os manteve sob suspeita. Os intelectuais japoneses geralmente atribuem a sua frustração às confusões da ocidentalização, mas a explicação não tem alcance suficiente. A típica oscilação japonesa de humor vai do intenso empenho ao intenso tédio e a queda psíquica sofrida por muitos intelectuais decorreu da tradicional maneira japonesa. Muitos deles, igualmente, dele se livraram, de maneira tradicional, por volta da metade da década de 30: adotaram objetivos nacionalistas e dirigiram o ataque novamente para fora, distanciado de seus peitos. Na agressão totalitária contra nações exteriores conseguiam "encontrar-se" de novo. Salvaram-se de uma má disposição de ânimo e sentiram dentro de si uma grande força nova. Não lograriam fazê-lo nas relações pessoais, acreditavam, no entanto, que o conseguiriam como nação conquistadora.

Agora que o resultado da guerra comprovou o engano de tal confiança, de novo a lassitude constitui uma grande ameaça psíquica para o Japão. Não podem lutar facilmente contra ela, malgrado suas intenções, pois penetra profundamente. "Acabaram-se as bombas", disse um japonês de Tóquio, "o alívio é maravilhoso. Mas não estamos lutando mais e não há mais objetivos. Todos acham-se atordoados, sem se importarem muito como fazem as coisas. Eu estou assim, minha mulher está assim e igualmente o povo no hospital. Todos vagarosos com relação a tudo o que fazemos, atordoados. O povo agora se queixa de que o governo está se demorando na limpeza posterior à guerra e em proporcionar auxílio, mas acho que a razão disso está no fato de que todas as autoridades governamentais sentiam o mesmo que nós." Esta forma de apatia é o tipo de perigo encontrado no Japão, tal qual na França após a libertação. Na Alemanha, nos primeiros seis ou oito meses após a rendição, não constituiu problema. No Japão o é. Os americanos conseguem entender bastante bem esta reação, no entanto, parece-nos quase inacreditável que venha acompanhado de tal cordialidade para com o conquistador. Quase imediatamente tornou-se claro que o povo japonês aceitava a derrota e todas as suas consequências com extrema boa vontade. Os americanos foram recebidos com mesuras e sorrisos, com acenos e brados de saudação. Aquele povo não estava triste nem indignado. Segundo a frase do Imperador, utilizada ao anunciar a rendição, eles haviam "aceitado o impossível". Por que então aquele povo não punha em ordem a sua casa nacional? Segundo os termos da ocupação, tinham oportunidade de fazê-lo. Não havia ocupação estrangeira aldeia por aldeia e a administração dos negócios estava entregue em suas mãos. A nação inteira parecia sorrir e saudar, ao invés de dirigir os seus negócios. Entretanto, era esta a mesma nação que realizara milagres de reabilitação no princípio do período Meiji, que se preparara para a conquista militar com tanta energia nos anos 1930 e cujos soldados haviam lutado com tanta impetuosidade, ilha por ilha, pelo Pacífico afora.

São o mesmo povo, na verdade. Estão reagindo conforme a índole. A oscilação de ânimo a eles condizente vai do esforço intenso a uma lassitude que é puro ganhar tempo. No presente momento os japoneses antes de mais nada tencionam defender a boa reputação na derrota e acham que lhes é possível fazê-lo sendo amistosos. Como consequência, para muitos a maneira mais segura de consegui-lo é sendo dependente. Numa fácil sucessão, o esforço passará a ser suspeito e o melhor será ganhar tempo. A lassitude espalha-se.

No entanto, os japoneses não se comprazem no tédio. "Despertar da lassitude", "despertar os demais da lassitude" é a convocação constante para uma vida melhor no Japão e quase sempre estava nos lábios de seus locutores mesmo durante a guerra. À própria maneira, combatem a sua passividade. Na primavera de 1946, seus jornais continuam insistindo quanto à mancha que constitui para a honra do Japão não terem eles limpado as ruínas dos bombardeios, nem posto a funcionar alguns serviços públicos. Reclamam da lassitude das famílias sem teto que se juntam para dormir à noite nas estações ferroviárias, onde os americanos surpreendem a sua miséria. Os japoneses compreendem tais apelos à sua boa reputação. Também esperam que como nação conseguirão novamente envidar os maiores esforços no futuro, a fim de lutar por um lugar de respeito na Organização das Nações Unidas. Isso seria de novo trabalhar pela honra, mas numa direção nova. Se houver paz entre as Grandes Potências no futuro, o Japão poderá trilhar o caminho da dignidade.

Pois, no Japão, o objetivo constante é a honra. É necessário impor respeito. Os meios usados para tal fim constituem ferramentas que se empregam e se põem de lado, conforme as circunstâncias exigirem. Quando as situações mudam, os japoneses podem mudar de procedimento, criando novas rotas. A mudança não parece formar para eles a questão moral aberta para os ocidentais. Aderimos a princípios, a convicções em matéria ideológica. Quando perdemos, não mudamos de pensamento. Os europeus derrotados, por toda a parte, congregaram-se em movimentos clandestinos. A exceção de alguns ferrenhos conservadores, os japoneses não necessitam organizar movimentos de resistência e oposição subterrânea às forças de ocupação do Exército Americano. Não sentem necessidade moral de se manter na linha antiga. Desde os primeiros meses, americanos isolados viajaram com segurança em trens apinhados para as regiões mais remotas do país e foram recebidos com cortesia por antigas autoridades nacionalistas. Não se verificaram *vendettas*. Quando nossos jipes percorrem as aldeias, crianças enfileiradas pelas estradas gritam "Alô" e "Adeus", e as mães acenam para o soldado americano com as mãozinhas de seus bebês, quando pequenos demais para fazerem-no sozinhos.

A meia volta efetuada pelos japoneses na derrota é difícil de ser encarada dentro do seu valor nominal por parte dos americanos. Seria impossível que algo fizéssemos de semelhante. Mais difícil ainda seria entendermos a mudança de atitude de seus prisioneiros de guerra em nossos campos de internamento, já que eles se consideravam mortos para o Japão e nós nos acreditávamos impossibilitados de ter noção do que poderiam ser capazes homens "mortos". Muito poucos dos ocidentais conhecedores do Japão puderam prever que a mesma mudança de característica frontal dos prisioneiros de guerra iria verificar-se também no Japão, após a derrota. A maioria deles julgava que o Japão "apenas conhecia vitória ou derrota" e que a seus olhos a derrota constituiria um insulto a ser desagravado mediante furiosa violência. Alguns acreditavam que os traços nacionais característicos dos japoneses proibiam-lhes a aceitação de quaisquer condições de paz. Tais estudiosos do Japão não compreendiam o giri. Haviam destacado, dentre todos os processos alternativos que conferem honra a um nome, a única e evidente técnica tradicional de vingança e agressão. Não levaram em conta o hábito japonês de adotar outra norma de ação. Confundiram as éticas de agressão japonesas com as formas europeias, segundo as quais qualquer pessoa ou nação que combate tem de estar convencida primeiro da eterna integridade de sua causa e extrair daí a força das reservas de ódio ou indignação moral.

Os japoneses conduziram de maneira diferente a sua agressão. Necessitam extremamente serem respeitados no mundo. Verificaram que o poderio militar granjeara respeito para as grandes nações e empenharam-se num procedimento com o fito de igualá-las. Tiveram de se sobre-exceder porque seus recursos eram pequenos e sua tecnologia primitiva. Quando fracassaram no seu grande esforço, entenderam que afinal de contas a agressão não era o caminho da honra. O giri sempre significara tanto o uso da agressão quanto a observância de relações respeitosas e na derrota os japoneses recorreram a um e a outro, aparentemente sem se infligirem uma violência psíquica. O objetivo continua sendo a sua boa reputação.

O Japão procedeu de forma similar em outras ocasiões de sua história, sempre de forma desconcertante para os ocidentais. Mal se erguera o pano após o longo isolamento feudal do Japão, quando em 1862 um inglês de nome Richardson foi assassinado em Satsuma. O feudo de Satsuma era um viveiro de agitação contra os bárbaros brancos e os samurais do lugar eram tidos como os mais arrogantes e belicosos de todo o Japão. Os ingleses enviaram uma expedição punitiva e bombardearam Kagoshima, um importante porto de Satsuma. Os japoneses haviam fabricado armas de fogo durante todo o período Tokugawa, sendo elas, porém, copiadas de armas portuguesas obsoletas, não se podendo evidentemente rivalizar com as belonaves inglesas. As consequências desse bombardeio foram, no entanto, surpreendentes. Ao invés de fazer voto de vingança eterna contra os ingleses, Satsuma procurou a amizade destes. Haviam testemunhado a grandeza do adversário e logo se dispuseram a aprender com eles. Estabeleceram relações comerciais e no ano seguinte fundavam uma universidade em Satsuma onde, conforme escreveu um japonês da época, "Os mistérios da ciência e da cultura ocidentais eram ensinados ... A amizade nascida da Questão Namamuga continuava a crescer".* A Questão Namamuga era a expedição punitiva inglesa contra eles e o bombardeio de seu porto.

Não foi este um caso isolado. O outro feudo que rivalizava com Satsuma como os mais belicosos e virulentos inimigos dos estrangeiros era Choshu. Ambos lideraram a fomentação da restauração do Imperador. A corte do Imperador oficialmente sem poderes promulgou um edito imperial, designando a data de 11 de maio de 1863 como a ocasião em que Xógum tinha instruções para expulsar todos os bárbaros do solo japonês. O xogunato não tomou conhecimento da ordem, o mesmo não acontecendo, porém, com Choshu, que abriu de seus fortes sobre navios mercantes ocidentais que passavam litoral afora pelo estreito de Shimonoseki. As armas e a munição japonesas eram por demais primitivas para danificar os navios, entretanto, uma esquadra de guerra ocidental internacional logo arrasou os fortes, a fim de dar uma lição a Choshu. Seguiram-se as mesmas estranhas consequências que em Satsuma, a despeito mesmo do fato de terem as potências ocidentais exigido uma indenização de três milhões de dólares. Conforme diz Norman a respeito dos incidentes de Satsuma e Choshu, "Qualquer que tenha sido a complexidade de motivos por trás da meia volta executada por esses importantes núcleos ante estrangeiros, não se pode deixar de respeitar o realismo e a serenidade atestados por uma ação dessas".**

Esta forma de realismo situacional constitui o lado alegre do giri ligado ao nome japonês. Como a lua, o giri tem a sua

* Norman, E.H. op. cit. pp. 44-45, e n. 85.
** Op. cit. p. 45.

face clara e a sua face escura. O seu aspecto sombrio é que levou o Japão a considerar eventualidades como o Ato de Exclusão Americana e o Tratado de Paridade Naval como insultos nacionais de tal forma exorbitantes a ponto de instigá-lo ao seu desastroso programa de guerra. O seu aspecto luminoso é que possibilitou a boa vontade com que aceitou as consequências da rendição em 1945. O Japão continua fiel à sua índole.

Os escritores e publicistas japoneses modernos organizaram uma seleção das obrigações do giri e apresentaram-nas literalmente aos ocidentais como o culto do *bushido*, os costumes dos samurais. Por várias razões isto veio a ser enganoso. Bushido é um termo oficial moderno que não tem atrás de si o profundo sentido folclórico de expressões consagradas no Japão como "acuado com giri", "simplesmente por giri" e "empenhando-se por giri". Não abrange tampouco as complexidades e ambivalências do giri. É a insinuação de um publicista. Tornou-se, além do mais, o *slogan* dos nacionalistas e militaristas, desacreditando-se o seu conceito na sucessão do descrédito desses líderes. De modo nenhum isso significa que os japoneses não mais "conhecerão o giri". Mais do que nunca é importante para os ocidentais entender o que significa o giri para o Japão. A identificação do bushido com o Samurai constituiu também uma fonte de mal-entendidos. O giri é uma virtude comum a todas as classes. Como todas as outras obrigações e disciplinas do Japão, o giri é "mais pesado" à medida que se sobe na escala social, mas é exigido em todos os níveis da sociedade. Pelo menos os japoneses consideram-no mais pesado para os samurais. Um observador não japonês provavelmente achará que o giri exige mais da gente comum porque as recompensas da conformação afiguram-se-lhe menores. Para os japoneses constitui recompensa suficiente ser respeitado no seu mundo e "um homem que não conhece o giri" não passa de um "miserável infeliz". É desprezado e proscrito pelos seus semelhantes.

9. O CÍRCULO DOS SENTIMENTOS HUMANOS

Seria de todo consistente que um código de ética como o do Japão, a exigir tão extremo saldar de obrigações e tais renúncias drásticas, estigmatizasse o desejo pessoal como um mal a ser extirpado do peito humano. Tal é a doutrina budista, sendo, portanto, duplamente surpreendente que os preceitos japoneses sejam tão acolhedores com relação aos prazeres dos cinco sentidos. A despeito do fato de ser o Japão uma das grandes nações budistas do mundo, neste particular a sua ética contrasta acentuadamente com os ensinamentos de Gautama Buda e dos livros sagrados do Budismo. Os japoneses não condenam a autossatisfação. Não são puritanos. Consideram os prazeres físicos bons e dignos de serem cultivados. Daí serem procurados e apreciados. Entretanto, precisam ser contidos no devido lugar. Não devem misturar-se aos assuntos sérios da vida.

Preceitos como esse emprestam à existência um estado de tensão particularmente elevado. Um hindu apreende com muito mais facilidade essas consequências da aceitação japonesa dos prazeres do que um americano. Os americanos não acham que os prazeres devam ser aprendidos. Um homem pode recusar-se a condescender em prazeres sensuais, o fato é que estará resistindo a uma tentação conhecida. Assim como os deveres, os prazeres podem ser ensinados. Em muitas culturas, os prazeres não são ensinados, tornando-se especialmente fácil para as pessoas dedicarem-se ao dever de sacrificar-se a si próprias. Mesmo a atração física entre homens e mulheres tem sido pouco revelada, mal chegando a ameaçar o livre curso da vida familiar, que em tais países baseia-se em considerações bem diversas. Os japoneses tornam a sua vida difícil cultivando os prazeres físicos e em seguida estabelecendo um código de preceitos, segundo o qual não deverão os mesmos serem desfrutados dentro de uni sistema de vida sério. Cultivam os prazeres da carne como uma arte e, depois, uma vez inteiramente saboreados, sacrificam-se ao dever.

Um dos prazeres menores mais apreciados no Japão é o banho quente. Desde o mais pobre agricultor de arroz e o mais humilde criado ao mais rico aristocrata, a imersão diária em água extremamente quente constitui parte da rotina de todos os fins de tarde. A banheira mais utilizada é uma barrica de madeira, com carvões acesos por baixo, a fim de manter a água aquecida a 110 graus Fahrenheit ou mais. O costume é se lavar e enxaguar inteiramente antes de entrar na banheira e em seguida entregar-se de todo ao gozo do calor e do relaxamento proporcionado pela imersão. Sentam-se no banho com os joelhos trazidos à posição fetal, a água até a altura do queixo. Prescrevem eles o banho diário por questão de limpeza, como os americanos, incrementando-o, no entanto, de uma requintada arte de passivo deleite, difícil de igualar-se nos hábitos de banho do resto do mundo. Quanto mais velho se é, dizem eles, maior a adesão a ele.

Há todos os tipos de maneiras de reduzir ao mínimo o custo e o trabalho de proporcionar tais banhos, o fato é que não podem faltar. Nas cidades grandes e pequenas há grandes estabelecimentos públicos de banhos, como piscinas, onde se pode imergir e conversar com um ocasional vizinho ao lado. Nas aldeias agrícolas, várias mulheres costumam revezar-se na preparação do banho no quintal – o pudor japonês não proscreve os olhares públicos – para uso de suas famílias, cada um por sua vez. Todas as famílias, mesmo as refinadas, passam pela banheira doméstica em rigorosa sucessão: o hóspede, o avô, o pai, o filho mais velho e assim por diante, até o mais humilde empregado. Saem todos vermelhos como camarões e a família reúne-se a fim de desfrutar dos mais descontraídos momentos do dia, antes da refeição noturna.

Assim como o banho quente é tão avidamente desfrutado como um prazer, igualmente o "enrijecer-se" consta tradicionalmente da mais severa rotina de duchas frias. Geralmente denominada "exercícios de inverno" ou "fria austeridade", é ainda cumprida, mas não na antiga forma tradicional, que prescrevia sair antes do amanhecer e colocar-se debaixo de quedas d'água de frígidos riachos de montanha. Mesmo o derramar de água gelada sobre si em noites de inverno nas suas casas japonesas desprovidas de aquecimento, não deixa de constituir apreciável austeridade, sendo o costume descrito por Percival Lowell, conforme existia na última década do século passado. Os que aspiravam a poderes especiais ou à profecia – sem que no entanto se tornassem sacerdotes – praticavam a austeridade fria antes de dormir e levantavam-se às duas da madrugada para repeti-la à hora em que "os deuses se banhavam". O mesmo ocorria pela manhã ao levantar-se, ao meio-dia e ao cair da noite.* A austeridade que antecedia ao amanhecer era especialmente difundida entre as pessoas que ansiassem por aprender um instrumento musical ou preparar-se para alguma carreira secular. Com o fito de enrijecer-se, era lícito se expor a qualquer frio, sendo considerado especialmente virtuoso por parte das crianças que praticassem caligrafia que terminassem seus períodos de prática com os dedos entorpecidos e com frieiras. As escolas elementares modernas não são aquecidas, consistindo nisso uma grande virtude, pois que prepara as crianças para futuras dificuldades da vida. Os ocidentais têm se impressionado mais é com os

* Lowell, Percival. *Occult Japan*, 1895, pp. 106-121.

resfriados constantes e as corizas que tal costume em nada contribui para impedir.

O sono constitui outro deleite, uma das mais consumadas artes dos japoneses. Dormem inteiramente relaxados, em qualquer posição e em circunstâncias que consideramos impossíveis, o que costuma surpreender muitos estudiosos ocidentais dos costumes japoneses. Os americanos consideram a insônia quase um sinônimo de tensão psíquica e, segundo nossos critérios, notam-se elevadas tensões no caráter japonês. Para eles, no entanto, dormir bem é brincadeira de criança. Vão para a cama cedo, no que muito diferem de outras nações orientais. Os aldeões dormem todos ao anoitecer, mas não estão seguindo o nosso princípio de acumular energia para o dia seguinte, pois não têm esse tipo de cálculo. Um ocidental, que os conhecia bem, escreveu: "Quando se vai ao Japão, deve-se deixar de acreditar que seja um dever sagrado preparar-se para o trabalho de amanhã mediante o sono e o descanso de hoje. O sono é para ser considerado à parte das questões de recuperação, repouso e diversão". Deverá ser destacado, tal qual uma proposta de trabalho, "sozinho, isolado, sem relacionar-se com fato algum de vida ou de morte".* Os americanos estão habituados a estimar o sono como algo a que nós entregamos a fim de manter a resistência, sendo que o primeiro pensamento da maioria de nós quando despertamos de manhã é calcularmos quantas horas dormimos naquela noite. A extensão de nosso sono indica-nos quanta energia e eficiência teremos naquele dia. Os japoneses dormem por outras razões. Gostam de fazê-lo, entregando-se prazerosamente ao sono, uma vez aliviada a tensão.

Em compensação, não hesitam em sacrificar implacavelmente o sono. Um estudante que se prepara para exame atravessa dias e noites, sem a mínima consideração de que o dormir pudesse dar-lhe melhores condições para o exame. No treinamento militar, o sono é simplesmente algo a sacrificar pela disciplina. O Coronel Harold Doud, adido ao exército japonês de 1934 a 1935, narra a sua conversa com o Capitão Teshima. Durante manobras em tempos de paz, os soldados passaram "duas vezes três dias e duas noites sem dormir, à exceção das paradas de dez

* Watson, W. Petrie, *The Future of Japan*. 1907.

minutos e de curtos intervalos no período. As vezes os homens dormiam marchando. O nosso segundo-tenente fez todos rirem quando marchou de encontro a uma pilha de tábuas, na beira da estrada, dormindo a sono solto". Quando finalmente se armou acampamento, mesmo assim ninguém teve oportunidade de dormir, com a ocupação dos postos avançados e os serviços de patrulha. "Mas por que não deixa alguns deles dormir?", indaguei. "Oh, não!", retrucou ele. "Isso não é necessário. Dormir, já sabem. Treinam é para ficar acordados."* O que bem sintetiza o ponto de vista japonês.

Comer, tal como o agasalho e o sono, tanto é um repouso abertamente desfrutado como prazer, quanto uma disciplina imposta para adquirir-se tempera. Como forma de lazer, os japoneses demoram-se em refeições com infindáveis pratos, durante as quais uma colher de chá de alimento vem de cada vez e a comida é apreciada tanto pelo aspecto quanto pelo sabor. Mas a disciplina, por outro lado, é exigida. "Rápido comer, rápido defecar, os dois reunidos constituem uma das mais altas virtudes japonesas", Eckstein cita as palavras de um aldeão japonês.** "Comer não é considerado um ato de importância ... Comer é necessário para conservar a vida, *portanto* deve ser da forma mais breve possível. As crianças, em especial os meninos, contrariamente à Europa, não são obrigados a comer devagar, e sim o mais depressa possível" (o grifo é meu).*** Nos mosteiros de fé budista, onde os sacerdotes estão sob disciplina, na oração de graças antes das refeições, pedem eles para lembrarem-se de que a comida é apenas um remédio. O intuito é de que os que se estão calejando devam desprezar a comida como prazer e considerá-la apenas uma necessidade.

De acordo com as ideias japonesas, a privação involuntária de comida constitui um teste especialmente adequado de quanto se esteja "calejado". Tal como abrir mão do agasalho e do sono, portanto, igualmente, privar-se de comida constitui uma oportunidade de se demonstrar que se pode "aguentar firme" e, como os samurais, "segurar o palito entre os dentes".

* *How the Jap Army Fights*, artigos do *Infantary Journal*, publicado pela Penguin Books, 1942, pp. 54-55.

** Eckstein, G., *In Peace Japan Breeds War*, 1943, p. 153.

*** Nohara, K., *The True Face of Japan*, London, 1936, p. 140.

Enfrentando-se a abstenção de alimento, obtém-se um aumento de força através da vitória do espírito e não uma diminuição ocasionada pela falta de calorias e vitaminas. Os japoneses não aceitam a correspondência equivalente demandada pelos americanos entre a nutrição e a força corporais. Deste modo, à rádio de Tóquio, durante a guerra, cabia divulgar ao povo que a calistenia tornaria a gente faminta de novo forte e vigorosa.

O amor romântico é outro "sentimento humano" que os japoneses cultivam. Aclimata-se perfeitamente no Japão, por mais que contrarie suas formas de casamento e obrigações para com a família. Suas novelas estão cheias dele e, tal como na literatura francesa, os personagens principais já estão casados. Duplos suicídios por amor são temas favoritos de leitura e de conversa. A *História de Genji*, do século X, é uma novela de amor romântico tão primorosa como qualquer grande romance jamais produzido por qualquer país do mundo, e as histórias de amores de senhores e samurais do período feudal pertencem a este mesmo gênero romântico. É um tema preponderante em suas novelas contemporâneas. O contraste com a literatura chinesa é muito grande. Os chineses poupam-se muitos problemas não ressaltando o amor romântico nem os prazeres eróticos, sendo a sua vida familiar, consequentemente, de tendência notavelmente equilibrada.

Não há dúvida de que neste particular os americanos conseguem entender melhor os japoneses do que os chineses, mas mesmo assim de forma não muito apreciável. Temos muitos tabus no prazer erótico que os japoneses não têm. É um terreno em que, ao contrário de nós, não são moralistas. Como qualquer outro "sentimento humano", consideram o sexo de todo bom ocupando um lugar secundário na vida. Nada há de mal nos "sentimentos humanos" e portanto não há necessidade de ser moralista quanto aos prazeres do sexo. Comentam ainda o fato de que os americanos e os ingleses consideram pornográficos alguns de seus apreciados livros de ilustrações e veem o Yoshiwara – o bairro das gueixas e prostitutas – sob uma luz tão sensacionalista. Os japoneses, mesmo nos primeiros anos de contato com o Ocidente, mostravam-se muito suscetíveis a esta crítica estrangeira e aprovaram leis visando pôr seus hábitos mais próximos da conformidade com os padrões ocidentais. Entretanto, nenhum preceito legal conseguiu ainda transpor as diferenças culturais.

Os japoneses instruídos estão inteiramente a par de que os ingleses e os americanos não encaram como eles a imoralidade e a obscenidade, mas não são tão cientes do hiato entre as nossas atitudes convencionais e o princípio deles de que os "sentimentos humanos" não devem interferir nos assuntos sérios da vida. É esta, no entanto, a origem principal da nossa dificuldade em compreender as atitudes japonesas acerca do amor e do prazer erótico. Separam eles um território que pertence à esposa de outro ligado ao prazer erótico, ambos igualmente às escancaras. Não se apartam um do outro, como sucede na vida americana, pelo fato de que consista no que o homem admite publicamente e o outro no que seja ilícito. São separados porque um circunscreve as obrigações mais importantes de um homem e o outro a área secundária da diversão. Esta maneira de efetuar para cada setor o levantamento do "lugar devido" estabelece a separação tanto para o chefe de família ideal quanto para um homem qualquer. O japonês não preconiza ideal algum, como fazemos nos Estados Unidos, que retrate amor e casamento como uma única e idêntica coisa. Aprovamos o amor na proporção de que constitua a base da escolha de uma esposa. "Estar apaixonado" vem a ser a nossa razão mais aceita para o casamento. Após o casamento a atração física por outra mulher por parte do marido é humilhante para a esposa devido a conferir ele alhures o que de direito pertence a ela. Os japoneses têm julgamento diverso. Quanto à escolha de uma esposa, o jovem deverá curvar-se à seleção dos pais e casar-se às cegas. Deverá observar um grande formalismo nas suas relações com a esposa. Mesmo no dar e receber da vida familiar, os filhos não hão de ver gesto algum de emoção erótica passar entre eles. "Neste país a finalidade real do casamento é tida como sendo a procriação dos filhos", afirmou um japonês atual, numa de suas revistas, "assegurando dessa forma a continuidade da vida familiar. Qualquer propósito diferente deste tão somente resultará na perversão do seu verdadeiro significado."

Mas isto não significa que um homem permaneça virtuoso limitando-se a uma tal vida. Se puder, sustenta uma amante. Num acentuado contraste com a China, não traz para o seio da família a mulher que lhe agradou. Se o fizesse, iria misturar os dois setores de existência que deveriam se conservar separados. A moça pode ser uma gueixa, altamente instruída em música, dança, massagem e artes recreativas ou, então, uma prostituta. Em qualquer dos casos, ele assina um contrato com a casa onde ela está empregada e por este instrumento a moça fica protegida do abandono e com um rendimento assegurado, sendo instalada em uma casa para ela. Somente em casos muito excepcionais, quando a moça tiver um filho que o homem tencione educar junto com os outros seus, é que ele a traz para casa, ficando eia sob a designação de criada e não de concubina. A criança passa a chamar a esposa legal de "mãe", e os laços entre a mãe verdadeira e o filho não são reconhecidos. Assim se define, pois, como nada tendo de japonês todo o sistema oriental de poligamia, que constitui na China um padrão tradicional tão marcado. Os japoneses mantêm as obrigações de família e os "sentimentos humanos" apartados mesmo espacialmente.

Somente a classe superior pode arcar com o sustento de amantes, entretanto, a maioria dos homens vez por outra visitou gueixas ou prostitutas. Tais encontros nada têm de furtivos. A esposa poderá vestir o marido e prepará-lo para a sua noite de diversão. A casa por ele visitada poderá mandar a conta para a esposa e esta a pagará com a maior naturalidade. Talvez o fato não lhe agrade, mas isto será um problema seu. Uma visita a uma casa de gueixas é mais cara do que a visita a uma prostituta, mas o pagamento efetuado por um homem pelo privilégio de uma noite dessas não inclui o direito de tê-la como parceira sexual. O que obtém é o prazer de ser entretido por moças lindamente vestidas e de meticulosos ademanes, minuciosamente treinadas para o seu desempenho. Para ganhar acesso a uma determinada gueixa, seria preciso que o homem se tornasse o seu patrono, assinando um contrato mediante o qual ela passaria a ser sua amante ou então que a seduzisse com os seus encantos, de modo a que ela a ele se entregasse de livre vontade. Entretanto, uma noite em companhia de gueixas não constitui assunto sexual. Suas danças, sua agudeza de espírito, suas canções, seus gestos são tradicionalmente sugestivos e cuidadosamente calculados para expressarem tudo o que uma esposa de classe superior não pode oferecer. Elas pertencem ao "círculo dos sentimentos humanos" e proporcionam alívio do "círculo de *ko*" Não há razão para não desfrutar; as duas esferas, no entanto, acham-se apartadas.

As prostitutas vivem em casas licenciadas e, após uma noite em companhia de uma gueixa, um homem poderia visitar uma prostituta, se o quisesse. O preço é baixo e os de pouco dinheiro têm de contentar-se com esta forma de diversão e desistir das gueixas. Os retratos das moças da casa são exibidos do lado de fora e os homens costumam passar longo tempo examinando-os publicamente e fazendo suas escolhas. Tais moças ocupam posição humilde e não são colocadas em pináculos como as gueixas. São na maioria filhas de gente pobre vendidas por suas famílias ao estabelecimento por contingência econômica e não são iniciadas nas artes recreativas das gueixas. Antigamente, antes do Japão aperceber-se da desaprovação ocidental do costume e aboli-lo, as próprias moças é que ficavam em público exibindo seus rostos impassíveis para os fregueses escolherem suas mercadorias humanas. Suas fotografias as substituem.

Uma dessas moças poderá ser escolhida por um homem que se torna seu patrono exclusivo e instala-a como amante, após fazer contrato com a casa. Serão elas protegidas pelos termos do acordo. Entretanto, um homem poderá tomar como amante uma criada ou comerciaria sem assinar contrato e essas "amantes voluntárias" são as mais indefesas, precisamente aquelas que de modo mais provável apaixonaram-se por seus companheiros, mas acham-se fora de todos os círculos de obrigação reconhecidos. Quando os japoneses leem nossos contos e poemas de mulheres sofredoras abandonadas pelos amantes "com o meu filho no colo", identificam essas mães de filhos ilegítimos com as suas "amantes voluntárias".

As satisfações homossexuais também fazem parte dos "sentimentos humanos" tradicionais. No Japão antigo constituíam elas os prazeres autorizados de homens de posição elevada tais como os samurais e os sacerdotes. No período Meiji, quando o Japão tornou ilegais tantos costumes seus, num esforço para obter a aprovação dos ocidentais, decretou que este hábito seria punido por lei. Ainda se enquadra, no entanto, entre aqueles "sentimentos humanos" a respeito dos quais as atitudes moralistas são inadequadas. Deverá ser mantido na sua posição devida, não cabendo que interfira na direção da família. O perigo, portanto, de um homem ou de uma mulher "tornar-se" homossexual, segundo a expressão ocidental, é quase inconcebível, embora um homem possa resolver adotar a profissão de gueixa masculina. Os japoneses ficam particularmente chocados com os homossexuais passivos adultos nos Estados Unidos. Os homens no Japão procurariam garotos como companheiros, já que consideram o papel passivo abaixo da sua dignidade de adultos. Os japoneses traçam suas linhas pertinentes ao que um homem possa fazer sem ferir o amor-próprio, não sendo elas, porém, as mesmas que as nossas.

Os japoneses não são tampouco moralistas quanto a prazeres auto eróticos. Nenhum outro povo jamais teve tantos acessórios para tal finalidade. Também neste terreno procuraram evitar a reprovação estrangeira abolindo uma parte da publicidade mais patente recebida por tais objetos, embora eles próprios não os considerassem instrumentos malignos. A severa atitude ocidental contrária à masturbação, mais acentuada ainda na maior parte da Europa do que nos Estados Unidos, grava-se profundamente na nossa consciência antes de chegarmos à idade adulta. O menino ouve murmúrios de que provoca a loucura ou a calvície. A mãe tê-lo-á vigiado quando bebê e talvez tenha dado grande importância a esse assunto, castigando-o fisicamente. Talvez lhe tenha amarrado as mãos. Talvez lhe tivesse dito que Deus o puniria. Os bebês e as crianças japonesas não passam por tais experiências e como adultos não podem, portanto, ter atitudes como as nossas. O autoerotismo é um prazer a respeito do qual não experimentam sentimentos de culpa e consideram-no suficientemente controlado, atribuindo-lhe a sua secundária posição numa vida decente.

A embriaguez é outro dos "sentimentos humanos" permissíveis. Os japoneses consideram os nossos compromissos de abstinência total como uma das extravagâncias do Ocidente e igualmente as nossas campanhas locais visando promulgar a lei seca na região em que habitamos. Beber o *sake* constitui um prazer que nenhum homem de posse de suas faculdades negaria a si próprio. Por outro lado, o álcool figura entre as distrações menos importantes e nenhum homem de posse de suas faculdades se deixaria, tampouco, dominar-se por ele. Segundo a sua maneira de pensar, tanto não se teme "transformar-se" num bêbedo quanto num homossexual, sendo verdade que o ébrio compulsivo não constitui problema social no Japão. O álcool é uma diversão agradável e tanto a própria família quanto o público não consideram um homem repulsivo quando se acha sob a influência da bebida. Não é provável que se torne violento e certamente ninguém imagina que vá bater nos filhos. Uma boa bebedeira é bastante comum e o relaxamento dos rigorosos preceitos japoneses quanto às atitudes e gestos é geral. Nas festas citadinas de *sake*, os homens gostam de sentar-se nos colos uns dos outros.

O japonês típico separa rigorosamente a bebida da comida. Logo que um homem começa a comer arroz numa festa campestre onde seja servido o *sake*, isto significa que parou de beber. Já passou para outro "círculo" e mantém-nos separados. Em casa, poderá tomar *sake* após a refeição, mas não come e bebe ao mesmo tempo. Entrega-se a uma e outra distração de cada vez. Tais pontos de vista japoneses sobre os "sentimentos humanos" têm várias consequências. Retira todo apoio à filosofia ocidental dos dois poderes, a carne e o espírito, lutando continuamente pela supremacia em cada vida humana. Na filosofia japonesa a carne não é um mal. Desfrutar de seus possíveis prazeres não constitui pecado. O espírito e o corpo não são forças opostas no universo, levando os japoneses tal princípio a uma conclusão lógica: o mundo não é um campo de batalha entre o bem e o mal. Sir George Sansom escreve: "Através de sua história, os japoneses parecem ter conservado de certo modo a incapacidade de discernir, ou a relutância em atacar o problema do mal".* De fato, constantemente se recusaram a uma tal norma de vida. Acreditam que o homem tenha duas almas, não constituindo elas, no entanto, uma luta dos bons impulsos contra os maus. São a alma "branda" e a "rude", havendo ocasiões na vida de um homem – e de um país – em que deva ser "brando" e, em outras, "rude". Uma alma não está destinada ao inferno e a

* Sansom. op. cit., 1931, p. 51.

outra ao céu. Ambas são necessárias e boas, em ocasiões diferentes.

Mesmo os seus deuses são manifestamente bons e maus desta mesma maneira. O seu deus mais popular é Susanowo, "Sua Veloz e Impetuosa Majestade Masculina", irmão da Deusa do Sol, cuja conduta inominável para com a irmã haveria de situá-lo na mitologia ocidental como um demônio. Esta última tenta expulsá-lo de seus aposentos porque suspeita dos motivos dele em vir procurá-la. Ele se porta de maneira desatinada, espalhando excremento no salão de jantar, onde ela e os seus seguidores estão celebrando a cerimônia dos Primeiros Frutos; demole as demarcações dos arrozais – uma afronta terrível; e como pior injúria de todas – extremamente enigmática para um ocidental – arroja no seu quarto, através de um buraco que pratica no teto, um cavalo malhado "cujo pelo escanhoara". Por todos esses ultrajes, Susanowo é julgado pelos deuses, recebe pesada multa e é exilado do céu para o País das Trevas. Continua sendo, porém, um deus favorito do panteão japonês, sendo devidamente adorado. Personagens divinos como esses são comuns nas mitologias do mundo inteiro. Nas religiões de ética mais elevada, contudo, eles foram excluídos, já que, numa filosofia de conflito cósmico entre o bem e o mal, é mais compatível separar seres sobrenaturais em grupos tão diferentes como o branco e o preto.

Os japoneses sempre se mostraram sumamente categóricos em negar que a virtude consiste em combater o mal. Conforme há séculos vêm afirmando seus filósofos e mestres religiosos, um código moral como este é estranho ao Japão. Proclamam enfaticamente que por isso fica comprovada a superioridade moral do seu povo. Os chineses, dizem eles, precisaram ter um código moral que elevou o jen, a conduta justa e benévola, a um caráter de norma absoluta, mediante a aplicação da qual todos os homens e os atos poderiam ser considerados carentes se não a satisfizessem. "O código moral foi bom para os chineses, cujas naturezas inferiores demandavam tais meios artificiais de repressão." Assim escreveu o grande xintoísta do século XVIII, Motoori, sendo que mestres budistas e líderes nacionalistas modernos escreveram e falaram sobre o mesmo tema. A natureza humana no Japão, dizem eles, é espontaneamente boa e digna de confiança, não tem necessidade de combater uma parte má de si própria. Precisa é limpar as janelas de sua alma e agir com propriedade em todas as ocasiões. Se se houver deixado "sujar", as impurezas serão prontamente removidas e a bondade essencial do homem brilhará novamente. A filosofia budista, mais do que em qualquer outra nação do mundo, avançou no Japão ensinando que cada homem é um Buda em potencial e que as regras da virtude não se encontram nos textos sagrados, e sim no que se desvenda em nossa alma iluminada e inocente. Por que desconfiar do que se encontra lá? Não existe mal inerente na alma humana. Eles não têm uma teologia que exclama junto com o salmista: "Vede, forjaram-me na iniquidade e minha mãe concebeu-me no pecado". Não ensinam doutrina alguma a respeito da Queda do Homem. Os "sentimentos humanos" são bênçãos que o homem não deve condenar, nem o filósofo, nem tampouco o camponês.

Para ouvidos americanos, tais doutrinas parecem conduzir a uma filosofia de comodismo e licenciosidade. Os japoneses, entretanto, como vimos, consideram o supremo empreendimento da vida o cumprimento das próprias obrigações. Aceitam inteiramente o fato de que o pagamento do *on* implica em sacrificar os desejos e os prazeres pessoais. A ideia de que a busca da felicidade seja uma finalidade séria na vida é para eles uma doutrina imoral, de causar estupefação. A felicidade é uma distração a que a pessoa se entrega quando pode, sendo, no entanto, de todo inconcebível dignificá-la como algo através do qual o Estado e a família devam ser julgados. O fato de que um homem muito sofra para atender às suas obrigações de chu, ko e giri está bem dentro de suas expectativas. Torna a vida dura, mas estão preparados para isso. Constantemente renunciam a prazeres que de modo algum consideram perversos. O que exige força de vontade vem a ser a mais admirada virtude no Japão.

O fato de ser tão raro um "final feliz" nas novelas e peças japonesas é coerente com essa posição deles. As plateias populares americanas anseiam por soluções. Querem acreditar que as pessoas vivam felizes para sempre. Querem estar certas de que sejam recompensadas por sua virtude. Se têm de chorar no fim de uma peça, deverá ser porque houve um defeito no caráter do herói ou por ter sido ele vitimado por uma ordem social corrupta. Mas é muito mais agradável ver tudo sair bem para o herói. As plateias populares japonesas assistem debulhadas em lágrimas o protagonista chegar ao seu fim trágico e a adorável heroína ser assassinada devido a uma giro da roda da fortuna. Tais enredos constituem os pontos altos do entretenimento de uma noite. São o que as pessoas vão ver no teatro. Mesmo os seus filmes modernos são construídos sobre o tema dos sofrimentos do herói e da heroína. Estão apaixonados e renunciam aos seus entes amados. São bem casados e um ou outro suicida-se no correto cumprimento do dever. A esposa que se dedicou a salvar a carreira do marido e estimulá-lo a desenvolver seus grandes dotes de ator esconde-se no seio da grande cidade e morre pacientemente na pobreza, no dia da grande consagração dele. Não precisa haver um final feliz. A piedade e simpatia pelo herói e heroína abnegados têm toda a procedência. O seu sofrimento não advém do julgamento de Deus sobre eles. Revela que cumpriram a todo custo o seu dever sem que nada – desamparo, doença ou morte – os desvie do verdadeiro caminho.

Os seus filmes de guerra modernos conservam essa mesma tradição. Os americanos que os assistem costumam proclamar serem os mesmos a melhor propaganda pacifista por eles vista. Trata-se de uma reação tipicamente americana, por serem os filmes inteiramente relacionados com o sacrifício e o sofrimento da guerra. Não exibem paradas e bandas militares nem arrogantes aspectos de manobras navais ou de armas poderosas. Quer abordem a guerra russo-japonesa ou o incidente chinês, sua tenaz insistência é sobre a rotina monótona da lama e das marchas, o combate rasteiro, as campanhas inconclusas. Suas cenas finais não são de vitória nem de ataques *banzais*. São paradas noturnas, em alguma cidade chinesa sem nada de característico, cheia de lama. Ou focalizam representantes de três gerações de uma família japonesa estropiados, mancos ou cegos, sobreviventes de três guerras. Ou então mostram a família em casa, após a morte do soldado, chorando a perda do marido, pai e arrimo e concentrando-se para prosseguir sem ele. O fundo emocionante dos filmes anglo-americanos tipo "Cavalgada" não aparece. Nem mesmo chegam a dramatizar o tema da reabilitação dos veteranos feridos. Nem mesmo se mencionam os propósitos pelos quais se disputou a guerra. Para a plateia japonesa basta que todos na tela tenham pago o *on* dando tudo de si sendo tais filmes, portanto, no Japão, propaganda dos militaristas. Seus responsáveis sabiam que as plateias japonesas não seriam levadas ao pacifismo através deles.

10. O DILEMA DA VIRTUDE

O ponto de vista japonês sobre a vida é exatamente o assinalado por suas fórmulas de chu, ko, giri, jin e dos sentimentos humanos. Consideram eles "o dever total" do homem como se fosse repartido em regiões separadas num mapa. Segundo a sua expressão, a vida de cada um consiste no "círculo do chu", no "círculo do ko", no "círculo do giri", no "círculo do jin", no "círculo dos sentimentos humanos" e em muitos mais. Cada círculo tem o seu código especial particularizado, sendo que o homem julga os seus semelhantes, não lhes atribuindo personalidades integradas e sim referindo-se a eles como "desconhecendo o ko", ou "desconhecendo o giri". Ao invés de acusar alguém de injusto, como faria um americano, especificam o círculo de conduta que deslustraram. Ao invés de acusar alguém de egoísta ou maldoso, os japoneses determinam a região dentro da qual tiver violado o código. Não invocam um imperativo categórico ou algum preceito áureo. A conduta aprovada é relativa ao círculo dentro do qual se manifesta. Quando um homem age "pelo ko" está se comportando de certa maneira; quando age "simplesmente pelo giri" ou "no círculo de jin", estará procedendo, julgariam os ocidentais, em caráter bem diferente. Os códigos, mesmo para cada "círculo", estão organizados de tal maneira que, quando as condições mudam dentro dele, poderá justificar-se uma conduta totalmente diversa. O giri para com o próprio senhor exigia a máxima fidelidade até que este insultasse o dependente; depois disso, justificava-se a deslealdade, por maior que fosse. Até agosto de 1945, o chu exigia do povo japonês que lutasse até o último homem contra o inimigo. Quando o Imperador mudou as exigências do chu, transmitindo pelo rádio a rendição japonesa, os seus súditos esmeraram-se na cooperação com os visitantes.

Isto é desconcertante para os ocidentais. De acordo com a nossa prática, as pessoas agem "segundo um caráter". Separamos as ovelhas das cabras, conforme tenham sido leais ou traiçoeiras, cooperativas ou teimosas. Rotulamos as pessoas e esperamos que o seu procedimento seguinte seja em consonância com o antecedente. Serão elas generosas ou sovinas, solícitas ou desconfiadas, conservadoras ou liberais. Esperamos que acreditem numa determinada ideologia política e combatam consequentemente a oposta. Na nossa experiência de guerra na Europa, houve colaboracionistas e gente da resistência e duvidamos, acertadamente, que após o Dia da Vitória os primeiros fossem modificar-se. Nas controvérsias nacionais nos Estados Unidos, identificamos, por exemplo, os quais apoiam e os que combatem o *New Deal*, considerando que, conforme surjam situações novas, os dois campos continuarão a agir dentro de um caráter. Se os indivíduos passam de um lado para o outro da cerca – como quando um descrente torna-se católico, ou um "vermelho" passa a ser conservador – uma mudança dessas terá de ser devidamente rotulada como conversão e uma nova personalidade foi criada a fim de ajustar-se a ela.

Esta fé ocidental na conduta integrada, é claro, nem sempre é justificada, mas não constitui uma ilusão. Na maioria das culturas, primitivas ou civilizadas, os homens e as mulheres afiguram-se agindo como determinadas espécies de pessoas. Se estiverem interessados no poder, consideram seus malogros e sucessos em termos da submissão de outros à sua vontade. Se estão interessados em ser amados, contrariam-se nas situações impessoais. Imaginam-se como rigorosamente justos, como possuidores de um "temperamento artístico" ou como sendo indivíduos caseiros. Alcançam geralmente uma *Gestalt* nos seus caracteres. Assim trazem ordem à existência humana.

Os ocidentais não conseguem acreditar facilmente na capacidade dos japoneses de oscilar de uma conduta para outra sem detrimento psíquico. Nossa experiência não inclui possibilidades extremas como essas. Na vida japonesa, no entanto, as contradições, conforme se nos afiguram, acham-se tão profundamente baseadas na sua visão da existência quanto as nossas uniformidades na nossa. É particularmente importante que os ocidentais verifiquem não estar nenhum "círculo do mal" incluído entre aqueles nos quais os japoneses dividem a vida. Isto não significa que não admitam a má conduta, o fato é que não consideram a vida humana como um palco onde as forças do bem lutam contra as do mal. Para eles a existência é um drama que implica num cuidadoso sopesar das exigências de um "círculo" com as de outro e de uma linha de procedimento com outra, sendo cada círculo e cada linha de procedimento bons em si mesmos. Se todos seguissem seus verdadeiros instintos, todos seriam bons. Como vimos, eles consideram mesmo os preceitos morais chineses comprobatórios de que estes últimos necessitam de tal tipo de coisa, num atestado de sua inferioridade. Os japoneses, dizem eles, não precisam de mandamentos éticos de ordem global. Segundo a frase de Sir George Sansom já citada por nós, eles "não atacam o problema do mal". De acordo com o seu ponto de vista, prestam contas adequadamente por má conduta através de meios menos cósmicos. Embora originariamente todas as almas brilhem de virtude como uma espada nova, mesmo assim, se não foram limpas, ficam embaciadas. Esta "ferrugem do meu corpo", conforme dizem eles, é tão ruim quanto a da espada. O homem deve dedicar ao seu caráter o mesmo cuidado que a uma espada. Sob a ferrugem, no entanto, jaz ainda a sua alma gloriosa e cintilante, basta apenas limpá-la novamente.

O ponto de vista japonês sobre a existência torna as suas histórias populares, novelas e peças especialmente inconcludentes para os ocidentais – a menos que consigamos, como amiúde acontece, refundir o enredo de molde a satisfazer nossas exigências de coerência de caráter e de conflito entre o bem e o mal. Entretanto, não é desta maneira que os japoneses encaram esses enredos. Segundo a sua observação, o herói é apanhado num conflito de "giri contra os sentimentos humanos", "chu contra ko", "giri contra gimu". Quando o herói fracassa é por estar deixando os seus sentimentos humanos obscurecerem as suas obrigações de giri ou porque não consiga pagar a sua dívida de chu e de ko. Não pode proceder corretamente (gi) devido ao giri. É acuado pelo giri e sacrifica a família. Os conflitos assim configurados são ainda entre obrigações, as duas obrigatórias. Ambas são "boas". A escolha entre ambas é como aquela com que se defronta um devedor com dívidas demasiadas. Deverá pagar algumas e deixar de lado outras por enquanto, mas o fato de que paga uma não o livra do resto delas.

Esta maneira de visualizar a vida do herói muito contrasta com o ponto de vista ocidental. Nossos heróis são bons precisamente na medida em que "escolheram o lado melhor" e são lançados contra adversários que são maus. "A virtude triunfa", dizemos nós. Deverá haver um final feliz. Os bons deverão ser recompensados. Os japoneses, entretanto, têm um apetite insaciável pela história do "caso flagrante" do herói que finalmente salda dívidas incompatíveis para com o mundo e o seu nome escolhendo a morte como solução. Em muitas culturas, histórias como essas seriam narrativas que ensinassem resignação a um destino cruel. No Japão, porém, é o que precisamente elas não são. São crônicas a respeito de iniciativa e determinação implacável. Os heróis empenham todos os seus esforços a fim de pagarem alguma obrigação que lhes é incumbente e, ao fazê-lo, descuram-se de outra. No final, porém, conciliam-se com o "círculo" menosprezado.

O verdadeiro épico nacional do Japão é a *Narrativa dos quarenta e sete ronins*. Não ocupa posição elevada na literatura mundial, contudo, é incomparável a influência que exerce sobre os japoneses. Todo menino japonês conhece não apenas a história principal, como também os enredos secundários da narrativa. Suas histórias são constantemente contadas e publicadas, figurando a sua adaptação numa série de filmes populares modernos. Há gerações que as sepulturas dos quarenta e sete constituem meta favorita de peregrinação, para onde milhares se dirigem, a fim de render tributo. Além disso, deixam seus cartões de visita, muitas vezes ficando embranquecido com eles o terreno à volta das sepulturas.

O tema dos *Quarenta e sete ronins* gira em torno do giri para com o seu senhor. Segundo a maneira de ver japonesa, retrata os conflitos do giri com o chu, do giri com o ostensivo senso de justiça e de moral – em que o giri, sem dúvida, vence virtuosamente – e do "simples giri" com o giri ilimitado. É uma narrativa histórica de 1703, sobre os grandes dias do feudalismo, quando os homens eram homens e, de acordo com a moderna fantasia japonesa, não havia "indisposição" ao giri. Os quarenta e sete heróis oferecem-lhe tudo, suas reputações, seus pais, suas esposas, suas irmãos, seu senso de moral e de justiça (gi). Finalmente oferecem em chu a própria vida, matando-se.

O Príncipe Asano fora nomeado pelo Xogunato como um dos dois daimios encarregados de cerimônia em que todos os daimios prestavam suas homenagens periódicas ao Xógum. Os dois mestres de cerimônias eram senhores provincianos, sendo, portanto, obrigados a pedir instruções sobre a etiqueta adotada por um dos maiores daimios da Corte, o Príncipe Kira. Infelizmente o mais sábio dos dependentes do Príncipe Asano, Oishi – o herói da narrativa – que o teria aconselhado com prudência, achava-se fora, na província natal, e Asano foi bastante ingênuo para não providenciar a entrega de um "presente" condigno ao seu grande instrutor. Os dependentes do outro daimio que estava sendo instruído por Kira eram homens mundanos e cobriram de ricos presentes o professor. O Príncipe Kira, portanto, instruiu de má vontade, o Príncipe Asano, indicando-lhe um traje inteiramente inadequado para ser usado na cerimônia. Aparecendo assim vestido o Príncipe Asano no grande dia, ao verificar o insulto que lhe fora feito, puxou da espada e feriu Kira na testa, antes que pudessem separá-los.

Constituía virtude sua, como homem honrado – o giri ligado ao seu nome – vingar o insulto de Kira, mas puxar da espada no palácio do Xógum era contrário ao seu chu. O Príncipe Asano conduzira-se virtuosamente quanto ao giri ligado ao seu nome, mas somente podia saldar o chu matando-se, segundo as regras do *seppuku*. Recolheu-se ele a sua casa e vestiu-se para a prova, esperando apenas pela volta de Oishi, o seu mais sábio e mais fiel dependente. Após terem trocado um longo olhar de despedida, o Príncipe Asano, sentado na maneira exigida, mergulhou a espada no ventre, morrendo pela própria mão. Não havendo parente desejoso de herdar a mansão do príncipe morto que transgredira o chu e incorrera no desagrado do Xogunato, o feudo de Asano foi confiscado e os seus dependentes tornaram-se ronins privados de senhores.

De acordo com as obrigações do giri, os dependentes samurais de Asano tinham para com o falecido senhor o dever de consumar o *seppuku* como ele o fizera. Se em giri ao seu senhor fizessem eles o que ele havia feito em giri ligado ao seu nome, manifestariam deste modo o protesto deles contra o insulto de Kira ao primeiro. Mas Oishi estava secretamente convencido de que o *seppuku* era um ato por demais secundário através do qual expressassem o seu giri. Precisavam completar a vingança que o seu senhor não alcançara quando os dependentes o haviam separado do seu inimigo altamente considerado. Precisavam matar o Príncipe Kira. Contudo, somente infringindo o chu é que lograriam fazê-lo. O Príncipe Kira achava-se por demais próximo ao Xogunato para possibilitar aos ronins obterem permissão oficial do Estado para consumarem a sua vingança. Nos casos mais habituais, um grupo que tencionasse vingar-se registrava o seu plano junto ao Xogunato, declarando a data definitiva antes da qual completariam o ato ou abandonariam o empreendimento. Esta providência permitia a pessoas afortunadas conciliarem o chu com o giri. Oishi sabia que tal caminho não se achava aberto para ele e os companheiros. Convocou, portanto, os ronins que haviam sido dependentes samurais de Asano, mas nada revelou do seu plano de matar Kira. Havia mais de trezentos desses ronins e, conforme a história foi contada nas escolas japonesas em 1940, todos eles concordaram em consumar o seppuku. Oishi sabia, no entanto, que nem todos dentre eles tinham giri ilimitado – "giri mais sinceridade", na expressão japonesa – impossibilitados, portanto, de se encarregarem da perigosa façanha de uma vingança contra Kira. A fim de separar os providos "simplesmente" de giri dos que estivessem com giri mais sinceridade, utilizou ele a prova de como dividiriam eles a renda pessoal do seu senhor. Aos olhos dos japoneses, tal ensaio valeria como se não houvessem eles resolvidos suicidar-se; suas famílias lucrariam. Verificou-se violenta divergência entre os ronins quanto à base da divisão dos bens. O despenseiro-mor era o mais bem pago dentre os dependentes e liderava a facção que queria a divisão da renda de acordo com o salário prévio. Oishi chefiava os que a preferiam dividida igualmente entre todos. Logo que ficou bem estabelecido quais dentre os ronins tinham "simplesmente" o giri, Oishi concordou com o plano do despenseiro-mor de partilha dos bens, permitindo que os vencedores se retirassem. Saindo o despenseiro--mor desde então, por isso, ganhou ele a fama de ser um "cão samurai", um "homem que desconheceu o giri", um réprobo. Apenas quarenta e sete achou Oishi capazes de giri, a ponto de merecerem ser informados do seu plano de vingança. Esses homens que a ele se uniram por tal ato comprometeram-se a que nenhuma boa-fé, afeição ou gimu iria interferir no cumprimento de sua promessa. O giri haveria de ser a sua lei suprema. Os quarenta e sete fizeram cortes nos dedos e uniram--se num pacto de sangue.

Sua primeira tarefa seria despistar Kira. Dispersaram-se, simulando terem caído na completa desonra. Oishi passou a frequentar as mais reles tabernas e envolveu-se em indecorosas rixas. Sob a capa de tal vida dissoluta, divorciou-se da esposa – medida habitual e inteiramente justificada para o japonês prestes a infringir a lei, já que impedia a esposa e os filhos de no final serem incriminados junto com ele. A esposa de Oishi separou-se dele com grande pesar, entretanto, o filho reuniu-se aos ronins.

Tóquio inteira especulava sobre a vingança. Todos os que respeitavam os ronins, sem dúvida, estavam convencidos de que os mesmos iriam tentar matar o Príncipe Kira. Contudo, os quarenta e sete negaram tal intenção. Fingiram ser homens que "não conheciam o giri". Seus sogros, ofendidos com essa conduta ignominiosa, expulsaram-nos de suas casas e dissolveram seus casamentos. Os amigos ridicularizaram-nos. Certo dia, um amigo chegado encontrou Oishi embriagado, numa farra com mulheres, chegando a negar até mesmo a ele o giri para o seu senhor. "Vingança?", redarguiu ele. "É bobagem. Devemos gozar a vida. Nada melhor do que beber e divertir-se por aí." O amigo não acreditou nele e puxou da bainha a espada de Oishi, esperando que o seu brilho refutasse o que o dono dissera. Mas a lâmina estava enferrujada. Viu-se forçado, então, a acreditar e em plena rua desferiu pontapés e cuspiu sobre o bêbado Oishi.

Um dos ronins, precisando de dinheiro para encobrir a sua parte na vingança, vendeu a esposa como prostituta. Seu irmão, também um dos ronins, descobriu que chegara até ela o conhecimento da vingança e propôs matá-la com a própria espada, alegando que, com aquela prova de sua lealdade, Oishi o admitiria entre os vingadores. Outro ronin matou o sogro. Um outro mandou a irmã servir de criada e concubina ao próprio Príncipe Kira, a fim de poder ele ter informações do interior do palácio a respeito de quando atacar. Tal ato tornava inevitável que ela se suicidasse, uma vez consumada a vingança, pois teria de purificar-se pela morte da culpa de haver simulado estar ao lado do Príncipe Kira.

Numa noite de nevasca, 14 de dezembro, Kira ofereceu uma festa de *sake* e os guardas ficaram bêbedos. Os ronins assaltaram as defesas, dominaram os vigilantes e rumaram direto para o quarto do Príncipe Kira. Este não se encontrava lá, mas a cama ainda estava quente. Os ronins sabiam que deveria estar escondido em algum ponto do cercado. Finalmente encontraram um homem agachado numa dependência utilizada como depósito de carvão. Um dos ronins enfiou a lança através de uma das paredes da cabana, mas ao retirá-la não havia nela sangue. O fato é que Kira fora atingido, porém, ao ser recolhida a arma, ele limpara-a com a manga do quimono. De nada adiantou o seu estratagema. Os ronins obrigaram-no a sair. Afirmou ele, no entanto, que não era Kira, apenas o despenseiro-mor. Naquele momento, um dos quarenta e sete lembrou-se do ferimento produzido em Kira pelo Príncipe Asano, no palácio do Xógum. Através dessa cicatriz, identificaram-no e exigiram o seu *seppuku* imediato. Ele recusou-se, o que comprovava, evidentemente, a sua covardia. Com a espada que o próprio Príncipe Asano utilizara no seu *seppuku*, eles cortaram-lhe a cabeça, limparam-na e, terminada a sua tarefa, saíram em procissão, levando a espada duplamente ensanguentada e a cabeça decepada para a sepultura de Asano.

Tóquio inteira encheu-se de entusiasmo com a proeza dos ronins. Suas famílias e sogros, que haviam duvidado deles, correram a abraçá-los e a render-lhes homenagem. Poderosos senhores ofereceram-lhes hospitalidade ao longo do caminho. Prosseguiram eles até o túmulo e lá depositaram não apenas a cabeça e a espada, como também uma comunicação escrita ao seu príncipe, ainda conservada.

> Hoje aqui viemos prestar homenagem... Não ousaríamos nos apresentar diante de vós, sem que houvéssemos consumado a vingança por vos iniciada. Cada dia que aguardamos, afigurou-se-nos três outonos ... Acompanhamos o senhor Príncipe Kira até aqui ao vosso túmulo. A espada que tanto valorizastes no ano passado e a nós confiastes, devolvemos agora. Tomai-a e golpeai a cabeça do vosso inimigo uma segunda vez, assim vos rogamos, e para sempre dissipai o vosso ódio. Eis o respeitoso relato dos quarenta e sete homens.

Haviam pago o seu giri. Restava-lhes ainda pagar o chu. Somente com a sua morte é que os dois coincidiriam. Haviam infringido o regulamento estatal contra a vendeta não declarada, mas não se haviam insurgido contra o chu. O que fosse exigido deles em nome do chu, teriam obrigação de cumprir. O Xogunato determinou que os quarenta e sete consumassem o seppuku. Assim consta nos manuais de leitura japoneses para crianças do quinto grau:

> Já que tinham agido para vingar o seu senhor, o seu inabalável giri deveria ser considerado um exemplo para toda a eternidade ... Por conseguinte, após deliberação, o Xogunato ordenou o *seppuku*, o que significava matar dois coelhos com uma só cajadada.

Isto é, suicidando-se, os ronins pagavam a dívida suprema, tanto ao giri, quanto ao gimu.

Esta epopeia nacional japonesa varia um pouco nas diferentes versões. Na moderna versão cinematográfica, o tema inicial do suborno passa a ser de caráter sexual: o Príncipe Kira é surpreendido fazendo propostas amorosas à esposa de Asano e, atraído por ela, humilha Asano, dando-lhe instruções falsas. O suborno é assim eliminado. Entretanto, todas as obrigações do giri são relatadas em pavorosos detalhes. "Pelo giri, abandonaram eles suas esposas, separaram-se dos filhos e perderam (mataram) seus pais."

O tema do conflito entre o gimu e o giri constitui a base de muitas outras histórias e filmes. Um dos melhores filmes históricos é situado na época do terceiro Xógum Tokugawa. Fora ele nomeado para o seu cargo quando jovem e inexperiente, tendo havido desunião entre os seus cortesãos quanto à sucessão, alguns deles apoiando um parente próximo da mesma idade. Um dos daimios derrotados alimentava no peito aquele "ultraje", a despeito da administração competente do Terceiro Xógum. Ficou aguardando a sua oportunidade. Finalmente, o Xógum e o seu séquito comunicaram-lhe que iriam percorrer alguns feudos. Cabia a este daimio recepcionar a comitiva, resolvendo ele aproveitar a oportunidade para um ajuste de contas e satisfazer o giri ligado ao seu nome. A sua casa já era uma fortaleza e, assim, preparou-a para o acontecimento vindouro, de modo a que todas as saídas pudessem ser bloqueadas, ficando fechada a cidadela. Em seguida, providenciou meios que possibilitassem a derrubada das paredes e do teto sobre as cabeças do Xógum e a sua comitiva. O plano foi preparado em grande estilo. O espetáculo seria minucioso. Para deleite do Xógum, pôs um de seus samurais para dançar diante dele, com instruções para mergulhar a espada na autoridade, no auge dos movimentos. Por giri ao seu daimio, o samurai não poderia de modo algum desobedecer à ordem do seu senhor. O seu chu, no entanto, proibia-o de erguer a mão contra o Xógum. A dança na tela retrata de modo completo o conflito. Ele deve e ao mesmo tempo não deve. Quase chega a decidir-se a desfechar o golpe, mas não consegue. A despeito do giri, o chu é demasiado forte. Decai a apresentação da música e a comitiva do Xógum começa a suspeitar. Levantam-se no momento em que o daimio, desesperado, ordena a demolição da casa. Há perigo de que o Xógum, embora tenha escapado da espada do dançarino, venha a morrer nas ruínas da fortaleza. Naquele instante, o dançarino da espada adianta-se e guia a comitiva do Xógum através de passagens subterrâneas, conseguindo, assim, que todos escapassem. O chu sobrepujara o giri. O porta-voz do

Xógum, em reconhecimento, convida o guia a acompanhá-los, com todas as honras, a Tóquio. Este, no entanto, olha para a casa desabando. "É impossível", responde. "Vou ficar. Trata-se do meu gimu e do meu giri." Volta-se e vai morrer entre as ruínas. "Com a sua morte, satisfez ele o chu e o giri, coincidindo-os."

As histórias dos tempos antigos não dão destaque ao conflito entre as obrigações e os "sentimentos humanos". Recentemente, passou a ser um dos temas principais. As novelas modernas referem-se a amor e bondade que devem ser postos de lado devido ao gimu ou ao giri, tema que passa a ser explorado, ao invés de desprezado. Como os seus filmes de guerra, que aos ocidentais mais parecem propaganda pacifista, essas novelas mais se nos afiguram um apelo para uma maior amplitude de vivência de acordo com os ditames do coração de cada um. Constituem, sem dúvida, uma comprovação desse impulso. Entretanto, os japoneses veem um significado diferente ao renovarem as discussões dos enredos das novelas e filmes. O herói com que simpatizamos por estar apaixonado ou porque nutra ambições pessoais, eles condenam como fraco por ter permitido que tais sentimentos viessem interpor-se entre ele e o seu gimu ou giri. Os ocidentais sentem-se inclinados a considerar um sinal de força revoltar-se contra as convenções e conquistar a felicidade, a despeito dos obstáculos. Os fortes, entretanto, de acordo com a opinião japonesa, são aqueles que desprezam a felicidade pessoal e cumprem as suas obrigações. A força de caráter, acham eles, é revelada conformando-se e não se rebelando. Consequentemente, os enredos de novelas e filmes costumam ter no Japão um significado bastante diferente do que lhes emprestamos quando os vemos com olhos ocidentais.

Os japoneses exercem o mesmo tipo de avaliação quando passam em julgamento suas vidas ou das pessoas que conheceram. Consideram um homem fraco se der atenção aos desejos pessoais quando em conflito com o seu código de obrigações. Todos os tipos de situações são julgados desta maneira, porém a que mais se opõe à ética ocidental é a referente à atitude do homem para com a esposa. É esta tão somente tangencial ao "círculo do ko", ao passo que os seus pais ocupam posição central. Portanto, o seu dever é claro. Um homem de firme caráter moral obedece ao ko e aceita a decisão da mãe para que se divorcie da esposa. Se a ama e se esta lhe deu um filho, em tal caso, o homem torna-se "mais firme". Segundo a expressão japonesa, "o ko leva-o a colocar a esposa e os filhos na categoria de estranhos". Sendo assim, o seu tratamento com relação a eles pertencerá, quando muito, ao "círculo de jin"; em último caso, serão gente sem direito algum quanto a você. Mesmo quando um casamento é feliz, uma esposa não está no centro do círculo de obrigações. Portanto, um homem não deve elevar a sua relação para com ela de modo a que nivele com os seus sentimentos voltados para os pais ou pátria. Constituiu um escândalo popular nos anos 1930 quando um ilustre liberal declarou publicamente quão feliz se sentia de regressar ao Japão, mencionando a reunião com a esposa como uma das razões para a sua satisfação. Deveria ter falado dos pais, de Fujiyama, da sua dedicação à missão nacional do Japão. A esposa não pertencia a este nível.

Os japoneses sem dúvida demonstraram nos tempos modernos não estarem satisfeitos em tanto onerarem de ênfase o seu código de moral quanto a conservar separados níveis diferentes e diferentes "círculos". Grande parte da doutrinação japonesa foi dedicada a exaltar o chu ao máximo. Assim como os estadistas simplificaram a hierarquia colocando o Imperador no ápice, eliminando o Xógum e os senhores feudais, igualmente no âmbito moral promoveram a simplificação do sistema de obrigações arrolando sob a categoria de chu todas as virtudes inferiores. Procuraram deste modo não apenas unificar o país sob o "culto do Imperador", como também diminuir o atomismo da moral japonesa. Visaram ensinar que o cumprimento do chu implicava no de todos os outros deveres. Buscaram torná-lo não um círculo num mapa e sim a pedra angular de uma arcada moral.

A melhor e mais autorizada exposição desse programa é o Edito Imperial aos Soldados e Marinheiros, publicado pelo Imperador Meiji em 1882. Este Edito e o relativo à Educação constituem as Sagradas Escrituras do Japão. Nenhuma das religiões japonesas inclui livros sagrados. O Xintó não tem nenhum e os cultos do budismo japonês ou fizeram um dogma da desilusão com as escrituras textuais ou as substituíram pela repetição de frases como "Glória a Amida" ou "Glória ao Lótus do Livro". Os Editos de Meiji de advertência, entretanto, são verdadeiras Escrituras Sagradas. São lidos como rituais sagrados perante auditórios silenciosos, curvados em reverência. São manuseados como a *torá*, retirados de um sacrário para leitura e para lá devolvidos com uma reverência, antes de despedir o público. Homens designados para lê-los suicidaram-se por terem lido errado uma frase. O Edito aos Soldados e Marinheiros destinou-se originariamente aos militares. Eram eles que o aprendiam textualmente e sobre ele meditavam durante dez minutos, todas as manhãs. Era lido para eles ritualmente em importantes festas nacionais, quando os recrutas chegavam aos quartéis, quando estes saíam ao final do seu período de treinamento e em ocasiões similares. Também era ensinado a todos os meninos das escolas médias e das classes de aperfeiçoamento.

O Edito aos Soldados e Marinheiros é um documento de várias páginas, claro e específico, cuidadosamente organizado sob títulos. Constitui, no entanto, um estranho enigma para o ocidental. Os seus preceitos parecem-lhe contraditórios. A bondade e a coragem são apontadas como metas verdadeiras e qualificadas da maneira que um ocidental possa apreciar. Em seguida o Edito adverte aos seus ouvintes para não serem como os heróis de antigamente que morriam na desonra porque, "perdendo de vista o caminho verdadeiro do dever público, *conservaram a fé nas relações privadas*". Esta é a tradução oficial e, embora não seja literal, representa claramente as palavras do original. "Deverão, pois", continua o Edito, "advertirem-se seriamente por esses exemplos" de heróis do passado.

A "advertência" transmitida não é inteligível sem um conhecimento do mapa japonês de obrigações. O Edito inteiro revela uma tentativa oficial de minimizar o giri e elevar o chu. Nem uma só vez, no texto inteiro, a palavra giri aparece no sentido da palavra doméstica que é no Japão. Ao invés de falar em giri, acentua que existe uma Lei Superior, que é o chu, e uma Lei Inferior, que é "conservar a fé nas relações privadas". A Lei Superior, empenha-se o Edito em provar, é suficiente para comprovar todas as virtudes. "A integridade", afirma ele, consiste no cumprimento do gimu. Um soldado repleto de chu é certo possuir "verdadeira coragem", o que significa "nas relações diárias pôr em primeiro lugar a bondade e procurar conquistar o amor e a consideração dos outros". Tais preceitos, se seguidos, argumenta por implicação o Edito, dispensarão a invocação do giri. Afora o gimu, as outras obrigações constituem a Lei Menor, não devendo ser reconhecidas sem a mais cuidadosa consideração.

> Se desejais... cumprir a vossa palavra (nas relações privadas) e (também) satisfazer o vosso gimu ... devereis de início considerar cuidadosamente se podeis realizá-lo ou não. Se ... assumirdes obrigações insensatas, possivelmente vos encontrareis numa posição em que não podereis ir nem para diante nem para trás. Se estais convencidos de que não conseguireis cumprir a vossa palavra e conservar a integridade (que o Edito acaba de definir como o cumprimento do gimu), será melhor que abandoneis de imediato o vosso compromisso (particular). Desde os antigos tempos têm havido repetidos exemplos de grandes homens e heróis que, oprimidos pela desgraça, sucumbiram deixando um nome manchado para a posteridade, simplesmente porque no seu esforço de serem fiéis em pequenas questões não mais distinguiram o certo do errado com relação a princípios fundamentais ou, então, porque perdendo de vista o caminho verdadeiro do dever público, mantiveram o compromisso nas relações privadas.

Toda esta instrução acerca da superioridade do chu sobre o giri é escrita, como dissemos, sem mencionar o giri, pois, todo japonês conhece a expressão "Não pude praticar a integridade (gi) por causa do giri", parafraseada pelo Edito através das seguintes palavras: "Se estais convencido de que não conseguireis cumprir a vossa palavra (vossas obrigações pessoais) e satisfazer à integridade..." Com autoridade imperial, prescreve ele que em tal situação deve-se deixar de lado o giri, lembrando-se de que é uma Lei Menor. A Lei Superior, todavia, se obedecidos os seus preceitos, há de conservar uma pessoa virtuosa.

Esta Escritura Sagrada de exaltação ao chu é um documento básico no Japão. Difícil é dizer, no entanto, se a sua detração indireta do giri enfraqueceu o apoio popular desta obrigação. Os japoneses citam com frequência outras partes do Edito – "A integridade consiste no cumprimento do gimu", "A condição de o coração ser sincero, tudo se pode realizar" – a fim de explicar e justificar os seus próprios atos e os dos outros. Mas, embora sejam amiúde oportunas, as advertências contra a manutenção de compromisso nas relações privadas quase nunca lhes vêm aos lábios. O giri continua sendo atualmente uma virtude de grande influência, constituindo uma das mais drásticas condenações no Japão dizer-se de um homem que "desconhece o giri".

A ética japonesa não se simplifica facilmente mediante a introdução de uma Lei Superior. Conforme tantas vezes se têm vangloriado, os japoneses não dispõem de uma virtude generalizada a ser usada como pedra de toque de boa conduta. Na maioria das culturas, os indivíduos respeitam-se entre si à medida que adquirem alguma virtude como zelo, bom sentido de administração ou sucesso nos negócios. Estabelecem como meta algum objetivo na vida como felicidade, poderio sobre os outros, liberdade ou mobilidade social. Os japoneses obedecem a códigos mais meticulosos. Mesmo quando se referem à Lei Superior, *tai setsu*, seja nos tempos feudais, seja no Edito aos Soldados e Marinheiros, o fazem somente no sentido de que as obrigações de alguém que ocupa posição elevada na hierarquia devem prevalecer sobre as obrigações de quem está abaixo. Eles ainda são particularistas. Para eles a Lei Superior não constitui, como geralmente tem sido para os ocidentais, uma lealdade à lealdade, em contraposição à lealdade para com determinada pessoa ou causa.

Ao tentarem os japoneses modernos fazer preponderar por sobre todos os "círculos" certa virtude moral, geralmente escolhem a "sinceridade". O Conde Okuma, ao discutir a ética japonesa, afirmou ser a sinceridade (*makoto*) "o preceito de todos os preceitos; a base dos ensinamentos morais pode ser implicada nessa única palavra. Nosso vocabulário antigo carece de termos éticos, exceto quanto a uma solitária palavra, makoto".* Também os novelistas modernos, que nos primeiros anos deste século exaltaram o novo individualismo ocidental, desagradaram-se das fórmulas ocidentais e procuraram celebrar a sinceridade (geralmente *magokoro*) como a única "doutrina" verdadeira.

Esta ênfase moral sobre a sinceridade tem o apoio do próprio Edito aos Soldados e Marinheiros. Ele principia com um prólogo histórico, equivalente japonês dos prólogos americanos que mencionam Washington, Jefferson e os Pais da Pátria. No Japão, esta seção atinge um clímax ao invocar o *on* e o chu:

* Conde Shinenobu Okuma. *Fifty Years of New Japan*. Tradução inglesa editada por Marcus B. Huish. Londres, 1909, 11:37.

Nós (o Imperador) somos a cabeça e vós sois o corpo. Dependemos de vós como braços e pernas. Do cumprimento de vossas obrigações dependerá sermos ou não capazes de proteger nosso país, pagando o *on* de nossos ancestrais.

Seguem-se em seguida os preceitos: (1) A virtude suprema é cumprir as obrigações do chu. Um soldado ou marinheiro, por mais hábil, em quem não seja forte o chu, não passa de um boneco. Um grupo de soldados carentes de chu não será mais do que uma turba. "Portanto, não vos deixeis perturbar pela opinião geral, *nem vos metais em política* e sim, com sinceridade, praticai o chu, lembrando-se de que o *gi* (integridade) é mais pesado do que uma montanha, ao passo que a morte é mais leve do que uma pena." (2) A segunda recomendação é considerar uma aparência exterior e uma conduta, isto é, com relação ao posto no Exército. "Acate as ordens dos superiores como se emanassem diretamente de Nós" e trate os inferiores com consideração. (3) A terceira é a coragem. A verdadeira coragem é posta em contraste com "atos bárbaros de arder o sangue", sendo definida como "jamais desprezar um inferior ou temer um superior. Os que assim prezam a verdadeira coragem deverão nas suas relações diárias pôr em primeiro lugar a bondade e procurar conquistar o amor e a consideração dos outros". (4) A quarta recomendação é a advertência contra "manter o compromisso nas relações privadas", e (5) a quinta é a admonição por ser frugal. "Se não fizerdes da simplicidade o vosso objetivo, tornar-vos-eis efeminados e frívolos e adquirireis gosto pelos hábitos sabaríticos e extravagantes; acabareis por vos tornardes egoístas e sórdidos e mergulhareis no último grau de baixeza, de modo a que nem a lealdade nem a coragem adiantarão para salvar-vos do desprezo do mundo... Atormentados de angústia, temerosos de que ela se desencadeie, nestes termos reiteramos Nosso aviso."

O parágrafo final do Edito denomina esses cinco preceitos "o Grande Caminho do Céu e da Terra e a Lei universal da humanidade". Constituem eles "a alma de Nossos soldados e marinheiros". E, alternativamente, "a alma" desses cinco preceitos "é a sinceridade". Se o coração não for sincero, as palavras e os atos, por melhores que sejam, não passam de ostentação e de nada valem. É só o coração ser sincero que tudo poderá ser realizado.

Os cinco preceitos serão, deste modo, "fáceis de respeitar e praticar". É caracteristicamente japonês que a sinceridade seja acrescentada no fim, após todas as virtudes e obrigações terem sido conjeturadas. Ao contrário dos chineses, os japoneses não baseiam todas as virtudes nos estímulos do coração benigno. Estabelecem primeiro o código de deveres e em seguida acrescentam, ao fim, a exigência de que sejam cumpridos de todo coração, com toda a alma, com toda a energia e com toda a intenção. A sinceridade tem o mesmo tipo de significado nos ensinamentos da grande seita budista de Zen. No grande compêndio do Zen, de Suzuki, fornece ele um diálogo entre o discípulo e o Mestre:

> *Monge*: Ao que me parece, quando um leão investe sobre o contendor, seja uma lebre ou um elefante, faz um exaustivo uso do seu poder. Diga-me, por favor, que poder é este?
>
> *Mestre*: O espírito da sinceridade (literalmente, o poder de não enganar).
>
> A sinceridade, isto é, não enganar, significa "aplicar todo o ser", tecnicamente considerado como "todo o ser em ação"... em que nada ê mantido em reserva, nada é expresso sob disfarce, nada se desperdiça. Quando uma pessoa vive desta forma, se diz que é um fulvo leão, um símbolo de virilidade, sinceridade, devotamento, um ser divinamente humano.

Os significados japoneses especiais desta palavra "sinceridade" já foram referidos de passagem. *Makoto* não tem o mesmo significado que em inglês, sendo de acepção mais ampla e menos ampla. Os ocidentais nunca tardaram a se aperceber que o seu significado é bem menos amplo do que na sua língua, tendo mesmo declarado que quando um japonês diz que alguém é insincero, quer dizer apenas que a outra pessoa não concorda com ele. Há certa verdade nisso, pois, chamar alguém de "sincero" no Japão nada tem de referente a se ele esteja agindo "genuinamente" de acordo com amor ou ódio, decisão ou assombro, que predominem em sua alma. O gênero de aprovação expresso pelos americanos ao dizerem "Ele se mostrou sinceramente contente em verme", "Ele se mostrou sinceramente satisfeito" é proscrito no Japão. Dispõem eles de uma série de expressões proverbiais que lançam escárnio sobre tal "sinceridade". Dizem eles, sardônicos: "Cuidado com a rã que quando abre a boca revela todo o seu interior", "Como uma romã, que quando escancara a boca mostra tudo que está dentro", constitui uma vergonha para um homem "proferir impulsivamente os seus sentimentos", pois, assim fica "exposto". Tais associações com "sinceridade", tão importantes nos Estados Unidos, nada representam quanto ao significado desta palavra no Japão. Quando o rapaz japonês acusou o missionário americano de insinceridade, jamais lhe ocorreu considerar se o americano experimentou "genuinamente" assombro com relação ao plano do pobre moço de ir para os Estados Unidos sem nada de seu. Quando os estadistas japoneses na última década acusaram os Estados Unidos e a Inglaterra de insinceridade – como constantemente o fizeram – nem sequer cogitavam de se os países ocidentais estariam agindo de maneira diversa do que sentiam na realidade. Não estavam nem mesmo os acusando de serem hipócritas – o que teria sido uma acusação de importância secundária. Igualmente, quando o Edito aos Soldados e Marinheiros afirma que "a sinceridade é a alma destes preceitos", não está significando que a virtude efetivadora das demais seja uma autenticidade de alma que leve um homem a agir e falar em conformidade com os próprios estímulos interiores. Não quer dizer certamente que ele esteja sob a imposição de ser genuíno, por mais que as suas convicções difiram das dos outros.

No entanto, o makoto tem as suas acepções positivas no Japão, e uma vez que os japoneses tão fortemente enfatizam o papel ético deste conceito, torna-se urgentemente necessário que os ocidentais compreendam o sentido em que eles o utilizam. O sentido básico japonês do makoto está bem ilustrado na *História dos quarenta e sete ronins*. A "sinceridade" nesta narrativa é um sinal de mais, acrescentado ao giri. "Giri mais makoto" é posto em contraste com "simplesmente giri", e significa "giri como exemplo para a eternidade dos tempos". Na expressão japonesa atual, "makoto é o que o faz perdurar". O "o" nesta expressão refere-se, segundo o contexto, a qualquer preceito do código japonês ou atitude estipulada no Espírito Japonês.

O uso nos campos de recolocação japonesa durante a guerra era exatamente paralelo ao que vigorava nos *Quarenta e sete ronins*, demonstrando claramente a quanto se estende a lógica e quão oposto ao uso americano o significado pode tornar-se. A acusação comum do issei pró-japonês (imigrantes americanos nascidos no Japão) contra os nisseis pró-Estados Unidos (imigrantes de segunda geração) era a de que careciam de makoto. Por outro lado, os isseis alegavam que esses nisseis não possuíam a qualidade de alma que fazia o Espírito Japonês – conforme fora oficialmente definido no Japão durante a guerra – "perdurar". Os isseis não tinham a mínima intenção de afirmar que o pró-americanismo de seus filhos fosse hipócrita. Longe disso, pois as acusações de insinceridade foram tanto mais convictas quando os nisseis alistaram-se como voluntários no exército norte-americano, tornando-se assaz aparente para todos que o apoio ao seu país de adoção fora induzido por um entusiasmo genuíno.

Um sentido básico de "sinceridade", segundo o uso japonês, consiste, pois, no empenho de seguir a "estrada" traçada pelo código japonês e pelo Espírito Japonês. Quaisquer sentidos particulares que o *makoto* tenha em contextos especiais, sempre poderá ser entendido como louvor a alguns aspectos acordes do Espírito Japonês e bem aceitos postos de orientação no mapa das virtudes. Uma vez aceito o fato de que "sinceridade" não possui o sentido americano, passa a ser uma palavra extremamente útil de ser assinalada em todos os textos japoneses. Quase infalivelmente identifica as virtudes positivas de fato salientadas pelos japoneses. O makoto constantemente é utilizado para elogiar uma pessoa que não seja interesseira. Constitui um reflexo da grande condenação sobre auferição de lucros pronunciada pela ética japonesa. O lucro – quando não seja uma consequência natural da hierarquia – é julgado como sendo o resultado de exploração e o intermediário que se desviou a fim de auferir lucro do seu trabalho transforma-se no odiado agiota. É sempre apontado como "falto de sinceridade". Do mesmo modo, makoto costuma ser usado como termo elogioso para o homem livre de paixão, o que vem espelhar as ideias japonesas de autodisciplina. Um japonês digno de ser considerado sincero, igualmente, jamais descamba para o perigo de insultar uma pessoa que não pretende provocar para agressão, o que vem espelhar o seu dogma de que uma pessoa tanto é responsável pelas consequências marginais de seus atos como pelo próprio ato. Finalmente, somente um makoto pode "dirigir o seu povo", pôr em uso efetivo suas aptidões, livre de conflito psíquico. Esses três sentidos e uma multidão de outros assinalam com toda a clareza a homogeneidade da ética japonesa, refletindo o fato de que somente se pode ser eficiente e sem tergiversações no Japão quando se cumpre o código.

Uma vez sendo estes os sentidos da "sinceridade" japonesa, esta virtude, não obstante o Edito e o Conde Okuma, não simplifica a ética japonesa, não estabelece uma "base" para a sua moralidade, nem lhe confere uma "alma". Constitui um expoente que, devidamente colocado após qualquer número, eleva-o a uma superior potência. Um ^{2} elevará indiferentemente ao quadrado 9, 159, *b* ou *x*. Da mesma maneira, o makoto eleva a uma potência superior qualquer artigo do código japonês. Não é como se fosse uma virtude separada, mas sim o entusiasmo do entusiasta pelo seu credo.

Não importando o que tenham os japoneses tentado fazer ao seu código, permanece ele atomístico, e como princípio de virtude persiste o de equilibrar uma jogada, em si mesma boa, com uma outra, que também o seja. É como se houvessem organizado suas éticas como um jogo de bridge. O bom jogador é o que aceita as regras e joga de acordo com elas. Distingue-se do que não o é pelo fato de ser disciplinado nos seus cálculos, sendo capaz de secundar as mãos dos outros jogadores com inteiro conhecimento do seu significado, segundo as regras do jogo. Joga, como dizemos nós, de acordo com Hoyle, havendo inumeráveis minúcias que precisa levar em consideração a cada jogada. As contingências que possam surgir estão previstas pelas regras do jogo, sendo a contagem combinada com antecedência. As boas intenções, no sentido americano, tornam-se irrelevâncias.

Em qualquer idioma, os contextos em que as pessoas falam de perder ou ganhar amor-próprio lançam um jorro de luz sobre a sua visão da vida. No Japão "respeitar-se" consiste sempre em revelar-se o jogador cuidadoso. Não significa, como em inglês, sujeitar-se conscientemente a um digno padrão de conduta – não bajular, não mentir, não fornecer falso testemunho. No Japão, a dignidade (*jicho*) é literalmente "um ser pesado" e o seu oposto "um ser leve e flutuante". Quando um homem diz "Você deve respeitar-se", quer dizer "Você deve ser arguto ao avaliar todos os fatores envolvidos na situação e nada fazer que provoque críticas ou comprometa as suas possibilidades de sucesso".

"Respeitar-se" costuma significar exatamente a conduta oposta ao sentido prevalecente nos Estado Unidos. Um empregado diz "Devo respeitar-me (jicho)", o que significa não que ele deva firmar-se nos seus direitos e sim que nada deva dizer aos patrões que lhe possa causar problemas. "Você deve respeitar-se" tinha este mesmo sentido, igualmente, em política. Queria dizer que uma "pessoa de peso" não poderia respeitar-se caso se entregasse a algo tão temerário como "pensamentos perigosos", não implicando, como nos Estados Unidos, em que mesmo sendo os pensamentos perigosos, a dignidade de um homem exige que ele pense de acordo com o seu esclarecimento e a própria consciência.

"Você deve respeitar-se" acha-se constantemente nos lábios dos pais quando advertem seus filhos adolescentes, numa referência à obediência ao decoro e ao atendimento às expectativas dos demais. Deste modo, uma moça é exortada a sentar-se sem mexer-se, as pernas devidamente colocadas e um rapaz, a disciplinar-se, a aprender a atentar para as oportunidades cedidas pelos outros, "pois agora é a ocasião que decidirá o seu futuro". Quando um progenitor diz-lhes: "Você não procedeu como uma pessoa decente", significa que estão sendo acusados de uma impropriedade e não de uma falta de coragem de lutarem por seu direito conforme o concebem.

Um fazendeiro que não pode pagar sua dívida ao agiota, diz de si mesmo "Eu deveria ter tido dignidade", não querendo isto dizer que esteja se acusando de indolência ou adulação ao credor. Significa é que deveria ter previsto a emergência e sido mais ponderado. Um homem de prestígio numa comunidade declara "Minha dignidade exige isto", não querendo dizer que deva viver de acordo com certos princípios de sinceridade e probidade e sim, que é o seu dever manipular a questão com toda a consideração pela posição de sua família, lançando, pois, no caso, todo o peso da sua posição social.

Um executivo que diz de sua firma "Devemos demonstrar dignidade" está querendo dizer que o tino e a vigilância deverão ser redobrados. Alguém que discuta a necessidade de vingar-se fala em "desforrar-se com dignidade", sem que isto se refira a amontoar carvões acesos sobre a cabeça do inimigo ou a qualquer regra moral que pretenda seguir. Equivale a dizer "exigirei uma vingança perfeita", isto é, meticulosamente planejada e aproveitando cada fator da situação. Em japonês uma das expressões mais violentas é "dobrar dignidade com dignidade" e significa ser ponderado no mais alto grau, jamais saltando para uma conclusão precipitada, calculando meios e modos no sentido de que nem mais nem menos esforço seja despendido do que o estritamente necessário para atingir o objetivo.

Todos esses sentidos de dignidade ajustam-se à visão japonesa da vida como um mundo em que nos movemos com grande cuidado, "de acordo com Hoyle". Esta maneira de definir dignidade não permite que se alegue um álibi para o fracasso na base das boas intenções. Cada jogada tem as suas consequências e não se pode agir sem avaliá-las. É muito correto ser generoso, mas deve-se antever que o recebedor dos seus favores sentirá que foi levado a "receber um *on*". É preciso cautela. Por permissível que seja criticar-se outrem, apenas se deve fazê-lo se se pretende arcar com todas as consequências do seu ressentimento. Uma zombaria tal como a de que foi acusado o missionário americano pelo jovem artista é inadmissível exatamente porque as intenções do primeiro eram boas; o que ele não levou em conta foi todo o alcance da sua jogada no tabuleiro de xadrez. Algo de inteiramente indisciplinado, no modo de ver japonês.

A acentuada identificação de ponderação com dignidade pressupõe, portanto, vigilância de todos os indícios observáveis nos atos dos outros e uma viva impressão de que os demais estão dispostos para julgar. "A dignidade se cultiva (o jicho é devido)", dizem eles, "por causa da sociedade". "Se não houvesse sociedade não seria necessário respeitar-se (cultivar o jicho)". São estas as manifestações extremas de uma sanção externa para a dignidade, as quais não levam em conta as sanções internas para uma conduta apropriada. Tal como os ditos populares de muitos países, exageram elas o caso, pois os japoneses às vezes reagem tão violentamente quanto qualquer puritano a uma acumulação pessoal de culpa. O fato é, contudo, que as suas manifestações extremas assinalam corretamente onde incide a ênfase no Japão, mais na importância da vergonha do que na da culpa.

Nos estudos antropológicos de culturas diferentes, é importante a distinção entre as que profundamente enfatizem a vergonha ou a culpa. Uma sociedade que incute padrões absolutos de moralidade e orienta-se no sentido do desenvolvimento de uma consciência por parte do homem é uma cultura de culpa por definição, no entanto, alguém pode numa sociedade dessas, como a dos Estados Unidos, padecer ainda mais na vergonha quando se auto acusa de grosserias que nada têm de pecados. Poderá mostrar-se extremamente mortificado por não estar vestido de acordo com a ocasião ou devido a algum lapso de língua. Numa cultura em que a vergonha constitua uma sanção importante, as pessoas mortificam-se por atos que esperamos nelas despertem culpa. Tal mortificação poderá ser muito intensa, não podendo ser aliviada, como a culpa, através de confissão e expiação. Quem peca pode conseguir alívio desabafando. O expediente da confissão é usado na nossa terapia secular e por muitos grupos religiosos, que outrossim pouco têm em comum. Sabemos que traz alívio. Onde a vergonha constitui sanção importante, não se experimenta alívio quando se divulga uma transgressão, ainda que seja a um confessor. Contanto que a sua má conduta não "transpire para o mundo", não precisará inquietar-se, afigurando-se-lhe a confissão tão somente como um modo de criar problemas. As culturas de vergonha, portanto, não prescrevem confissões ainda que aos deuses. Dispõem mais de cerimônias para boa sorte do que para expiação.

As verdadeiras culturas de vergonha enfatizam as sanções externas para a boa conduta, opondo-se às verdadeiras culturas de culpa, que interiorizam a convicção do pecado. A vergonha é uma reação à crítica dos demais. Alguém pode envergonhar-se ou quando é ridicularizado abertamente ou quando cria para si mesmo a fantasia de que o tenha sido. Em qualquer dos casos trata-se de uma sanção poderosa. Requer, entretanto, uma plateia, ou pelo menos que se fantasie uma. A culpa, não. Num país onde a honra significa viver de acordo com a imagem que se tem de si próprio, pode-se padecer de culpa, ainda que todos ignorem a transgressão, sendo aliviados os seus sentimentos a tal respeito através da confissão de seu pecado.

Os antigos puritanos que se estabeleceram nos Estados Unidos procuraram basear toda a sua moralidade na culpa e bem sabem os psiquiatras os problemas que os americanos modernos têm com as suas consciências. A vergonha, no entanto, é uma carga cada vez maior nos Estados Unidos, sendo a culpa não tão extremadamente sentida quanto em gerações anteriores. É isto aqui interpretado como um relaxamento dos costumes. Há muita verdade nisso, sem dúvida porque não esperamos que a vergonha perfaça o trabalho pesado da moralidade. Não atrelamos a intensa mortificação pessoal que acompanha a vergonha ao nosso sistema fundamental de moralidade.

Os japoneses o fazem. Um fracasso em seguir os seus visíveis marcos de boa conduta, um fracasso em avaliar obrigações ou prever contingências constitui vergonha (*haji*). A vergonha, dizem eles, é a raiz da virtude. Quem é sensível a ela cumprirá todas as regras de boa conduta. "Um homem que conhece a vergonha" é por vezes traduzido por "virtuoso" ou "honrado". A vergonha ocupa o mesmo lugar de autoridade na ética japonesa que uma "consciência limpa", "estar bem com Deus" e a abstenção de pecado têm na ética ocidental. Muito lógico, portanto, que não se vá ser punido após a morte. Os japoneses – à exceção dos sacerdotes conhecedores dos sutras indianos – estão muito pouco familiarizados com a ideia de reencarnação dependente do mérito de cada um na vida presente, e – à exceção de alguns convertidos cristãos bem instruídos – não aceitam recompensa ou punição após a morte e a ideia de céu ou inferno.

A primazia da vergonha na vida japonesa significa, como em qualquer tribo ou país onde a vergonha seja profundamente sentida, que cada um aguarda o julgamento de seus atos por parte do público. Será apenas questão de fantasiarem qual vá ser o veredicto, o fato é que se orientam com relação ao mesmo. Quando todos estão disputando o jogo através das mesmas regras e apoiando-se mutuamente, os japoneses conseguem mostrar-se despreocupados e tranquilos. O fanatismo na disputa do jogo vem quando sentem que este encerra a "missão" do Japão. São extremamente vulneráveis quando tentam exportar as suas virtudes para as terras estrangeiras, onde não se firmam os seus marcos de boa conduta. Falharam na sua missão de "boa vontade" ao Extremo-Oriente, sendo assaz genuíno o ressentimento experimentado por muitos deles com as atitudes dos chineses e filipinos a seu respeito.

Os indivíduos japoneses que vieram para os Estados Unidos, a fim de estudarem ou a negócios sem serem motivados por sentimentos nacionalistas, amiúde sentiram intensamente o "fracasso" de sua cuidadosa educação quando tentaram viver num mundo menos rigidamente demarcado. Suas virtudes, sentiram eles, não constituíram bom material de exportação. Não é que tenham tentado comprovar o ponto de vista universal de que seja difícil alguém mudar de cultura. Tentam é dizer algo mais, às vezes contrastando as dificuldades da própria adaptação à vida americana com as dos chineses ou siameses conhecidos seus. O problema japonês específico, segundo eles, consiste em terem sido educados para confiar numa segurança que depende do reconhecimento por parte dos demais das nuanças da sua observância de um código. Quando os estrangeiros deslembram-se de tais justezas, os japoneses mostram-se perplexos. Com empenho procuram eles encontrar meticulosas justezas similares, de acordo com as quais vivam os ocidentais e, não as encontrando, falam alguns da raiva que sentem e outros de como se acham assustados.

Ninguém descreveu melhor tais experiências numa cultura menos exigente do que a Srta. Mishima na sua autobiografia, *My Narrow Isle** Ela empenhara-se avidamente em vir para uma universidade americana, combatendo a relutância de sua família conservadora em aceitar o *on* de uma bolsa de estudos americana. Foi para Wellesley. Os professores e as moças, narra ela, mostraram-se maravilhosamente gentis, o que, no entanto, segundo sua maneira de sentir, só serviu para dificultar. "Meu orgulho de amabilidade pura, uma característica universal dos japoneses, foi amargamente ferido. Fiquei furiosa comigo mesma por não saber como portar-me condignamente aqui e com o meio, que parecia zombar da minha educação passada. Com exceção desse sentimento de raiva, vago, porém, profundamente arraigado, não havia mais emoções em mim." Sentiu-se ela "um ser caído de outro planeta, com sentidos e sentimentos inúteis neste outro mundo. Minha educação japonesa, a exigir elegância de cada movimento físico e de cada palavra pronunciada que estivesse de acordo com a etiqueta, tornava-me extremamente sensível e constrangida neste ambiente, onde me achava completamente cega, socialmente falando". Só dois a três anos depois é que ela se descontraiu e começou a aceitar a gentileza que lhe era propiciada. Os americanos, concluiu ela, vivem com o que

* Mishima. Sumie Seo, *My Narrow Isle*, 1941, p. 107.

ela denomina de "familiaridade refinada". Mas a verdade é que "a familiaridade, tida como atrevimento, havia sido morta em mim desde os três anos de idade".

A Srta. Mishima compara as moças japonesas que conheceu na América com as chinesas e os seus comentários revelam como os Estados Unidos as afetaram diferentemente. As chinesas tinham "segurança e sociabilidade, de todo ausentes na maioria das moças japonesas. Essas chinesas de classe alta pareceram-me as mais afáveis criaturas da terra, possuindo cada uma delas uma graça próxima da dignidade regia, como se fossem as verdadeiras senhoras do mundo. Seu destemor e segurança soberba, imperturbável mesmo nesta grande civilização de maquinaria e velocidade, faziam grande contraste com a nossa timidez e hipersensibilidade de japonesas, revelando uma diferença fundamental de formação social".

A Srta. Mishima, como muitas outras japonesas, sentia-se como se fosse uma exímia tenista atuando num torneio de *croquet*. Sua perícia simplesmente não adiantava. O que aprendera não se aplicava ao novo meio. A disciplina a que se submetera era inútil. Os americanos prescindiam dela.

Uma vez tenham os japoneses aceito, no mínimo grau que seja, as regras menos codificadas que governam a conduta nos Estados Unidos, encontram dificuldade em imaginar sua capacidade em submeter-se novamente as restrições de sua antiga vida no Japão. Às vezes referem-se a elas como um paraíso perdido, outras como uns "arreios", outras como uma "prisão", outras como um "pequeno vaso" contendo uma árvore anã. Enquanto as raízes do pinheiro em miniatura restringiam-se aos limites do vaso, o resultado era uma obra de arte que adornava um encantador jardim. Uma vez, porém, plantado em solo aberto, o pinheiro anão jamais poderia ser transplantado de volta. Sentiam-se, pois, incapazes de voltar a ser ornamentos daquele jardim japonês. Não mais satisfariam as exigências. Haviam experimentado na sua forma mais pungente o dilema japonês da virtude.

11. A AUTODISCIPLINA

As autodisciplinas de uma cultura têm sempre probabilidades de parecerem irrelevâncias aos observadores de outro país. Por mais claras que sejam as técnicas disciplinares, para que dar-se todo esse trabalho? Por que enforcar-se pendurado em ganchos, concentrar-se no umbigo ou jamais despender o seu capital? Por que concentrar-se numa dessas austeridades e não exigir controle algum sobre impulsos que para o de fora são de fato importante e necessitam de treino? Quando o observador pertence a um país que não ensina métodos técnicos de autodisciplina e está estabelecido em meio a um povo que dá grande importância a eles, a possibilidade de desentendimento chega ao auge.

Nos Estados Unidos, os métodos técnicos e tradicionais de autodisciplina são relativamente atrasados. A suposição americana é a de que um homem, uma vez tenha avaliado as possibilidades de sua vida pessoal, irá disciplinar-se, se assim for necessário, a fim de alcançar um objetivo escolhido. Se o consegue ou não, dependerá de sua ambição, consciência, ou "instinto de trabalho", conforme Veblen o denominava. Será capaz de submeter-se a um regime estoico, a fim de jogar numa equipe de futebol, abrir mão de todas as diversões, a fim de tornar-se um músico ou obter êxito no seu negócio. Evitará o mal e a frivolidade por causa de sua consciência. Mas, nos Estados Unidos, a autodisciplina em si mesma, como um aprendizado técnico, não é coisa que se aprenda como uma aritmética distanciada de sua aplicação em determinado caso. Tais técnicas, quando ocorrem nos Estados Unidos, são ensinadas por certos chefes de culto europeus ou por Swamis que ensinam invenções fabricadas na Índia. Mesmo as autodisciplinas religiosas de meditação e prece, como foram ensinadas e praticadas por Santa Teresa ou São João da Cruz, pouco sobreviveram nos Estados Unidos.

A suposição japonesa, entretanto, é a de que um rapaz ao fazer seus exames de escola média, um disputante de um jogo de esgrima ou uma pessoa apenas vivendo uma existência de aristocrata necessita de um auto treinamento bem diverso do que dele será exigido quando for testado. Não importando os fatos de que se tenha abarrotado para o seu exame, por mais hábil que seja no manejo da espada, conquanto meticulosas as suas formalidades, terá de pôr de lado os livros, a espada e as aparências em público e submeter-se a um tipo especial de treinamento. Não são todos os japoneses que se submetem ao treinamento esotérico, é claro, mas, mesmo para os que não o fazem, a fraseologia e a prática da autodisciplina dispõem de um lugar distinto na vida. Os japoneses de todas as classes julgam-se a si mesmos e aos outros nos termos de toda uma série de conceitos que dependem de sua noção de autocontrole e autodomínio técnicos generalizados.

Seus conceitos de autodisciplina podem ser divididos esquematicamente naqueles que conferem competência e nos que conferem algo mais. Este algo mais denominarei perícia. Os dois acham-se divididos no Japão e visam alcançar um resultado diferente na alma humana, possuem um fundamento lógico diferente, sendo reconhecidos por sinais diferentes. Já foram descritos muitos exemplos do primeiro tipo, competência autodisciplinar. O oficial do exército que disse dos seus homens, entregues a manobras de tempo de paz durante sessenta horas, com oportunidades de apenas dez minutos para dormir, que "dormir eles sabiam, precisavam era de treino para ficar acordados", estava apenas, a despeito do que para nós se afigura como extremas exigências, almejando uma conduta competente. Estava enunciando um princípio bastante aceito de economia psíquica japonesa de que a vontade deve reinar suprema sobre o corpo infinitamente ensinável e que este não possui leis de bem-estar, desprezadas pelo homem por sua própria conta. Toda a teoria japonesa de "sentimentos humanos" repousa sobre esta pressuposição. Quando se trata das questões realmente sérias da vida, as exigências do corpo, por mais essenciais à saúde, por mais destacadamente aprovadas e cultivadas, deverão ser drasticamente subordinadas. Seja a que preço for de autodisciplina, é preciso evidenciar o Espírito Japonês.

Constitui violentação, no entanto, para as suposições japonesas, expressar desta maneira a sua posição. Pois "seja a que preço for de autodisciplina" significa no emprego comum americano quase o mesmo que "seja a que preço for de auto sacrifício". Costuma também significar "seja a que preço for de frustração pessoal". A teoria americana de disciplina – seja imposta de fora ou introjetada como consciência censuradora – consiste em que desde a infância os homens e as mulheres têm de ser socializados pela disciplina, livremente aceita ou imposta por autoridade. Isto constitui uma frustração. O indivíduo ressente-se deste cerceamento dos seus desejos. Tem de sacrificar-se e inevitavelmente dentro de si despertam emoções agressivas. Esta não é apenas a opinião de muitos psicólogos profissionais americanos. É também a filosofia dentro da qual cada geração é educada pelos pais em casa, sendo, portanto, em grande parte verdadeira em nossa sociedade. Uma criança "tem de" ser posta na cama em determinada hora e ela aprende pela atitude dos pais que ir para a cama é uma frustração, demonstrando em incontáveis lares, todas as noites, o seu ressentimento, através de verdadeiras contendas. Já se trata de um jovem americano doutrinado, que considera dormir algo que uma pessoa "tem de" fazer e dá seus murros em ponta de faca. Sua mãe determina também existirem certas coisas que ele "tem de" comer. Tanto poderá ser aveia, espinafre, pão ou suco de laranja, o fato é que a criança americana aprende a erguer um protesto contra os alimentos que "tem de" comer. A comida que é "boa para" ele, leva-o a concluir, pois, que não é gostosa. Eis uma convenção americana inexistente no Japão, como também em alguns países ocidentais como a Grécia. Nos Estados Unidos, tornar-se adulto significa emancipar-se das frustrações de comida. Uma pessoa crescida pode comer o alimento gostoso, ao invés do que é bom para ele.

Essas ideias acerca de sono e comida, no entanto, são insignificantes em comparação com a totalidade do conceito ocidental de autossacrifício. É doutrina padrão ocidental que os pais façam grandes sacrifícios pelos filhos, as esposas sacrifiquem suas carreiras por seus maridos, os maridos sacrifiquem a sua liberdade para se tornarem arrimos de família. É difícil para os americanos conceberem que em algumas sociedades os homens e as mulheres não admitam a necessidade do auto sacrifício. Não obstante, isto é verdadeiro. Em tais sociedades, asseveram todos que os pais acham naturalmente os filhos encantadores, que as mulheres preferem o casamento a qualquer outro caminho e que um homem ganhando o sustento de sua família está entregue à sua ocupação favorita como caçador ou jardineiro. Por que falar em autossacrifício? Quando a sociedade enfatiza essas interpretações e permite que as pessoas vivam de acordo com elas, a ideia de auto sacrifício nem chega a ser admissível.

Em outras culturas, todas essas coisas que uma pessoa faz para os outros à custa de tal "sacrifício" nos Estados Unidos são consideradas como permutas recíprocas. Serão ou investimentos a serem posteriormente pagos ou retribuições por préstimo já recebido. Nesses países até mesmo as relações entre pai e filho poderão ser encaradas dessa maneira, e o que o pai faz pelo filho nos primeiros anos do rapaz será retribuído por este ao progenitor, na vida posterior do velho e após a sua morte. Todas as relações comerciais constituem, igualmente, um contrato popular que, embora costume assegurar equivalência em espécie, do mesmo modo obriga uma parte a proteger e a outra a servir. Se os benefícios dos dois lados são considerados vantagens, nenhuma parte encara seus deveres como um sacrifício.

A sanção por trás de serviços prestados a outros no Japão é sem dúvida a reciprocidade, tanto em espécie, como em permuta hierárquica de responsabilidades complementares. A posição moral do auto sacrifício é, portanto, muito diferente da existente nos Estados Unidos. Os japoneses sempre se opuseram especificamente aos ensinamentos dos missionários cristãos a respeito do sacrifício. Argumentam que um homem bom não pode achar frustrâneo para si o que faz para os outros. "Quando fazemos as coisas que vocês chamam de autossacrifício", disse um japonês para mim, "é porque desejamos dar ou porque seja bom dar. Não nos lamentamos. Por mais que renunciemos a coisas pelos outros, não achamos que tal doação nos eleve espiritualmente ou que devêssemos ser 'recompensados' por isto". Um povo que organizou suas vidas em torno de tão complicadas obrigações recíprocas como os japoneses naturalmente acha irrelevante o auto sacrifício. Empenham-se ao máximo no sentido de cumprir obrigações extremas, mas a sanção tradicional de reciprocidade impede-os de sentir a autocomiseração e farisaísmo que surge tão facilmente em países mais individualistas e competitivos.

Os americanos, a fim de entenderem as práticas autodisciplinárias comuns do Japão, têm, portanto, de efetuar uma espécie de operação cirúrgica em nossa ideia de "autodisciplina". Temos de decepar os acréscimos de "autossacrifício" e "frustração" que se apinharam em torno do conceito em nossa cultura. No Japão a pessoa disciplina-se para ser um bom jogador e a atitude japonesa implica na submissão ao treino no mesmo grau de consciência do sacrifício em relação a alguém que jogue bridge. Não há dúvida de que o treino seja rigoroso, o que é, porém, inerente à natureza das coisas. A criança nasce feliz, porém, sem capacidade de "saborear a vida". Somente através de um treinamento mental (ou autodisciplina, *shuyo*) pode um homem ou mulher adquirir o poder de viver plenamente e "alcançar o gosto" da vida. A expressão é geralmente traduzida como "somente assim poderá ele apreciar a vida". A autodisciplina "cria a barriga (a sede do controle)", ampliando a vida.

A autodisciplina "competente" no Japão possui o fundamento lógico de que aprimora a conduta de alguém na sua própria vida. Qualquer impaciência que se possa sentir enquanto seja novo no treinamento passará, dizem eles, pois finalmente se dará uma apreciação ou desistência. O aprendiz cuida devidamente do seu negócio, o rapaz aprende *judô* (jiu-jitsu), a jovem esposa acomoda-se às exigências da sogra; bem se compreende que nos estágios iniciais de treinamento, o homem ou a mulher desabituados às novas exigências queiram libertar-se deste shuyo. Seus pais conversarão com eles, dizendo-lhes: "O que querem vocês? Para gozar a vida é preciso treino. Se desprezam tal coisa, abandonando qualquer treinamento, como consequência natural, serão infelizes. Em tal caso, minha tendência não será protegê-los contra a opinião pública". Shuyo, na expressão que tão amiúde utilizam, faz desaparecer "a ferrugem do corpo". Torna o homem uma espada afiada e brilhante, exatamente, sem dúvida, o que ele pretende ser.

Toda essa ênfase em como a autodisciplina resulta em vantagem própria não significa que os atos extremos exigidos amiúde pelo código japonês não sejam verdadeiramente sérias frustrações e que estas não conduzam a impulsos agressivos. Tal distinção é a que os americanos compreendem em jogos e esportes. O campeão de bridge não reclama do auto sacrifício dele requerido para aprender a jogar bem. Não classifica de "frustradas" as horas que despendeu até tornar-se um perito. Declaram os médicos, no entanto, que em alguns casos a grande atenção necessária, quando se está apostando alto ou participando de uma partida de campeonato, não deixa de relacionar-se às úlceras estomacais e às tensões corporais excessivas. O mesmo sucede ao povo no Japão. Mas a sanção da reciprocidade, a par da convicção japonesa de que a autodisciplina resulta em vantagem própria, torna fáceis para eles muitos atos que se afiguram insuportáveis para os americanos. Atentam muito mais em proceder com competência e permitem-se menos desculpas do que os americanos. Não projetam tão amiúde seus descontentamentos sobre bodes expiatórios e não costumam entregar-se tanto a lamúrias por não alcançarem o que os americanos chamam de felicidade média.

Foram treinados para atentar muito mais para a "ferrugem do corpo" do que é comum entre os americanos.

Além e acima da autodisciplina "competente", encontra-se, além do mais, o plano da "perícia". As técnicas japonesas deste último gênero não se têm feito muito inteligíveis para os leitores ocidentais por intermédio dos escritores japoneses que sobre elas escreveram, tendo se mostrado bastante desdenhosos a seu respeito os estudiosos ocidentais especializados neste assunto. As vezes têm-nas chamado de "excentricidades". Um erudito francês considera-as todas "um desafio ao bom senso", não passando a maior das seitas disciplinares, o culto Zen, de "um conjunto de solenes asneiras". Contudo, os objetivos visados por essas técnicas não são impenetráveis e na sua totalidade o assunto lança uma luz considerável sobre a economia psíquica japonesa.

Longas séries de palavras japonesas designam o estado mental que o perito em autodisciplina deverá alcançar. Alguns desses termos são usados para atores, outros para devotos religiosos, outros para esgrimistas, outros para oradores, outros para pintores, outros para mestres da cerimônia do chá. Têm todos o mesmo sentido geral, por isso usarei apenas a palavra *muga*, que vem a ser a palavra empregada no florescente culto de Zen-Budismo das classes superiores. A descrição deste estado de perícia consiste em assinalar as experiências, seculares ou religiosas, em que "não se verifica nenhuma brecha, nem mesmo da espessura de um cabelo" entre a vontade de um homem e o seu ato. Uma descarga de eletricidade passa diretamente do polo positivo para o negativo. Nas pessoas que não alcançaram perícia, é como se existisse uma tela não condutora entre a vontade e o ato. Chamam a isto o "ser observador", o "ser interferente" e, quando for ele removido mediante tipos especiais de treinamento, o perito perde toda a sensação de que "estou fazendo isto". O circuito processa-se livremente. O ato é desembaraçado. É "singelo". A ação reproduz inteiramente o quadro formado pelo agente em sua mente.

Gente da mais comum visa a este tipo de "perícia" no Japão. Sir Charles Eliot, a grande autoridade inglesa em budismo, narra a respeito de uma escolar que procurou *um conhecido missionário de Tóquio, declarando que desejava tor-*

*nar-se cristã. Quando lhe indagaram as razões, respondeu ela que a sua maior vontade era subir num avião. Ao ser convidada a explicar a ligação entre aviões e o cristianismo, revelou terem-lhe dito que antes de subir num avião deveria ela estar com a mente calma e bem regulada, o que somente era alcançado através do treinamento religioso. Achava que entre as religiões o cristianismo era provavelmente a melhor, por isso viera pedir ensinamento.**

Os japoneses não apenas associam mentalmente Cristianismo e aviões, como também o treinamento para alcançar "uma mente calma e bem regulada" com um exame de Pedagogia, com a arte de fazer discursos ou com uma carreira de estadista. O treinamento técnico para aquisição de singeleza se lhes afigura uma vantagem indiscutível em quase todos os empreendimentos.

Muitas civilizações aperfeiçoaram técnicas desse gênero, porém, os objetivos e os métodos japoneses possuem um caráter marcante todo seu, o que vem a ser especialmente interessante, pois grande número daquelas provém da índia, onde são conhecidas como ioga. As técnicas japonesas de auto hipnotismo, concentração e controle dos sentidos revelam ainda parentesco com práticas indianas. Verifica-se uma ênfase similar no esvaziamento da mente, na imobilidade do corpo, em dez mil repetições da mesma frase, na fixação da atenção num símbolo escolhido. Até mesmo a terminologia utilizada na índia é ainda reconhecível. Além desse visível arcabouço do culto, no entanto, a versão japonesa pouco tem em comum com a hindu.

A ioga na Índia é um culto extremado de ascetismo, é uma maneira de alcançar a libertação do ciclo da reencarnação. O homem não tem salvação a não ser através desta libertação, *nirvana*, e o obstáculo no seu caminho é o desejo humano. Tais desejos podem ser eliminados uma vez definhados, afrontados e atuados pela autotortura. Por esses meios o homem pode alcançar a santidade, atingindo a espiritualidade e a união com o divino. A ioga é um modo de renunciar ao mundo da carne e escapar à rotina da futilidade humana, como

* Eliot, Sir Charles, *Japanese Buddhism*. p. 286.

também de obter poderes espirituais. A jornada em direção à meta tanto mais rápida será quanto mais extremo o ascetismo.

Tal filosofia é inexistente no Japão. Muito embora seja o Japão uma grande nação budista, as ideias de transmigração e de nirvana jamais fizeram parte da fé budista do povo. Essas doutrinas são aceitas pessoalmente por alguns sacerdotes budistas, mas nunca influenciaram o costume ou o pensamento popular. Nenhum animal ou inseto é poupado no Japão porque o fato de matá-lo atingiria uma alma humana transmigrada, sendo que as cerimônias fúnebres e os rituais de nascimento são puros de quaisquer ideias de algum ciclo de reencarnações. A transmigração não é um padrão japonês de pensamento. Igualmente, a ideia de nirvana não apenas nada significa para o público em geral, como também os próprios sacerdotes modificam-na a partir da existência. Eruditos sacerdotais declaram que uma vez tenha sido o homem "iluminado" (*satori*), já se encontra no nirvana; o nirvana é aqui e agora, em pleno tempo, podendo "ser visto" num pinheiro ou num pássaro selvagem. Os japoneses sempre se mostraram desinteressados das fantasias de uma vida futura. A sua mitologia fala de deuses, mas não da vida dos mortos. Chegaram mesmo a rejeitar as ideias budistas de recompensas e punições diferenciais após a morte. Qualquer um, até o mais humilde agricultor, torna-se um Buda quando morre. A designação apropriada para as placas memoriais de família no santuário doméstico é "os Budas". Nenhuma outra nação budista usa semelhante linguagem, por conseguinte, quando um país se refere tão audaciosamente aos seus mortos comuns, será bastante compreensível que não prefigure meta tão difícil como o alcance do nirvana. Seja como for, quem se torna um Buda não precisa dedicar-se a atingir a meta da finalidade absoluta através de uma perpétua mortificação da carne.

Igualmente inexistente no Japão é a doutrina de que a carne e o espírito são irreconciliáveis. A ioga é uma técnica para eliminar o desejo e este tem sede na carne. Mas os japoneses não possuem este dogma. Os "sentimentos humanos" não provêm do Maligno e parte da sabedoria consiste no saboreio dos prazeres dos sentidos. A condição única é a de se sacrificar aos deveres sérios da vida. Tal princípio é levado ao seu extremo lógico no tratamento japonês do culto da ioga: não apenas são eliminadas as autotorturas, como também o culto chega a destituir-se de ascetismo. Até mesmo os "iluminados" nos seus retiros, embora fossem chamados de eremitas, habitualmente se instalavam com conforto, em companhia das esposas e dos filhos em encantadores locais no campo. A presença das esposas e mesmo o nascimento de filhos subsequentes eram considerados de todo compatíveis com a sua santidade. Na mais popular das seitas budistas, os sacerdotes não deixam de casar-se e constituir família, pois o Japão jamais aceitou com facilidade a teoria de que o espírito e a carne sejam incompatíveis. A santidade dos "iluminados" consistia nas suas meditações autodisciplinares e na sua simplificação da existência. Não envolvia o uso de vestes sujas, nem o fechar dos olhos às belezas da natureza ou dos ouvidos à beleza dos instrumentos de corda. Os seus santos podiam encher seus dias com a composição de versos elegantes, com o ritual da cerimônia do chá e com "observações" da lua e do florescer das cerejeiras. O culto Zen chega mesmo a instruir seus devotos a evitarem "as três insuficiências: de roupa, de alimento e de sono".

O princípio decisivo da filosofia ioga é também estranho ao Japão: o de que as técnicas de misticismo por ela ensinadas conduzem o praticante a uma união extática com o Universo. Onde quer que tenham sido praticadas no mundo as técnicas de misticismo, seja por povos primitivos ou por dervixes muçulmanos, iogues indianos ou cristãos medievais, todos os que delas se utilizam quase universalmente concordam, não importando o credo, em que se tornam "unos com o divino", experimentando um êxtase que "não é deste mundo". Os japoneses possuem as técnicas de misticismo desprovidas do mesmo. Isto não significa que não experimentam transe. Na verdade o fazem. Mas até mesmo o transe encaram como uma técnica que treina o homem para a "singeleza". Não o consideram como êxtase. O culto Zen nem mesmo diz, como os místicos de outros países, que os cinco sentidos ficam em suspensão durante o transe. Afirmam eles que os "seis" sentidos, através desta técnica, são levados a um estado de extraordinária acuidade. O sexto sentido está localizado na mente e o treinamento leva-o a preponderar sobre os cincos comuns, sendo que gosto, tato, visão, olfato e audição recebem, por seu turno, treinamento especial durante o transe. Consiste um dos exercícios do grupo Zen em ouvir passos silenciosos, e ser capaz de acompanhá-los acuradamente, à medida que passam de um lugar para o outro ou distinguir odores tentadores de comida – expressamente introduzidos – sem interromper o transe. Cheirar, ver, ouvir, tocar e provar "auxiliam o sexto sentido" e, neste estado, aprende-se a tornar "todos os sentidos alertas".

Trata-se, sem dúvida, de um treinamento bastante desusado em qualquer seita de experiência extrassensorial. Mesmo em transe, tal praticante Zen não tenta sair fora de si mesmo, e sim, segundo a frase dos antigos gregos utilizada por Nietzsche, "permanece o que é e conserva o seu nome cívico". Existem muitas vividas expressões desta visão do assunto entre os ditos dos grandes mestres budistas japoneses. Um dos melhores é o de Dogen, o grande fundador do culto do Soto de Zen, do século XIII, que ainda é o maior e o mais influente dos cultos Zen. Falando de sua iluminação (satori), diz ele: "Verifiquei apenas que meus olhos achavam-se horizontais, acima do meu nariz perpendicular ... Nada há de misterioso (na experiência Zen). O tempo passa naturalmente, o sol erguendo-se a leste e a lua pondo-se a oeste".* Os textos Zen tampouco admitem que a experiência do transe confira outro poder além do humano autodisciplinado. "A Ioga alega que diversos poderes sobrenaturais podem ser adquiridos através da meditação", escreve um budista japonês, "no entanto, o Zen não sustenta nenhum absurdo semelhante".**

Desta forma, os japoneses limpam do quadro-negro todas as pressuposições sobre as quais se baseiam as práticas iogas na índia. O Japão, com um amor vital pela finitude que faz lembrar os gregos antigos, considera as práticas técnicas de ioga como um autotreinamento para a perfeição, um meio através do qual o homem possa obter aquela "perícia" em que não existe a espessura de um cabelo entre o agente e o seu feito. É um treino de eficiência, de autoconfiança. Suas recom-

* Nukariya, Kaiten. *The Religion of the Samurai*. Londres. 1913. p. 197.
** Ibid., p. 194.

pensas estão no aqui e no agora, pois permite ao homem defrontar-se com qualquer situação despendendo seus esforços devidamente, nem demais, nem de menos, além de proporcionar-lhe controle de sua mente, sob outros aspectos instável, de modo a que nem o perigo físico de fora, nem a paixão de dentro possa desalojá-lo.

Está claro que tal treinamento é tão valioso para o guerreiro quanto para o sacerdote e precisamente os guerreiros do Japão é que adotaram o culto Zen. Dificilmente se encontrarão noutro lugar que não o Japão técnicas de misticismo executadas sem a recompensa de absorvente experiência mística e apropriadas pelos guerreiros com o fito de treiná-los para o combate corpo a corpo. No entanto, assim tem acontecido desde os primeiros períodos da influência Zen no Japão. O grande livro do fundador japonês, Ei-sai, no século XII, era chamado *A proteção do Estado através da propagação do Zen*, tendo o Zen treinado guerreiros, estadistas, esgrimistas e estudantes universitários visando à obtenção de metas de todo mundanas. Como diz Sir Charles Eliot, nada na história do culto Zen na China forneceu qualquer indicação do futuro que o aguardava como disciplina militar no Japão. "O Zen tornou-se tão japonês como as cerimônias de chá ou as peças Nô. Seria de supor que num período conturbado como os séculos XII e XIII esta doutrina contemplativa e mística, que encontra a verdade não em textos sagrados e sim na experiência imediata da mente humana, florescesse em abrigos monásticos, entre os que houvessem abandonado as tempestades do mundo e não fosse ser aceita como a regra de vida favorita para a classe militar. Entretanto, foi o que sucedeu."*

Muitas seitas japonesas, tanto budistas quanto xintoístas, puseram grande ênfase nas técnicas místicas de contemplação, auto hipnotismo e transe. Algumas delas, porém, apontam o resultado deste treinamento como prova da graça de Deus, e baseiam a sua filosofia no tariki, "ajuda de outro", isto é, de um deus bondoso. Outras, entre as quais Zen é o exemplo supremo, baseiam-se apenas na "autoajuda", jiriki. A força potencial, ensinam elas, jaz apenas no íntimo, e somente pelos próprios esforços é que poderemos aumentá-la. Os samurais

* Eliot, Sir Charles *Japanese Buddhism*. p. 186.

japoneses achavam isso inteiramente apropriado e fosse como monges, estadistas ou educadores – pois desempenhavam todos esses papéis – utilizavam as técnicas Zen a fim de reforçar um rigoroso individualismo. Os ensinamentos Zen eram por demais explícitos. "Zen busca apenas a luz que o homem pode encontrar dentro de si mesmo, não admitindo obstáculo algum a tal empresa. Mantenha afastados todos os obstáculos no seu caminho ... Se Buda surgir na sua estrada, mate-o! Se surgirem os patriarcas, mate-os! Se surgirem os santos, mate-os a todos. Esta é a única maneira de alcançar a salvação."*

Quem busca a verdade nada deve tomar de segunda mão, nenhum ensinamento de Buda, nem escrituras ou teologia. "Os doze capítulos do cânone budista são pedaços de papel." Pode-se estudá-los com proveito, porém, nada têm com o relampagueante clarão na alma, que tão somente é o que proporciona a Iluminação. Num livro Zen de diálogos, um noviço pede a um sacerdote Zen para comentar o sutra do Lótus da Boa Lei. Este forneceu-lhe uma brilhante exposição e o ouvinte disse, sem entusiasmo: "Ora, pensei que os sacerdotes Zen desprezassem textos, teorias e sistemas de explicações lógicas". "O Zen," retorquiu o sacerdote, "não consiste em não saber nada, mas sim na crença de que *saber* está fora de todos os textos e documentos. Você não me disse que queria *saber*, mas apenas que desejava uma explicação do texto".**

O treino tradicional fornecido pelos mestres Zen tinha a finalidade de ensinar os noviços como "saber". Poderia ser físico ou mental, mas deveria finalmente comprovar-se no âmago da consciência do discípulo. O treinamento Zen do esgrimista ilustra bem isto. O esgrimista, sem dúvida, terá de aprender e praticar assiduamente os devidos golpes de espada, mas, sua proficiência neles pertence ao campo da mera "competência". Além disso, deverá aprender a ser *muga*. Põem-no inicialmente de pé no solo, para que se concentre nos poucos centímetros de superfície que sustentam o seu corpo. Esta pequena superfície para se ficar de pé é gradualmente elevada, até que ele

* Citado por E. Steinilber-Oberlin, *The Buddhist Sects of Japan*, London. 1938. p. 143.

** Ibid., p. 175.

aprenda a estar tão à vontade de pé sobre um suporte de um metro e vinte quanto ao nível do solo. Quando se sentir perfeitamente seguro em cima daquele suporte, então é que "sabe". A mente não mais irá traí-lo com vertigem e temor de queda.

Este uso japonês de subida em suporte transforma a conhecida demonstração medieval de ascetismo de São Simeão Estilita numa propositada autodisciplina. Todos os tipos de exercícios físicos no Japão, sejam do culto Zen, ou os exercícios comuns nas aldeias campesinas, passam por este gênero de transformação. Em muitos lugares do mundo mergulhar em água gelada e entrar embaixo de cachoeiras constituem demonstrações padronizadas de ascetismo, às vezes para mortificar a carne, outras vezes para alcançar a compaixão dos deuses, ou ainda para provocar o transe. A demonstração de ascetismo japonesa através do frio consistia em ficar de pé ou sentado embaixo de uma cachoeira de água gelada antes do amanhecer ou banhar-se três vezes durante uma noite de inverno com água gelada. O objetivo, no entanto, era treinar o ser consciente até que se não mais experimentasse desconforto. A finalidade do devoto era treinar-se para continuar a meditação sem interrupção. Quando nem o choque frio da água nem o arrepio do corpo na madrugada fria se gravavam mais em sua consciência, ele seria um "perito". Não havia outra recompensa.

O treino mental tinha de ser igualmente autoadaptado. A pessoa podia associar-se com um mestre, mas este não iria "ensinar" no sentido ocidental, pois nada que um noviço aprendesse de qualquer outra fonte fora de si mesmo tinha qualquer importância. O mestre poderia manter debates com o noviço, porém, não haveria de conduzi-lo suavemente para um novo domínio intelectual, sendo considerado de tanto maior auxílio quanto mais abrupto fosse. Se, imprevisivelmente, o mestre partisse a tigela de chá que o noviço erguia aos lábios, lhe desse uma rasteira ou lhe golpeasse os nós dos dedos com um bastão de metal, o abalo poderia eletrizá-lo para uma revelação íntima repentina, violentando-lhe a autocomplacência. Os livros monásticos estão cheios de incidentes deste tipo.

A técnica preferida para induzir o esforço desesperado do noviço em "conhecer" consistia nos *koan*, literalmente "os problemas". Segundo consta, existem mil e setecentos destes problemas e os livros de anedotas não revelam que alguém se dedicasse durante sete anos à solução de algum deles. Não se destinam a ter soluções racionais. Um deles é "Conceber o bater de uma palma", outro é "Sentir o anseio pela mãe antes da concepção". Contam-se entre outras: "Quem está carregando o corpo sem vida da própria pessoa?", "Quem é que vem caminhando na minha direção?" "Todas as coisas voltam para Uma; para onde volta esta última?" Problemas Zen como esses foram usados na China antes do século XII ou XIII e o Japão adotou tais técnicas junto com o culto. No continente, entretanto, não subsistiram. No Japão, constituem parte extremamente importante do treinamento para "a perícia". Os manuais Zen encaram-nas com a máxima seriedade. "Os koan encerram o dilema da existência." Quem se achar estudando um deles, segundo dizem, atinge um impasse, como "um rato perseguido que se enfiou por um túnel sem saída"; é como se fosse um homem "com um bola de ferro em brasa presa na garganta", "um mosquito tentando morder um pedaço de ferro". Está fora de si e redobra de esforços. Finalmente tomba o anteparo do seu "ser que observa" entre a mente e o problema. Com a rapidez de um relâmpago, os dois – mente e problema – chegam a um acordo. Ele "sabe".

Após essas descrições de esforço mental de corda de arco retesada, constitui um anticlímax percorrer os livros de ocorrências, à cata de grandes verdades alcançadas à custa de todo esse dispêndio. Nangaku, por exemplo, passou oito anos às voltas com o problema "Quem é que vem caminhando na minha direção?" Finalmente ele compreendeu. Suas palavras foram: "Mesmo quando se afirma que há alguma coisa aqui, omite-se o todo". Todavia, verifica-se uma configuração geral nas revelações, sugerida nas falas do diálogo:

Noviço: Como escaparei da Roda do Nascimento e da Morte?

Mestre: Quem o está sujeitando? (isto é, ligando-o a tal Roda.)

O que aprendem, dizem eles, segundo a famosa expressão chinesa, é que "estavam procurando uma vaca e estavam todo o tempo em cima de uma". Aprendem, igualmente, que "O necessário não é a rede e a armadilha e sim o peixe ou o animal a quem esses instrumentos destinavam-se a apanhar". Aprendem, em suma, de acordo com a linguagem oriental, que os dois cornos do dilema são irrelevantes. Aprendem que os objetivos podem ser alcançados com os meios de que se dispõe atualmente se os olhos do espírito estiverem abertos. Tudo é possível, inclusive sem auxílio de ninguém, somente o da própria pessoa.

A importância dos koan não reside nas verdades descobertas por esses buscadores da verdade, que são as de âmbito mundial dos místicos. Reside na maneira como os japoneses concebem a busca da verdade.

Os koan são denominados "tijolos com os quais se bate à porta". "A porta" é a da parede construída em torno da natureza humana ignara, que se preocupa sobre se os meios atuais serão suficientes e cria para si mesma uma nuvem de alertas testemunhas que conferirão louvor ou censura. É o muro da *haji* (vergonha), tão real para todos os japoneses. Uma vez tenha o tijolo abalado a porta, de modo a que se abra, chega-se ao ar livre e ele é jogado fora. Não se prossegue resolvendo mais koan. A lição foi aprendida e solucionado o dilema japonês da virtude. Lançaram-se eles com desesperada intensidade contra um impasse. "Por amor ao treinamento", transformaram-se em "mosquitos mordendo um pedaço de ferro". No final aprenderam que não existe impasse – entre gimu e giri, tampouco entre giri e os sentimentos humanos e entre a dignidade e o giri. Descobriram uma saída. Estão livres e pela primeira vez podem "saborear" completamente a vida. São muga. O seu treinamento de "perícia" teve êxito. Suzuki, a grande autoridade em Zen Budismo, define muga como "um êxtase sem a sensação de que *eu estou fazendo*", "a ausência de esforço".* O "ser que observa" é eliminado, a pessoa "solta-se", isto é, deixa de ser espectador de seus atos. Suzuki diz: "Com o despertar da consciência, a vontade divide-se em dois: ... agente e observador. O conflito é inevitável, pois o agente (ser) deseja libertar-se das limitações" do ser observador. Por conseguinte, na Iluminação o discípulo descobre que não existe o ser observador, "uma entidade de alma como porção incógnita ou incognoscível".** Nada mais resta, a não ser o objetivo e o ato

* Suzuki, Professor Daisetz Teiraro. *Essays in Zen Buddhism*. vol. 3. p. 318 (Kyoto. 1927, 1933, 1934).

** Citado por Eliot, Sir Charles. *Japanese Buddhism*. p. 401.

que o realiza. O estudioso da conduta humana poderia reformular esta asserção, de modo a referir-se mais especialmente à cultura japonesa. Quando criança, a pessoa é drasticamente educada para observar os próprios atos e julgá-los à luz do que os outros vão dizer. O seu ser observador é terrivelmente vulnerável. Para entregar-se ao êxtase da alma, ele elimina este ser vulnerável. Deixa de sentir que "*ele* está fazendo". Sente-se então treinado na alma da mesma maneira que o principiante em esgrima, para manter-se de pé em cima do suporte de um metro e vinte de altura, sem medo de cair.

O pintor, o poeta, o orador e o guerreiro utilizam similarmente este treinamento de muga. Alcançam, não a Infinidade, mas sim uma percepção clara e imperturbável da beleza finita, ou adaptação de meios e fins, de modo a que possam exatamente empregar a quantidade devida de esforço, "nem mais nem menos", para atingir o seu objetivo.

Mesmo uma pessoa que não passou por treino algum poderá ter uma espécie de experiência muga. Quando alguém assiste a peças Nô ou Kabuki e absorve-se inteiramente no espetáculo, é considerado como tendo perdido o seu ser observador. As palmas das mãos tornam-se úmidas. Sente "o suor de muga". Um piloto de bombardeiro que se aproxima do seu objetivo sente "o suor de muga" antes de soltar suas bombas. "*Ele* não está fazendo isto". Não há mais um ser observador em sua consciência. Um artilheiro de peça antiaérea, distraído do mundo ao redor, é igualmente considerado como tendo "o suor de muga" e se desembaraçado do ser observador. Segundo essa ideia, as pessoas em tal estado, em todos esses casos, encontram-se no auge da forma.

Esses conceitos são um testemunho eloquente da pesada ênfase atribuída pelos japoneses à auto-observação e à auto-vigilância. Quando tais restrições desaparecem, sentem-se livres e eficientes. Enquanto os americanos identificam os seus seres observadores com o princípio racional dentro deles, orgulhando-se nas crises de "conservarem o controle de si mesmos", os japoneses sentem como se lhes tivesse caído uma pesada carga do pescoço quando se entregam ao êxtase de suas almas e esquecem das restrições impostas pela auto-observação. Como vimos, a sua cultura incute-lhes na alma a necessidade da circunspecção, tendo os japoneses contrabalançado esse aspecto, declarando haver um plano mais eficiente de consciência humana quando dela se desoneram.

A forma mais extrema dos japoneses formularem este princípio, pelo menos para os ouvidos ocidentais, consiste na maneira por eles excelsamente aprovada do homem "que vive como seja estivesse morto". A tradução literal ocidental seria "o cadáver vivo", o que constitui uma expressão de horror em todos os idiomas do Ocidente. Mediante tal frase declaramos que o ser de um homem morreu, deixando o seu corpo entulhando a terra. Nenhum princípio vital lhe resta. Os japoneses dizem "viver como seja estivesse morto", no sentido de que se vive no plano da "perícia". Repetem-no em exortações comuns diárias. Para animar um menino preocupado com os exames finais da escola média, dir-se-á: "Enfrente-os como se já estivesse morto, que você passará facilmente". Para estimular alguém prestes a empreender uma importante transação comercial, dirá um amigo: "Aja como seja estivesse morto". Quando um homem atravessa uma grande crise de alma, sem conseguir vislumbrar uma saída, quase sempre dela emerge com a determinação de viver "como se já estivesse morto". O grande líder cristão Kagawa, membro da Câmara dos Lordes desde o Dia da Vitória, diz na sua biografia romanceada: "Como um homem possuído de um mau espírito, passava ele todos os dias em seu quarto, chorando. Seus soluços chegavam à beira da histeria. Sua angústia durou um mês e meio, finalmente, porém, a vida venceu a batalha... Ele viveria provido da força da morte... Entraria no combate como alguém que já estivesse morto... Decidiu fazer-se cristão".* Durante a guerra, diziam os soldados japoneses: "Resolvo viver como se já estivesse morto, pagando, desde modo, o *ko-on* ao Imperador", o que incluía promover o próprio enterro antes de embarcar, encomendando o corpo ao "pó de Iwo Jima" e resolvendo "tombar junto com as flores de Burma".

A filosofia subjacente ao muga, igualmente o é quanto a "viver como se já estivesse morto". Neste estado o homem elimina toda a auto-observação e por conseguinte todo o medo e a circunspecção, torna-se igual aos mortos, que ultrapassa-

* Kagawa, Toyohiko. *Before the Dawn*. p. 240.

ram a necessidade de ponderar acerca do rumo devido de ação. Os mortos não estão mais pagando *on*, acham-se livres. Dizer, portanto, "Viverei como seja estivesse morto" significa a libertação suprema do conflito. E, igualmente: "Minha energia e atenção estão prontas a correr livremente para o cumprimento de meu propósito. Meu ser observador, com toda a sua carga de temores, não mais se encontra entre mim e o meu objetivo. Igualmente terminou a sensação de nervosismo e tensão, como também a tendência à depressão que perturbava meus esforços anteriores. Agora tudo é possível para mim".

Em linguagem ocidental, os japoneses na prática do muga e do "estar vivo como se estivesse morto" eliminam a consciência. O que chamam de "ser observador", "o ser interferente", é um censor que julga os atos. Assinala nitidamente a diferença entre a psicologia ocidental e a oriental pelo fato de que, quando falamos de um americano sem consciência, nos referimos a uma pessoa que não mais experimenta a ideia de pecado que deveria acompanhar uma má ação e que, quando um japonês utiliza a expressão equivalente, isto diz respeito a alguém que não mais esteja tenso ou embaraçado. O americano quer referir-se a um homem mau; o japonês, a um bom, uma pessoa treinada, capaz de utilizar da melhor maneira possível suas habilidades. Refere-se a alguém capaz de praticar os mais árduos e extremosos atos de altruísmo. A grande ratificação americana da boa conduta é a culpa. Quem não mais a possa sentir devido à consciência calejada, tornou-se antissocial. Os japoneses diagramam de modo diferente o problema. Segundo a sua filosofia, o homem é bom no íntimo. Se o seu impulso puder ser diretamente corporificado no ato, terá agido virtuosamente, sem preocupações. Para a "perícia" submete-se ele, portanto, a um autotreinamento a fim de eliminar a autocensura da vergonha (haji). Só então é que o seu "sexto sentido" está livre de embaraço. É a libertação suprema do constrangimento e do conflito.

A filosofia japonesa da autodisciplina será excêntrica enquanto for desligada de suas experiências de vivência individual na cultura japonesa. Já vimos quão intensamente esta vergonha (haji) por eles reportada ao ser observador pesa sobre os japoneses, mas o sentido verdadeiro de sua filosofia na sua economia psíquica será ainda obscuro sem uma descrição da educação da criança japonesa. Em qualquer cultura, as sanções morais tradicionais são transmitidas a cada nova geração, não apenas através de palavras, como também das atitudes dos mais velhos com relação a seus filhos, dificilmente podendo alguém de fora entender o enquadramento fundamental de um país na vida sem estudar a maneira como as crianças são ali educadas. A educação da criança japonesa esclarece muitas de suas pressuposições acerca da vida que até agora descrevemos apenas no nível dos adultos.

12. A CRIANÇA APRENDE

Os bebês japoneses não são criados da maneira que um ponderado ocidental possa supor. Os pais americanos, ao educarem seus filhos para uma vida tão menos circunspecta e estoica do que a do Japão, mesmo assim começam de imediato a demonstrar ao bebê que as pequenas vontades não são supremas neste mundo. Enquadramo-lo logo num horário de alimentação e de sono e, por mais que se inquiete antes da hora da mamadeira ou da cama, ele é obrigado a esperar. Pouco mais tarde, a mãe bate-lhe na mão, a fim de fazê-lo tirar o dedo da boca ou de outras partes do corpo. A mãe frequentemente não está à vista e quando ela sai, ele tem de ficar atrás. Tem de ser desmamado antes de preferir outros alimentos, ou, se toma mamadeira, terá de abandoná-la. Há certos alimentos bons para ele, e deverá comê-los. É castigado quando não faz o que é direito. Mais do que natural, portanto, que um americano suponha que tais disciplinas sejam repetidas quanto ao bebezinho japonês que, ao tornar-se um produto acabado, terá de refrear as suas vontades e ser um observador atento e meticuloso de um código tão exigente.

Os japoneses, entretanto, não seguem este caminho. O arco da vida é projetado de forma diferente ao dos Estados Unidos. É uma grande curva em U pouco acentuada, com a máxima liberdade e indulgência concedidas aos bebês e aos velhos. As restrições são lentamente aumentadas após a primeira infância, até que a satisfação da própria vontade atinge uma baixa logo antes e depois do casamento. Nesta linha prossegue por muitos anos, durante o vigor da mocidade, ascendendo gradualmente o arco de novo até que, após os sessenta, homens e mulheres acham-se tão desimpedidos pela vergonha quanto as criancinhas. Nos Estados Unidos viramos de cabeça para baixo esta curva. As disciplinas severas são dirigidas para a criança e aos poucos relaxadas, à medida que esta cresce em força, até passar a dirigir a própria vida ao arranjar um emprego que lhe garanta a subsistência e constituir lar próprio. O vigor da mocidade para nós coincide com o ponto alto de liberdade e iniciativa. As restrições começam a aparecer quando os homens perdem o domínio, a energia, ou se tornam dependentes. É difícil para os americanos sequer imaginar uma vida arranjada de acordo com o padrão japonês. Parece-nos fugir em face da realidade.

As disposições americana e japonesa do arco da vida, no entanto, asseguraram de fato em cada país a participação enérgica do indivíduo na sua cultura, durante o vigor da mocidade. Com o fito de garantir tal finalidade nos Estados Unidos, promovemos o aumento de sua liberdade de escolha durante este período. Os japoneses apelam para a máxima elevação das restrições sobre ele. O fato de que o homem nesta época encontra-se no auge da sua força física e capacidade de trabalho não o torna senhor da própria vida. Confiam eles grandemente em que a repressão é uma boa educação mental (*shuyo*) e produz resultados não alcançados pela liberdade. Mas o aumento das restrições sobre o homem ou a mulher por parte dos japoneses durante os seus períodos produtivos mais ativos de modo algum indica que as mesmas se estendam por toda a vida. A infância e a velhice são "zonas livres".

Um povo tão verdadeiramente permissivo para os filhos é muito provável querer bebês. Os japoneses querem. Querem-nos, antes de tudo, como os pais norte-americanos, porque é um prazer amar uma criança. Mas querem-nos também por motivos muito menos ponderáveis na América. Os pais japoneses precisam de filhos não apenas por satisfação emocional, como também porque terão falhado na vida se não houverem levado avante a linha de família. Todo japonês deve ter um filho. Necessita dele para que preste homenagem diária à sua memória após a morte, no altar da sala de estar, diante da miniatura da pedra tumular. E, igualmente, para perpetuar a linha de família pelas gerações afora, preservando a honra e as possessões familiares. Por motivos sociais tradicionais, o pai precisa do filho quase tanto quanto este daquele. O filho tomará o lugar do pai no futuro, não indo com isto suplantar e sim segurar o pai. Por alguns anos, o pai é o mandatário da "casa". No futuro, será o filho. Se o pai não puder passar o mandato ao filho, terá desempenhado em vão o seu papel. Este profundo senso de continuidade evita que a dependência do filho adulto, mesmo quando continuada tanto mais prolongadamente do que nos Estados Unidos, tenha a aura de vergonha e humilhação tão generalizada nos países ocidentais.

A mulher também quer filhos, não apenas pela satisfação emocional obtida através deles, como também porque só como mãe é que adquire posição social. Uma esposa sem filhos tem uma posição das mais inseguras na família e, ainda que não seja rejeitada, jamais poderá vir a ser uma sogra e exercer autoridade sobre o casamento do filho e a esposa do filho. Seu marido poderá adotar um filho para propagar a sua linhagem, mas de acordo com o modo de pensar japonês a mulher sem filhos continua sendo a prejudicada. As japonesas são tidas como fecundas. A média anual de nascimentos durante a primeira metade da década de 30 deste século foi de 31,7 por 1000, que é elevada mesmo quando comparada com. países prolíficos da Europa Oriental. Nos Estados Unidos, em 1940, a proporção foi de 17,6 por 1000. Além do mais, as mães japonesas começam a ter filhos cedo, sendo que as moças de dezenove anos concebem mais do que as mulheres de qualquer outra idade.

Os nascimentos no Japão são tão reservados quanto as relações sexuais, não devendo as mulheres gritar quando em trabalhos de parto, a fim de não lhes dar publicidade. É preparada uma caminha para o bebê, com colchão e cobertas novas. Seria um mau presságio para a criança não ter a própria cama, mesmo que a família mande apenas lavar a coberta e mudar o estofamento, a fim de torná-los "novos". A colcha da caminha não é tão grossa quanto a dos adultos. É bem mais leve. Por conseguinte, o bebê é considerado como estando mais confortável na própria cama, se bem que a razão mais profunda da cama separada ainda se julgue que resida numa espécie de consideração de ordem mágica: o ser humano novo deve ter sua própria cama nova. O catre do bebê é puxado para junto do da mãe, mas este não dorme com ela senão quando tiver idade suficiente para demonstrar iniciativa. Talvez com um ano de idade, dizem eles, a criança estire os braços e exprima suas vontades. É então que passa a dormir nos braços da mãe, sob as cobertas.

Durante três dias após o nascimento o bebê não é alimentado, pois os japoneses esperam até que venha o leite verdadeiro. Depois disto, poderá ter o seio a qualquer momento, seja para alimento ou comodidade. A mãe, além do mais, gosta de amamentar. Os japoneses estão convencidos de que a amamentação é um dos maiores prazeres fisiológicos e o bebê facilmente aprende a compartilhá-lo com a sua mãe. O seio não é apenas alimento: é prazer e comodidade. Por um mês o bebê fica na sua caminha ou nos braços da mãe. Somente depois de levado ao santuário local e ali apresentado, com a idade de uns trinta dias, é que sua vida passa a ser considerada como firmemente ancorada no corpo, de modo a que possa ser carregado livremente em público com segurança. Depois de um mês, é transportado às costas da mãe. Uma faixa dupla prende-o por baixo dos braços e do traseiro, passando à volta dos ombros da mãe, sendo amarrada à frente, na cintura. No inverno, a mãe usa o seu casaco grosso por cima do bebê. Os filhos mais velhos da família, meninos e meninas, carregam também a criança, mesmo quando brincam, correndo de uma base para outra ou pulando amarelinha. Especialmente os aldeões e as famílias mais pobres dependem das babás e "vivendo em público, como costumam os bebes japoneses, logo adquirem um ar inteligente e atento, parecendo apreciar os jogos das crianças mais velhas tanto quanto os próprios disputantes, sobre cujas costas estão".* O enfaixamento do bebê a cavaleiro nas costas no Japão tem muito em comum com a amarração em xale habitual nas ilhas do Pacífico e em outros lugares. Contribui para o relaxamento dos bebês, que carregados desta maneira, como acontece com os japoneses, crescem com facilidade para dormir em qualquer lugar e de qualquer maneira. Mas a maneira enfaixada japonesa não induz passividade tão completa como a do transporte no xale ou em saco. O bebê "aprende a apegar-se como um gatinho às costas de quem o carregue... As faixas que o prendem são suficientes para a segurança, mas a criança... depende dos próprios esforços para se assegurar de uma posição confortável, logo aprendendo a cavalgar a quem o transporta com notável habilidade, ao invés de ser apenas uma trouxa amarrada aos ombros".**

A mãe deixa o bebê na caminha sempre que está trabalhando e leva-o consigo sempre que sai à rua. Fala com ele. Cantarola. Educa-o para os gestos de etiqueta. Se retribui um cumprimento, movimenta a cabeça e os ombros do bebê para a frente de modo a que ele também saúde. O bebê sempre participa. Todas as tardes ela o leva para o banho quente na banheira e brinca com ele, sobre os joelhos.

Durante três ou quatro meses o nenê usa fraldas, grossos panos acolchoados, a que muitos japoneses atribuem o fato de terem as pernas arqueadas. Quando a criança está com três ou quatro meses, a mãe começa a treinar seus hábitos. Prevê as suas necessidades fisiológicas, segurando-a nas mãos, de fora da porta. Enquanto espera, geralmente assobia baixo e monotonamente, e a criança logo percebe a finalidade daquele estímulo auditivo. Todos concordam em que o bebê, tanto no Japão quanto na China, é treinado muito cedo. Se houver erros, há mães que beliscam a criança, mas geralmente mudam apenas o tom de voz e seguram de fora da porta a criança difícil de ser

* Bacon, Alice Mabel. *Japanese Women and Girls*. p. 6.

** *Op cit*. p. 10.

treinada, em intervalos cada vez mais frequentes. Se houver retenção, a mãe aplica-lhe um clister ou um purgante. Declaram as mães que estão contribuindo para o bem-estar dos bebês: uma vez treinados, não precisarão mais usar as fraldas grossas e incômodas. É verdade que o bebê japonês deve achar incômodas as fraldas, não só por serem grossas, como também porque o costume não determina que elas sejam trocadas sempre que ele as molhe. Todavia, é jovem demais para perceber a ligação entre o treino de hábitos e o livrar-se das fraldas incômodas. Sua única experiência é apenas a de uma rotina inevitável, implacavelmente imposta. Além disso, a mãe tem de manter o bebê afastado do corpo, segurando-o firmemente, O fruto deste treino inexorável é um condicionamento para as compulsões mais sutis da cultura japonesa na idade adulta.*

O bebê japonês geralmente fala antes de andar. O engatinhar é evitado. Havia tradicionalmente a ideia de que a criança não deveria ficar de pé ou caminhar até um ano de idade e a mãe costumava impedir qualquer tentativa. Durante uma década ou duas, através de sua *Mother's Magazine*, barata e de larga circulação, o governo ensinou que o caminhar deveria ser incentivado, tornando-se este muito mais generalizado. As mães passam uma faixa por baixo dos braços da criança ou a seguram com as mãos. Mas os bebês tendem ainda a caminhar mais cedo. Quando começam a usar as palavras, a torrente de fala infantil, com que os adultos gostam de distrair uma criança, torna-se mais intencional. Não deixam à imitação ocasional a aquisição de linguagem por parte do bebê. Ensinam-lhe palavras, gramática e expressões de cortesia, vindo isto a constituir uma brincadeira agradável para a criança e para os adultos.

Quando as crianças começam a andar, são capazes de muitas travessuras num lar japonês. Enfiam os dedos através de paredes de papel e estão sujeitas a cair no buraco da lareira acesa no centro do aposento. Não contentes com isso, os japoneses chegam a exagerar os perigos da casa. É "perigoso" e inteiramente tabu pisar na soleira da porta. Está claro que a casa japonesa não tem

* Geoffrey Gorer assinalou também o papel do treino de *toilette* japonês em *Themes in Japanese Culture*, Relatórios da Academia de Ciências de New York. vol. 5, 1943, p. 106-124.

porão, elevando-se acima do solo, sustentada por vigotas. Acredita-se de fato que a casa toda poderá ser deformada mesmo com o pisar de uma criança na sua soleira. Além disso, deverá aprender a não pisar ou sentar-se na junção das esteiras do chão. Sendo estas de tamanho padronizado, os aposentos ficam conhecidos como "quartos de três esteiras" ou "quartos de doze esteiras". Na junção dessas esteiras, costumam dizer às crianças, os samurais dos tempos antigos enfiavam suas espadas por debaixo da casa, trespassando os ocupantes do aposento. Somente os grossos assoalhos macios de esteira é que proporcionam segurança; até as fendas onde se unem são perigosas. A mãe incute sentimentos de tal espécie nas constantes advertências que faz ao bebê: "Perigoso" e "Mau". A terceira advertência costumeira é "Sujo". A ordem e a limpeza da casa japonesa é proverbial, sendo a criança admoestada para respeitá-la.

A maioria das crianças japonesas não são desmamadas até pouco antes do nascimento do novo bebê, no entanto, a *Mother's Magazine* do governo, anos mais tarde, prescreveu para os oito meses tal providência. As mães de classe média amiúde fazem isto, o que está longe, porém, de ser hábito comum no Japão. Fiéis ao sentimento japonês de que a amamentação constitui grande prazer para a mãe, esses círculos que estão gradualmente adotando o costume consideram tal período mais curto um sacrifício para a mãe em prol da saúde da criança. Aceitando o ditado inédito de que "a criança longo tempo amamentada torna-se fraca", culpam a mãe por comodismo, no caso de não ter desmamado seu bebê. "Diz ela que não consegue desmamar seu filho. A verdade é que não se resolveu. Sua vontade é continuar, pois a satisfação é sua." Com uma atitude dessas, é compreensível que o desmame aos oito meses não se tenha difundido. Há também uma razão prática para o desmame tardio. Os japoneses não têm tradição de alimentos especiais para um bebê recém-desmamado. Se o tiver sido cedo, dão-lhe a água do cozimento do arroz, passando no entanto, geralmente, do leite materno para o passadio comum dos adultos. O leite de vaca não faz parte da dieta japonesa, não sendo preparadas verduras especiais para as crianças. Em tais circunstâncias, é razoável duvidar do acerto do governo em ensinar que "a criança longo tempo amamentada torna-se fraca".

As crianças são geralmente desmamadas logo que sejam capazes de entender o que lhes digam. No colo da mãe, à mesa da família, durante as refeições, foram-lhes servidos bocados de comida; agora, passam a comer mais. Algumas crianças passam a ter problemas de alimentação nesse período, o que é compreensível sendo eles desmamados devido ao nascimento de um novo bebê. As mães costumam oferecer-lhes doces, no intuito de se livrar dos pedidos de aleite. Há as que passam pimenta nos bicos dos seios. O que todas, porém, fazem é provocá-los, assegurando-lhes que se desejam ser amamentados estão se revelando simples bebês. "Veja o seu priminho, que homenzinho ele é, da mesma idade de você e não pede para mamar." "Aquele meninozinho está rindo de você, grande desse jeito e ainda querendo mamar." Crianças de dois, três e quatro anos que ainda pedem o seio da mãe hão de largá-lo e demonstrar indiferença quando tomam conhecimento da aproximação de uma criança mais velha.

Este provocar, este incitar da criança para a idade adulta não se limita ao desmame. No instante em que a criança possa entender o que lhe esteja sendo dito, essas técnicas passam a ser comuns em qualquer situação. Uma mãe dirá para o filhinho, quando este chora: "Você não é menina", ou "Você é um homem", ou ainda "Veja aquele nenê, ele não está chorando". Quando outro bebê vier de visita, ela o acarinhará na presença do filho, dizendo: "Vou adotar este nenê. Quero uma criança assim linda, boazinha, diferente de você, fazendo vergonha nessa idade". E a sua criança se atirará contra ela, amiúde martelando-a com os punhos, exclamando: "Não, não vamos querer outro nenê. Faço o que você está dizendo". Quando a criança de um ou dois anos mostrou-se barulhenta ou desobediente, a mãe dirá para um visitante: "Faz-me o favor de levar embora esta criança? Não queremos saber dela aqui". O visitante desempenha o seu papel. Começa a levar a criança para fora da casa. O bebê grita, chamando para a mãe vir apanhá-lo. Desespera-se. Quando esta acha que a provocação surtiu efeito, cede e retoma o filho, exigindo-lhe a promessa frenética de se comportar direito. A pequena encenação é às vezes feita até mesmo com crianças de cinco a seis anos de idade.

A provocação poderá apresentar outra forma. A mãe volta-se para o marido, falando com a criança: "Gosto do seu pai mais do que você. Ele é um homem bom". O filho dá inteira expressão ao ciúme, tentando meter-se entre o pai e a mãe. Diz a mãe: "Seu pai não grita pela casa, fazendo estrepolias pelos cantos". "Não, não", protesta a criança, "não vou fazer também. Sou bom. *Agora* você gosta de mim?" Quando a brincadeira prolongou-se bastante, o pai e a mãe entreolham-se e sorriem. Costumam provocar desta maneira tanto um filho quanto uma filha, enquanto pequenos.

Essas experiências constituem solo rico para o temor, tão assinalado no adulto japonês, do ridículo e do ostracismo. É impossível dizer-se quando descobrirão as criancinhas que estão sendo alvo de brincadeiras através dessas provocações, o fato é que o farão cedo ou tarde, e quando assim acontecer, a sensação de estar sendo alvo de riso funde-se com o pânico de estarem ameaçadas da perda de tudo o que é seguro e familiar. Quando for um homem crescido, o fato de rirem dele se revestirá dessa aura infantil.

O pânico ocasionado por tais provocações nas crianças de dois a cinco anos é tanto maior já que o lar é realmente um remanso de segurança e indulgência. A divisão de tarefas, físicas e emocionais, é tão completa entre pai e mãe que raramente lhe são apresentados como competidores. Sua mãe ou avó dirige a casa e adverte a criança. Ambas servem ao pai de joelhos, colocando-o numa posição de honra. A ordem de prioridades na hierarquia doméstica é bem definida. A criança aprendeu as prerrogativas de gerações anteriores, as do homem comparadas com as da mulher, as do irmão mais velho com as do mais jovem. Mas neste período de sua vida a criança tira proveito dessas relações. Isto é manifestamente verdadeiro quando se trata de um menino. Para meninos e meninas a mãe é a fonte de satisfações constantes e extremas, porém, no caso de um garoto de três anos, poderá até mesmo descarregar contra ela a sua raiva furiosa. Talvez jamais manifeste qualquer agressão contra o pai, mas tudo o que sentiu quando foi provocado pelos pais, além dos ressentimentos por ter sido "abandonado", poderão ser expressos em acessos de zanga dirigidos contra a mãe e a avó. Evidentemente, não são todos os meninozinhos que têm tais acessos, o fato é, porém, que tanto nas aldeias como nos lares de classes superiores, são eles encarados como uma parte comum da vida da criança entre três e seis anos. O bebê esmurra a mãe, berra e, como ultraje definitivo, desmancha com um puxão o seu querido penteado. A mãe é mulher e ele, mesmo aos três anos, é sem dúvida homem. Pode dar vazão até às suas agressões.

Ao pai deverá somente demonstrar respeito. O pai se constitui num exemplo de elevada posição hierárquica e, segundo a expressão japonesa constantemente empregada, a criança deverá aprender "como treino" o devido respeito para com o mesmo. É muito menos um disciplinador, tendo em vista qualquer nação ocidental. A disciplina da criança cabe à mulher. Ao pai geralmente basta um simples olhar ou uma breve advertência como indicação de seus desejos aos seus filhos, mas são suficientemente raros e prontamente obedecidos. Nas horas livres poderá fazer brinquedos para os filhos. Ocasionalmente leva-os no colo muito depois de já saberem andar – a mãe também o faz – e, em se tratando de filhos nessa idade, assume com toda a naturalidade encargos que um pai americano geralmente reserva à esposa.

As crianças têm de modo geral grande liberdade com os avós, embora sejam estes igualmente alvo de respeito. Não têm eles o papel de disciplinadores. Poderão assumir tal encargo, caso se oponham à tibieza da educação das crianças, o que vem a ser motivo de atrito. A avó da criança geralmente está sempre presente durante as vinte e quatro horas do dia, sendo proverbial nos lares japoneses a rivalidade, com relação às crianças, entre a sogra e a mãe. Do ponto de vista da criança, ela é solicitada por ambas. Do ponto de vista da avó, ela amiúde se utiliza das crianças para dominar a nora. A jovem mãe tem como maior obrigação na vida satisfazer à sogra, não podendo protestar, por mais que os avós estraguem seus filhos. A avó dá-lhes balas após a mãe ter declarado que não devem mais comê-las, observando, de forma mordaz: "*Minhas* balas não são veneno". Em muitas casas, a avó pode dar presentes acima das possibilidades da mãe, tendo mais tempo disponível para dedicar-se ao entretenimento das crianças.

Os irmãos mais velhos aprendem também a comprazer-se com as crianças mais jovens. Os japoneses bem que estão a par do perigo representado pelo chamado "nariz torcido" do bebê quando o outro nasce. A criança desalojada pode facilmente incriminar o recém-chegado pelo fato de lhe ter tido que ceder o seio e a cama maternos. Antes do novo bebê nascer, a mãe diz à criança que agora terá um boneco de verdade e não mais "de fingimento". É avisado de que agora pode dormir com o pai, ao invés de fazê-lo com a mãe, o que é considerado privilégio. As crianças são envolvidas nos preparativos para o novo bebê. Mostram-se elas geralmente de fato excitadas e contentes com ele, no entanto ocorrem alguns deslizes perfeitamente esperáveis que não devem dar maiores cuidados. A criança desalojada poderá apanhar o bebê e sair correndo com ele, dizendo para a mãe: "Vamos dar para alguém este nenê". "Não," responde aquela, "este nenê é nosso. Está vendo, nós todos vamos ser bons para ele. Ele gosta de você. Precisamos que nos ajude a tratar do bebê." A pequena cena às vezes repete-se durante um considerável período de tempo, mas as mães não parecem se preocupar muito com isso. Nas grandes famílias surge automaticamente um remédio para a situação: as crianças alternadas são unidas por laços mais estreitos. A mais velha servirá de babá e protetora da terceira e a segunda da quarta. As crianças mais jovens retribuem. Até as crianças atingirem sete ou oito anos, pouco diferença faz quanto a esta organização o sexo que elas tenham.

Todas as crianças japonesas têm brinquedos. Os pais, as mães e o círculo inteiro de amigos e parentes fabricam ou compram bonecas e demais acessórios para as crianças, sendo que entre a gente mais pobre praticamente nada custam. As crianças pequenas brincam de casa, casamento e festa com eles, após estabelecerem qual será a atuação "certa" dos adultos, submetendo por vezes ao juízo da mãe algum ponto controvertido. Quando sobrevêm disputas, a mãe costuma invocar o lema de *noblesse oblige*, pedindo à criança mais velha que ceda à mais jovem. A expressão habitual é "Por que não perder para ganhar?" Quer ela dizer, e a criança de três anos rápido a compreende, que se a mais velha ceder o brinquedo à mais nova, o bebê logo se fartará, procurando outra coisa, quando então a que foi aconselhada terá o seu brinquedo de volta, embora o tenha cedido. Ou então, quer ela dizer também que aceitando um papel malquisto na brincadeira de criado-patrão que as crianças lhe estão oferecendo há de "vencer" sem dúvida, através da diversão que irão ter. "Perder para ganhar" torna-se uma lógica grandemente respeitada na vida japonesa, mesmo quando já se é crescido.

Além das técnicas de advertência e provocação, a de distrair a criança, desviando-lhe a atenção do seu objeto, tem lugar de destaque há educação infantil. Mesmo a contínua doação de balas é geralmente tida como parte da técnica de distração. À medida que a criança chega à idade escolar, são utilizadas técnicas de "cura". Se um garotinho tem acessos de mau gênio, é desobediente ou barulhento, a mãe leva-o a um santuário xintó ou budista. A atitude de mãe se traduz no seguinte: "Vamos para obter auxílio". Trata-se, às vezes, de uma boa excursão, e o sacerdote encarregado da cura conversa seriamente com o menino, perguntando-lhe o dia do nascimento e os seus problemas. Recolhe-se para orar, regressando a fim de anunciar a cura', às vezes extirpando a travessura sob a forma de um verme ou inseto. Purifica-o e manda-o para casa liberto do mal. "Dura algum tempo", dizem os japoneses. Até mesmo o castigo mais severo sofrido pelas crianças japonesas é considerado "remédio". Consiste em queimar um pequeno cone de pó, o *moxa*, sobre a pele da criança, o que deixa cicatriz permanente. A cauterização através do *moxa* é um antigo e difundido remédio do leste asiático que era também usado tradicionalmente no Japão, para curar dores e sofrimentos. Pode também curar mau gênio e teimosia. Um garotinho de seis ou sete anos pode ser "curado" desta maneira pela mãe ou avó. Poderá até ser usado duas vezes num caso difícil, mas é muito raro a criança receber o tratamento moxa por travessura uma terceira vez. Não é um castigo no sentido de "Se você fizer isso, dou-lhe uma surra". Fere bem mais, no entanto, do que uma surra, e a criança aprende que não pode ser travessa impunemente.

Além desses meios de lidar com crianças insubordinadas, existem praxes para o ensino de habilidades físicas necessárias. Observa-se grande ênfase por parte do instrutor em conduzir fisicamente, com as próprias mãos, a criança através dos movimentos. Esta deve ser passiva. Antes que complete dois anos, o pai dobra-lhe as pernas na posição de sentar correta, pernas dobradas, dorso do pé virado para o chão. De início a criança acha difícil não cair para trás, já que, em especial, uma parte indispensável do treino de sentar é a ênfase na imobilidade. Não deverá remexer-se nem mudar de posição. A maneira de aprender, dizem eles, é relaxar e ser passivo, sendo esta passividade acentuada pela colocação das pernas do pai. Sentar não é a única posição física que deverá ser aprendida. Há também o dormir. O pudor na posição de uma mulher dormindo é tão forte no Japão quanto o de andar nua nos Estados Unidos. Embora os japoneses não sentissem vergonha da nudez no banho até que o governo tentasse introduzi-la durante a sua campanha para conquistar a aprovação dos estrangeiros, sua sensibilidade com relação às posições de dormir é muito intensa. A menina tem de aprender a dormir estendida, de pernas juntas, embora o menino tenha maior liberdade. É uma das primeiras regras a separar o treinamento dos meninos e das meninas. Como quase todas as outras exigências no Japão, é mais rigorosa nas classes superiores do que nas inferiores, declarando a Sra. Sugimoto a respeito de sua educação samurai: "Desde quando posso lembrar-me, sempre tive o cuidado de encostar-me quieta no meu travesseirinho de madeira à noite... As filhas de samurais aprendiam a nunca perder o controle da mente ou do corpo – até mesmo durante o sono. Os meninos podiam estirar-se segundo o caráter *dai*, descuidadamente jogados. As meninas, porém, deviam curvar-se ao recatado e digno caráter *kinoji*, que significa 'espírito de controle'."* Certas mulheres contaram-me como suas mães ou amas arrumavam seus membros para elas, quando as punham na cama à noite.

No ensino tradicional da escrita, também, o instrutor pegava a mão da criança e fazia os ideogramas. Era para "dar-lhe o toque". A criança aprendia a sentir os movimentos controlados e rítmicos antes que pudesse reconhecer os caracteres e muito menos escrevê-los. Na moderna educação de massa este método de ensino é menos acentuado, mas ainda ocorre. A mesura, o manejo dos pauzinhos, o disparar de flechas ou o amarrar de um travesseiro às costas em lugar de um bebê, podem ser

* Sugimoto, Etsulnagaki. *A Daughter of the Samurai.* Doubleday Page and Company, 1926, pp. 15, 24.

todos ensinados movendo-se as mãos da criança e colocando fisicamente o seu corpo na posição correta.

Exceto nas classes superiores, as crianças não esperam ir para a escola antes de brincar à vontade com as outras crianças da vizinhança. Nas aldeias organizam pequenas turmas para brincadeiras antes dos três anos e mesmo em cidades grandes e pequenas brincam com assustadora liberdade, entrando e saindo de veículos em ruas movimentadas. São seres privilegiados. Espairecem pelas lojas, ouvindo as conversas dos adultos, jogando amarelinha ou *hand-ball*. Juntam-se para brincar no santuário da aldeia, seguros sob a proteção do seu espírito padroeiro. Meninos e meninas brincam juntos até irem para a escola e por dois ou três anos mais, no entanto os laços mais estreitos costumam estabelecer-se entre crianças do mesmo sexo e especialmente da mesma idade. Esses grupos de idades (*donen*), especialmente nas aldeias, duram a vida inteira e sobrevivem a todos os outros. Na aldeia de Suye Mura, "à medida que declinam os interesses sexuais, as festas de donen passam a se constituir nos verdadeiros prazeres que restam na vida. Suye (a aldeia) acha: "Os donens são mais chegados do que uma esposa".*

Essas turmas infantis pré-escolares são muito livres entre si. Muitas de suas brincadeiras são descaradamente obscenas segundo o ponto de vista ocidental. As crianças sabem das coisas da vida tanto por causa da liberdade de conversa dos adultos, quanto devido à proximidade das dependências em que vive uma família japonesa. Além do mais, suas mães geralmente chamam a atenção para os órgãos genitais dos filhos quando brincam com eles e lhes dão banho, mesmo quando se trata de meninos. Os japoneses não condenam a sexualidade infantil, a não ser nos locais e companhias errados. A masturbação não é considerada perigosa. As turmas infantis são também bastante livres no lançamento de críticas uns para os outros – que mais tarde seriam insultos – e na jactância – que mais tarde daria motivo a profunda vergonha. "As crianças", afirmam os japoneses, de olhar sorridente, benevolentes, "não sentem vergonha (*haji*)." E acrescentam: "Por isso é que são tão

* Embree, John F. *Suye Mura*, p. 190.

felizes." Define-se aí o grande abismo entre a criança e o adulto, pois, dizer de uma pessoa crescida "Ele não sente vergonha" é o mesmo que considerá-lo destituído de decência.

Crianças em tal idade criticam os lares e as posses uns dos outros e se gabam especialmente dos pais. "Meu pai é mais forte do que o seu", "Meu pai é mais inteligente do que o seu" constituem moeda corrente. Trocam socos por causa dos respectivos pais. Esse tipo de conduta afigura-se bem pouco digno de nota para os americanos, ao passo que no Japão contrasta fortemente com a conversa que as crianças ouvem em torno de si. Todo adulto refere-se ao próprio lar como "minha miserável casa" e à do vizinho como "sua augusta casa"; toda referência à família é como "minha pobre família", enquanto a do vizinho é "sua nobre família". Os japoneses reconhecem que durante muitos anos da infância – desde a época da formação das turmas infantis de brincadeiras até o terceiro ano da escola elementar, quando as crianças estão com nove anos – eles se ocupam constantemente com tais pretensões individualistas. Às vezes é "Eu brincarei de senhor feudal e vocês de meus dependentes", ou "Não, não vou ser criado. Serei senhor feudal". Outras vezes são gabolices pessoais e depreciação dos outros. "São livres de dizer o que desejarem. A medida que a idade chega, descobrem que isto não é permitido e então aguardam até serem solicitados e não mais se jactam."

A criança aprende em casa as atitudes com relação ao sobrenatural. O sacerdote não lhe "ensina" e, geralmente, as experiências de uma criança, quanto à religião organizada, se desenvolvem nas ocasiões em que comparece a uma festa popular onde, juntamente com os demais que ali se encontram, é aspergida pelo sacerdote como purificação. Algumas crianças são levadas a cultos budistas, mas às vezes tal ocorre também em festividades. As experiências constantes e mais profundamente arraigadas da criança para com a religião são sempre as observâncias familiares, centralizadas em torno dos santuários budistas e xintós em seu próprio lar. O que mais chama a atenção é o santuário budista, com as tábuas funerárias da família, perante as quais erguem-se oferendas de flores, ramos de determinada árvore e incenso. Diariamente ali são colocadas oferendas de comida, e os mais idosos familiares anunciam todas as ocorrências da família aos ancestrais e_ inclinam-se diariamente diante do santuário. À noite são acesas ali lampadazinhas. É muito comum as pessoas dizerem que não gostam de dormir fora de casa porque se sentem perdidas sem aquelas presenças presidindo sobre a casa. O santuário xintó geralmente consiste numa simples prateleira dominada por um amuleto do templo de Ise. Outros tipos de oferendas podem ser encontrados ali. Igualmente é de se notar o deus da cozinha, coberto de fuligem, podendo existir alguns amuletos presos às portas e paredes. São proteções que tornam segura a casa. O santuário das aldeias é também um lugar seguro, pois os deuses benevolentes protegem-no com a sua presença. As mães gostam que os filhos brinquem lá, pois é seguro. Nada dentro do âmbito da experiência da criança leva-a a temer os deuses ou modelar a conduta de modo a satisfazer deuses justos ou severos. Deverão ser graciosamente entretidos, em retribuição de seus benefícios. Não são autoritários.

A séria empresa de ajustar um menino aos circunspectos padrões da vida adulta japonesa tão somente se inicia após ter ele frequentado a escola por uns dois ou três anos. Até essa ocasião aprendeu controle físico e quando se mostrou insubordinado, teve a teimosia "curada" e a atenção desviada. Foi discretamente repreendido e alvo de provocação. Entretanto, permitiram-lhe que fosse voluntarioso, a ponto de usar de violência contra mãe. Fomentaram-lhe o pequenino *ego*. Quando começa a ir à escola, não há grandes mudanças. Os três primeiros graus são coeducacionais e o professor, seja homem ou mulher, mima as crianças, igualando-se a elas. Em casa e na escola, porém, maior ênfase é exercida quanto aos perigos de meter-se em situações "embaraçosas". As crianças são ainda muito jovens para a "vergonha", mas precisam aprender a evitar sentirem-se "embaraçadas". O menino da história, por exemplo, que gritou "lobo, lobo", quando não existia nenhum, "enganou as pessoas. Se você fizer uma coisa dessas, os outros não vão confiar em você, o que é um fato embaraçoso". Muitos japoneses afirmam terem sido os seus colegas de escola que primeiro zombaram deles por cometerem erros e não os professores ou pais. A verdadeira missão de seus responsáveis não será, pois, nessa altura, lançarem mão do ridículo à lição moral de viver de acordo com o dever-giri-ao-mundo. As obrigações que antes consistiam, quando a criança tinha seis anos, na terna devoção de um cão fiel – a história do *on* do cachorro bom está, como vimos, em um manual de leitura para crianças de seis anos – aos poucos vão se transformando em séries de restrições. "Se você fizer isto, se você fizer aquilo", dizem os seus responsáveis, "o mundo rirá de você". As regras são específicas e situacionais, grande número delas pertinentes ao que chamaríamos de etiqueta. Exigem a subordinação da vontade de cada um aos deveres sempre crescentes para com os vizinhos, família e país. A criança tem de refrear-se, reconhecer a sua dívida. Passa gradualmente à posição de devedor que deve caminhar circunspecto, a fim de que possa pagar o que deve.

Esta mudança de posição é comunicada ao menino em crescimento através de uma nova e séria extensão do padrão das provocações no transcurso da primeira infância. Quando chega aos oito ou nove anos, a família poderá, em sóbria deliberação, rejeitá-lo. Se o professor informar que ele tenha sido desobediente ou desrespeitoso e lhe houver dado uma nota má em comportamento, a família volta-se contra ele. Se for censurado por alguma travessura por parte de algum lojista, "o nome da família está desonrado". A família cerra-se numa falange acusadora. Dois japoneses conhecidos meus, antes dos dez anos, receberam dos pais a ordem de não voltar mais para casa e sentiram-se envergonhados de procurar os parentes. Tinha sido castigados pelos professores na escola. Nos dois casos, ficaram morando em dependências anexas da casa, onde foram encontrados pelas mães, que finalmente lhes providenciaram o retorno. Os meninos no final da escola elementar ficam às vezes confinados em casa por *kinshin*, "arrependimento", devendo ocupar-se com a obsessão japonesa, a redação de diários. De qualquer modo, a intenção da família é revelar que agora considera o menino o seu representante no mundo e voltam-se contra ele caso tenha sido censurado. Não se aquilatou ao seu dever-giri-ao-mundo. Não pode esperar apoio da família, nem do seu grupo de idade. Os colegas de escola excluem-no por faltas e ele deverá desculpar-se bem como fazer promessas, antes de ser readmitido.

"Cumpre acentuar", diz Geoffrey Gorer, "ser bem pouco comum sociologicamente o grau a que isto é levado. Na maioria das sociedades em que se revela atuante a família ampliada ou outro grupo social fracionado, o grupo geralmente se unirá para proteger um de seus membros que esteja sob censura ou ataque de membros de outros grupos. Contanto que seja mantida a aprovação do próprio grupo, pode-se enfrentar o resto do mundo com a garantia de integral apoio, em caso de necessidade ou ataque. Contudo, no Japão parece suceder o contrário: só se está seguro do apoio do próprio grupo com a condição de que a aprovação seja dada por outros grupos. Se os de fora desaprovam ou censuram, o próprio grupo volta-se contra a pessoa e age como agente punitivo, até ou a menos que o indivíduo possa obrigar o outro grupo a retirar a sua crítica. Através deste mecanismo, a aprovação do "mundo exterior" assume uma importância talvez sem paralelo em qualquer outra sociedade".*

A educação da menina até este ponto não difere em espécie da do menino, por mais que varie nos pormenores. Há, contudo, maiores restrições à irmã do que ao irmão em casa. Impõem-lhe mais deveres – embora o garotinho também possa servir de babá – e sempre lhe cabe a parte menor em matéria de presentes e de atenções. Não tem, tampouco, os acessos de mau gênio dos meninos. Desfrutou, porém, de uma liberdade maravilhosa para uma menina asiática. Vestida de rubro, brincou nas ruas com os meninos, brigou com eles, levando a melhor muitas vezes. Ela também, como criança, "não sentia vergonha". Entre seis e nove anos aprende gradualmente suas responsabilidades para com "o mundo" no mesmo grau que seu irmão e, em muito, através das mesmas experiências. Aos nove anos, as classes da escola são divididas em seções de meninos e de meninas, sendo que os meninos fazem grande alarde de sua nova solidariedade masculina. Excluem as meninas e opõem-se a que as pessoas os vejam falando com elas. Também as meninas são prevenidas pelas mães de que tal amizade é perigosa. Nesta idade elas costumam tornar-se birrentas, arredias e difíceis de ensinar. As mulheres japonesas acham que se trata do fim da "troça infantil". A infância para as

* Gorer, Geoffrey. *Japanese Character Structure*. (Mimeografado), Institute for International Studies, 1943. p. 27.

meninas termina com uma exclusão. Por muitos e muitos anos, nenhum caminho lhes resta senão "dobrar jicho com jicho". A lição irá se prolongando, pelo noivado e após o casamento.

Uma vez aprendidos o jicho e o dever-giri-ao-mundo, os meninos, entretanto, ainda não adquiriram tudo o que se impõe a um japonês adulto. "Desde os dez anos", dizem os japoneses, "aprende ele o giri-devido-ao-nome". Querem dizer, sem dúvida, que aprendem que é uma virtude ofender-se com um insulto. Deve aprender também as regras: quando entrar em acordo com o adversário e quando adotar meios indiretos de lavar a honra. Não creio que eles achem que o menino deva aprender a agressividade sugerida pela conduta relativa ao insulto. Os meninos, a quem foi permitida na primeira infância tanta agressividade com relação às mães e que brigaram com seus companheiros de idade por tantos tipos de calúnias e reclamações, pouco têm de aprender a ser agressivos quando chegarem aos dez anos. Mas o código de giri-devido-ao-nome, ao serem os meninos incluídos sob as suas disposições na adolescência, canaliza a sua agressividade para formas aceitas e proporciona-lhes maneiras específicas de aproveitá-la. Como vimos, os japoneses habitualmente voltam a agressividade contra si próprios, ao invés de usar de violência contra os outros. Até mesmo os meninos de escola não fazem exceção.

Para os meninos que continuam na escola depois dos seis anos do curso elementar – uns 15% da população, embora a proporção na população masculina seja maior – a ocasião em que vão se tornando responsáveis pelo giri-devido-ao-nome é atingida quando, de súbito, são expostos à feroz competição do exame vestibular para a escola média e à concorrência dos alunos em todas as matérias. Não há experiência gradual que valha até aí, pois a competição é reduzida ao mínimo, quase se desvanecendo, na escola elementar e em casa. A nova experiência repentina contribui para tornar a rivalidade amarga e absorvente. A competição por lugar e a suspeita de favoritismo campeiam. Esta competição, porém, não aparece tanto nas histórias da vida de pessoas quanto a convenção existente na escola média dos meninos mais, velhos atormentarem os menores. As classes mais adiantadas da escola média tiranizam as mais jovens, submetendo-as a vários tipos de trotes.

Obrigam-nas a executar acrobacias ridículas e humilhantes. As animosidades são por demais comuns, pois os meninos japoneses não levam essas coisas na pura brincadeira. Um garoto mais jovem que foi forçado a rastejar diante de um veterano e a cumprir incumbências servis odeia o seu torturador e planeja vingança. O fato da vingança ter de ser adiada torna-a ainda mais empolgante. Constitui um giri-devido-ao--nome e é considerada uma virtude. "Às vezes ele consegue, através da influência de família, fazer o seu carrasco ser despedido do emprego anos mais tarde. Outras vezes, aperfeiçoa--se em jiujitsu ou esgrima e humilha-o publicamente numa rua da cidade, após a saída da escola. O fato é que, a menos que chegue algum dia a tirar desforra, conserva o "sentimento de ter deixado algo por fazer", o que constitui o âmago da pugna japonesa do insulto.

Os meninos que não vão para a escola média podem deparar com o mesmo tipo de experiência no seu treinamento militar. Em tempo de paz, um entre quatro rapazes estava servindo e os trotes ministrados aos recrutas do primeiro ano pelos do segundo eram ainda mais rigorosos do que nas escolas médias e superiores. Nada tinham a ver com os oficiais do exército e, afora as exceções, nem mesmo com os oficiais sem designação. O primeiro artigo do código japonês era de que qualquer apelo aos oficiais significava desprestígio. O assunto era resolvido entre os recrutas. Os oficiais consideravam-no um método de "endurecer" os soldados, mas não se envolviam. Os pertencentes ao segundo ano passavam aos do primeiro os ressentimentos acumulados no ano anterior e comprovavam a sua "dureza" através do talento em inventar humilhações. Amiúde se considera os convocados como tendo saído do serviço militar de personalidades mudadas, como "verdadeiros chauvinistas", não consistindo tanto a mudança em lhes terem porventura ensinado qualquer teoria do estado totalitário e tampouco certamente devido a qualquer imposição de chu ao Imperador. A experiência de ter sido obrigado a executar acrobacias ridículas é muito mais importante. Os rapazes educados para a vida familiar à maneira japonesa e acendradamente imbuídos de *amour-propre* facilmente podem tornar-se brutalizados numa situação dessas. Não toleram o ridículo. O que interpretam como rejeição possivelmente os transformará por seu turno em bons torturadores.

O caráter dessas situações japonesas atuais, na escola média e no Exército, se baseia, é claro, em antigos costumes japoneses acerca do ridículo e do insulto. Não foram as escolas média e superior assim como o Exército que originaram a reação japonesa a eles. É fácil verificar como o código tradicional de giri-devido-ao-nome faz os trotes doerem mais acerbamente no Japão do que na América. É igualmente condizente com os padrões antigos o fato de que cada grupo que sofreu trote passará, no devido tempo, o castigo para um grupo de vítimas, não sendo eliminada, porém, a preocupação do rapaz em ajustar as contas com o verdadeiro torturador. O bode expiatório não figura tão periodicamente entre os costumes populares do Japão quanto em tantos países ocidentais. Na Polônia, por exemplo, onde aprendizes e mesmo jovens ceifeiros sofrem duros trotes, o ressentimento não se volta contra os autores do trote e sim contra a turma seguinte de aprendizes e ceifeiros. Os rapazes japoneses buscam, sem dúvida, essa satisfação, contudo estão antes de mais nada interessados na pugna pelo insulto. Os atingidos "sentem-se bem" quando conseguem ajustar as contas com os torturadores.

Na reconstrução do Japão, os líderes desejosos em empenhar-se pelo futuro do seu país fariam bem em voltar especial atenção para os trotes e o costume de obrigar os rapazes a executarem acrobacias difíceis em escolas de pós-adolescentes e no exército. Seria bom que enfatizassem o espírito escolar, mesmo o "elo da velha escola", a fim de acabar com as diferenças entre as classes superiores e as mais atrasadas. No exército deveriam proibir o trote. Ainda que os recrutas do segundo ano insistissem numa disciplina espartana quanto às suas relações com os do primeiro ano, como o fizeram os oficiais japoneses de todos os postos, esta sua atitude não se constituiria num insulto no Japão. O hábito do trote o é. Se nenhum rapaz mais velho na escola ou no exército pudesse impunemente obrigar a um mais jovem a abanar a cauda como um cachorro, imitar uma cigarra cantando ou ficar de pernas para o ar apoiado sobre a cabeça, enquanto os demais comem, constituiria isso uma mudança muito mais efetiva na reeducação do Japão do que contestações da divindade do Imperador ou a eliminação de material nacionalista dos manuais escolares.

As mulheres não aprendem o código do giri-devido-ao--nome, não tendo as modernas experiências da escola média e do exército que têm os rapazes. Tampouco passam por experiências análogas. O seu ciclo de vida é muito mais estável do que o dos irmãos. Desde as primeiras lembranças foram treinadas para aceitar o fato de que os meninos ganham prioridade, atenção e presentes a elas negados. A regra de vida que lhes cabe respeitar nega-lhes o privilégio da autoafirmação. Todavia, como bebês e crianças, compartilharam com os irmãos da vida privilegiada das crianças no Japão. Usaram vestes rubras especiais quando pequenas, cor que evitarão quando adultas, até obterem novamente permissão, ao alcançarem o segundo período privilegiado, aos sessenta anos. No lar poderão ser cortejadas como os irmãos, na disputa entre a mãe e a avó. Seus irmãos e irmãs, além do mais, exigem que uma irmã, como qualquer outro membro da família, "goste mais" deles. As crianças pedem-lhe para demonstrar a sua preferência deixando-os dormir com ela, cabendo-lhe amiúde distribuir seus favores, desde as avós às criancinhas de dois anos. Os japoneses não gostam de dormir sozinhos, podendo uma caminha de criança ser posta à noite ao lado da de um adulto escolhido. A prova de que "você gostou mais de mim" naquele dia consiste amiúde em estarem as camas dos dois arrastadas uma junto da outra. As meninas têm direito a compensações, mesmo durante o período em que são excluídas dos grupos de brincadeiras dos meninos, aos nove ou dez anos de idade. Sentem-se atraídas por novos tipos de penteados e, dos catorze aos dezoito anos, esses penteados estão entre as coisas mais esmeradas no Japão. Atingem a maioridade quando podem usar seda, ao invés de algodão, e quando são envidados todos os esforços para provê-las de roupas que lhes realcem os encantos. Nesse sentido conseguem as meninas algumas satisfações.

Igualmente, a responsabilidade pelas restrições que lhes são exigidas é depositada diretamente sobre elas e não investida em algum progenitor arbitrariamente autoritário. Os pais exercem suas prerrogativas não através de castigos corporais, mas sim através de sua expectativa calma e constante de que a menina corresponderá ao que dela se espera. Vale citar um exemplo extremo desse treinamento por revelar tão bem o gênero de pressão não autoritária, outro dos característicos da educação menos severa e privilegiada. Desde a idade dos seis anos, a pequena Etsu Inagaki aprendeu a decorar os clássicos chineses, ensinados por um sábio erudito confuciano.

> Durante a minha lição de duas horas, exceto quanto às mãos e lábios, ele nem por milímetros se moveu. Fiquei eu sentado diante dele na esteira, em posição igualmente correta e imóvel. A certa altura me movi. Foi em meio a uma lição. Por alguma razão, agitei-me, balançando o corpo ligeiramente, permitindo que o meu joelho dobrado escorregasse um pouco do ângulo certo. Um vislumbre de surpresa passou pelo rosto do meu instrutor. Em seguida, com toda a calma, porém, de ar severo, disse ele: "Senhorinha, é evidente que a sua atitude mental de hoje não está apropriada ao estudo. Deve retirar-se para o seu quarto e meditar." Meu coraçãozinho quase morreu de vergonha. Nada eu podia fazer. Curvei-me humildemente diante do retrato de Confúcio e depois perante meu mestre, recuando, a seguir, respeitosamente para fora da sala, fui vagarosamente apresentar-me ao meu pai, como sempre fazia, no final de minha lição. Meu pai mostrou-se surpreso, já que a hora ainda não chegara e o seu instintivo comentário "Que rápida foi a sua lição!" soou como um toque mortal. A lembrança daquele momento dói até hoje como a ferida.*

E a Sra. Sugimoto sintetiza uma das mais características atitudes entre familiares do Japão, ao referir-se, em outro trecho, a uma avó:

> Serenamente esperava ela que todos procedessem conforme ela aprovasse; não havia repreensão nem discussão, apenas a sua expectativa, branda e consistente como a seda, mantendo a pequena família nos caminhos que lhe pareciam certos.

Uma das razões por que esta "expectativa, branda e consistente como a seda" pode ser tão eficaz se prende a que a educação seja tão explícita quanto a todas as artes e habilidades. O *hábito* é que é ensinado, não apenas as regras. Quer seja o uso correto dos pauzinhos na infância, as maneiras adequadas de entrar numa sala, a cerimônia do chá ou a massagem posterior na vida, os

* Sugimoto, Etsu Inagaki. *A Daughter of the Samurai*. Doubleday Page and Company, 1926, p. 20.

movimentos são executados reiterada e literalmente sob as mãos dos adultos, até se tornarem automáticos. Estes não acham que as crianças irão "pegar" os hábitos corretos quando chegue a época de empregá-los. A Sra. Sugimoto narra como punha a mesa para o marido, após haver noivado aos catorze anos. Nunca vira o futuro marido. Ele se encontrava nos Estados Unidos e ela em Echigo, mas vezes sem conta, sob as vistas da mãe e da avó, "cozinhei a comida de que meu irmão nos disse que Matsuo gostava especialmente. Sua mesa foi colocada junto à minha e providenciei para que fosse servida sempre antes da minha. Deste modo aprendi a estar atenta ao conforto de meu marido em perspectiva. Minha avó e minha mãe falavam sempre como se Matsuo estivesse presente e eu cuidava do traje e do comportamento como se assim ocorresse. Assim aprendi a respeitá-lo e à minha posição de esposa".*

O rapaz também recebe cuidadoso treinamento do hábito, através do exemplo e da imitação, embora menos intensivo do que o da moça. Uma vez tenha "aprendido", não se aceita desculpa alguma. Contudo, após a adolescência, num importante estágio de sua vida, ele é deixado em grande parte entregue à própria iniciativa. Os seus responsáveis não lhe ensinam hábitos de cortejar. O lar é um círculo de onde está excluída toda a conduta amorosa, sendo extrema a segregação de meninos e meninas não aparentados, desde os nove ou dez anos. O ideal do japonês é o de que os pais lhe arranjarão um casamento antes que esteja realmente interessado em sexo, sendo portanto conveniente que um rapaz seja "acanhado" na sua conduta junto às moças. Nas aldeias verifica-se uma grande quantidade de provocações quanto ao assunto, o que de fato torna os rapazes "acanhados". Mas eles tentam aprender. Antigamente, e mesmo recentemente nas aldeias mais isoladas do Japão, muitas moças, às vezes a grande maioria, engravidava antes do casamento. Essa experiência pré-matrimonial era uma "zona livre", não relacionada com a parte séria da vida. Os pais deviam arranjar os casamentos sem referência a tais casos. Hoje em dia, porém, conforme declarou um japonês ao Doutor Embree, em Suye Mura, "Até mesmo uma criada tem edu-

* *A Daughter of the Samurai*, p. 92.

cação suficiente para saber que deve conservar a sua virgindade". Ademais, a disciplina dos rapazes que vão para a escola média é rigorosamente orientada contra qualquer tipo de associação com o sexo oposto. A educação japonesa e a opinião pública procuram evitar a familiaridade pré-matrimonial entre os sexos. Em seus filmes, são considerados "maus" os rapazes que revelam sinais de estarem à vontade com uma jovem; os bons são aqueles que, aos olhos americanos, mostram-se bruscos e até mesmo indelicados para com uma moça bonita. Estar à vontade com uma moça significa que esses rapazes "andaram por aí" ou frequentaram gueixas, prostitutas ou artistas de café-concerto. A casa das gueixas é a "melhor" maneira de aprender porque "ela o ensina. É só o homem relaxar e apenas observar". Não precisa ter medo de revelar-se desajeitado, sendo que não se espera tenha relações sexuais com a gueixa. Mas não são muitos os rapazes japoneses capazes de custear uma ida à casa de gueixas. Podem ir aos cafés e observar como os homens lidam com as moças, no entanto isto não constitui o tipo de educação que aprenderam a aspirar em outros campos. Os rapazes conservam por longo tempo o seu temor ao desaire. O sexo é um dos poucos setores de suas vidas onde têm de aprender algum novo tipo de conduta sem a tutelagem pessoal de responsáveis acreditados. Famílias de posição providenciam para o jovem par, na ocasião do casamento, "livros de noivos" e quadros com muitos retratos pormenorizados, pois, conforme disse um japonês: "Pode-se aprender nos livros da mesma maneira como se aprendem as regras para fazer um jardim. O seu pai não lhe ensina como fazer um jardim japonês; é um passatempo que se aprende quando se é mais velho". A justaposição de sexo e jardinagem como duas coisas que se aprendem dos livros é interessante, muito embora a maioria dos jovens japoneses aprenda o comportamento sexual de outras maneiras. Seja como for, não aprendem através de meticulosa tutelagem dos adultos. Esta diferença de treinamento assinala para o rapaz a opinião japonesa de que o sexo é um setor afastado da parte séria da vida presidida pelos mais velhos e para a qual educam meticulosamente seus hábitos. É um setor de autossatisfação por ele dominada com muito receio de constrangimento. São dois setores com regras diferentes. Após o casamento ele poderá desfrutar de prazeres sexuais alhures, sem nada de sorrateiro, e, assim procedendo, não infringe os direitos da esposa nem ameaça a estabilidade do casamento.

A esposa não tem o mesmo privilégio. O seu dever consiste na fidelidade ao marido. Ela teria de ser sorrateira. Mesmo quando possa ser tentada, são comparativamente poucas as mulheres que vivem no Japão com o isolamento suficiente para permitir um caso amoroso. As mulheres consideradas nervosas ou instáveis são tidas como portadores de *hysteri*. "O problema mais frequente das mulheres prende-se não à sua vida social, e sim à sexual. Muitos casos de loucura e a maioria dos de *hysteri* (nervosismo, instabilidade) são claramente devidos a desajustamentos sexuais. Uma moça deverá receber o que o marido lhe vá dar de satisfação sexual."* A maioria das doenças das mulheres, afirmam os fazendeiros em Suye Mura, "começa no ventre" e depois sobe à cabeça. Quando o marido volta o seu interesse para fora de casa, ela poderá recorrer ao autorizado costume japonês da masturbação, dando as mulheres grande valor aos tradicionais utensílios para tal propósito, desde as aldeias campesinas aos lares dos poderosos. Nas aldeias, ademais, permitem-lhe certas exuberâncias de conduta erótica, uma vez tenha tido filho. Antes de ser mãe, é incapaz de um gracejo a respeito de sexo, mas depois, e à medida que vem a idade, a sua conversa numa reunião mista é repleta deles. Além disso, diverte ela a todos com danças sexuais bastante livres, sacudindo para a frente e para trás os quadris, ao acompanhamento de canções irreverentes. "Tais desempenhos provocam invariavelmente gargalhadas estrepitosas". Aliás, em Suye Mura, quando os recrutas eram recebidos nos arredores da aldeia, de volta do serviço militar, as mulheres vestiam-se de homens, diziam gracejos obscenos e fingiam violar mocinhas.

Por conseguinte, quanto mais modestamente nascidas as mulheres japonesas, tanto mais lhes são concedidos certos tipos de liberdade concernentes a assuntos sexuais. Devem elas respeitar muitos tabus durante a maior parte de suas vidas,

* Embree J.F. *Suye Mura*, p. 175.

não existindo, porém, nenhum que lhes exija negar que conhecem as coisas da vida. Quando apraz aos homens, mostram-se obscenas. Do mesmo modo, mostram-se assexuadas. Quando atingem a idade madura, poderão desprezar os tabus e, se forem de origem modesta, tornar-se tão licenciosas quanto os homens. Os japoneses visam a conduta adequada às várias idades e ocasiões, mais do que a consistência dos caracteres, com a "mulher pura" e a "sirigaita" do Ocidente.

O homem também tem as suas exuberâncias, como também as zonas em que é exigida grande restrição. Beber em companhia masculina, especialmente com assistência de gueixas, é uma satisfação das mais apreciadas. Os japoneses gostam de ficar ligeiramente ébrios, não havendo regra que solicite de um homem aguentar imperturbável a ingestão do que beba. Relaxam as suas atitudes formais após pequenas doses de *sake* e gostam de se apoiar uns nos outros, com maior intimidade. Raramente se mostram violentos ou agressivos quando embriagados, embora os mais intratáveis possam tornar-se belicosos. Afora essas "zonas livres" como a bebida, nunca deverão os homens mostrar-se, como dizem eles, inesperados. Referir-se a alguém, em meio à condução séria de sua vida, como inesperado é o mais próximo que um japonês chega de uma imprecação, à exceção da palavra "idiota".

As contradições assinaladas no caráter japonês pelos ocidentais são compreensíveis dada a sua orientação na infância, que produz uma dualidade em sua perspectiva de vida, onde nenhum dos lados pode ser desprezado. Através de sua experiência de privilégio e de equilíbrio psicológico na primeira infância, eles conservam em meio a todas as disciplinas da vida ulterior, a lembrança de uma vida mais despreocupada, quando "não sentiam vergonha". Não precisam pintar um céu no futuro, já o têm no passado. Reformulam a infância com a sua doutrina da bondade inata do homem, da benevolência dos seus deuses e da incomparável excelência de ser japonês. O mais fácil para eles é basear a sua ética em interpretações extremas da "semente de Buda" em cada homem e de todos eles transformarem-se em kami por morte, o que lhes confere positividade e certa autoconfiança. Sublinha-lhes a frequente disposição de empreender qualquer tarefa, por mais acima que possa parecer de sua capacidade. Sublinha-lhes a sua prontidão em opor o seu julgamento até mesmo ao próprio Governo, testemunhando-o através do suicídio. Ocasionalmente os leva à megalomania de massa.

Gradualmente, completos seis ou sete anos de idade, impõe-se-lhes a responsabilidade da circunspeção e do "sentir vergonha", apoiada pela mais drástica das sanções: a de que a própria família se voltará contra eles se falharem. Não se trata de uma pressão de disciplina prussiana, porém, é inevitável. Durante o seu privilegiado período inicial, preparou-se o terreno para tal evolução, tanto através da ineludível educação de hábitos e atitudes infantis, como mediante a provocação dos pais, a ameaçarem de rejeição a criança. Essas experiências prematuras preparam a criança para aceitar grandes restrições impostas, ao lhe dizerem que o mundo há de rir dela e rejeitá-la. Amortalha ela então os impulsos que antes tão livremente expressou, não por serem maus e sim por inadequados no momento. Está, agora, ingressando na vida séria. A medida que lhe vão negando os privilégios da infância, asseguram-lhes as recompensas de uma idade adulta cada vez mais excelente, porém, jamais verdadeiramente se desvanecem as experiências daquele primitivo período. Recorre largamente a elas na sua filosofia de vida. Igualmente a elas se reporta em sua licença quanto aos "sentimentos humanos". E de novo as experimenta por toda a idade adulta, nas suas "zonas livres" de existência.

Há uma notável continuidade ligando os períodos inicial e posterior da vida da criança, qual seja, a grande importância em ser aceita por seus semelhantes. É isto, e não um padrão absoluto de virtude, que nela é incutido. Na primeira infância a mãe a levava para a sua cama, ao atingir a idade em que fosse capaz de pedir; como sinal de ascendência na afeição materna, contava as balas que recebia juntamente com os irmãos e irmãs; rápido observava uma vez fosse omitido, indagando até mesmo à irmã mais velha: "Você gosta *mais* de mim?" Num período posterior pedem-lhe para renunciar mais e mais às satisfações pessoais, sendo a recompensa prometida a de que será apoiada e aceita pelo "mundo". O castigo consistirá no mundo rir dela. Está claro ser esta uma sanção invocada na educação infantil de muitas culturas, porém, no Japão é ela excepcionalmente grave. A rejeição pelo "mundo" foi dramatizada para a criança através da provocação dos pais, ameaçando livrar-se dela. Por toda a sua vida, o ostracismo é mais temido do que a violência, daí mostrar-se ela alérgica a ameaças de situações ridículas e rejeição, mesmo quando apenas as invoca na mente. Por haver poucas possibilidades de isolamento na comunidade japonesa, passa a não ser fantasia alguma, aliás, que "o mundo" saiba praticamente tudo o que uma criança faz, podendo rejeitá-la, caso desaprove. Até mesmo a construção da casa japonesa – as delgadas paredes que permitem a passagem de sons, habitualmente corridas durante o dia – torna a vida privada extremamente pública para os que não podem ter muro e jardim.

Certos símbolos usados pelos japoneses ajudam a elucidar os dois lados de seu caráter, estribados na descontinuidade de sua educação infantil. O lado erigido no período mais antigo é o do "ser sem vergonha", testando eles até que ponto o conservaram ao fitarem no espelho os próprios rostos. O espelho, dizem eles, "reflete a pureza eterna". Não alimenta a vaidade, nem reflete o "ser perturbador". Reflete as profundezas da alma. A pessoa deveria ver ali o seu "ser sem vergonha". No espelho ela vê os próprios olhos como a "porta" da alma e isto a ajuda a viver como um "ser sem vergonha". Vê ela ali a imagem idealizada dos pais. Conta-se de homens que trazem sempre consigo um espelho para tal propósito, fala-se até mesmo de um que instalou um espelho especial no seu santuário doméstico a fim de contemplar-se e examinar a alma, sacralizando-se e adorando-se. Era desusado, mas tratava-se, contudo, de apenas um pequeno passo a dar, pois em todos os santuários domésticos xintós figuram espelhos como objetos sagrados. Durante a guerra, a rádio japonesa transmitiu um hino especial de louvor para uma classe de alunas que comprara um espelho. Não se cogitava fosse um sinal de vaidade, sendo antes apresentado como uma nova forma de dedicação a serenos propósitos nas profundezas de suas almas. Olhar nele constituía um rito externo, a testemunhar a virtude de seu espírito.

Os sentimentos japoneses concernentes ao espelho originam-se do tempo antecedente ao "ser observador" haver sido incutido na criança. Eles não veem o "ser observador" no espelho. Ali os seus seres mostram-se espontaneamente bons, conforme eram na infância, sem a guiada "vergonha". O mesmo simbolismo atribuído por eles ao espelho constitui igualmente a base de suas ideias de "perita" autodisciplina, em que se treinam com tanta persistência a fim de eliminar o "ser observador" e recuperar a retidão da primeira infância.

A despeito de todas as influências que uma privilegiada primeira infância exerce sobre os japoneses, as restrições do período subsequente, quando a vergonha passa a ser a base da virtude, não são apenas encaradas como privações. Como vimos, o auto sacrifício vem a se constituir num dos conceitos cristãos mais amiúde contestados por eles: repudiam a ideia de que se estejam sacrificando. Ao invés disso, mesmo em casos extremos, os japoneses falam de morte "voluntária" em pagamento de chu, ko ou giri, o que para eles não parece se enquadrar na categoria de auto sacrifício. Uma morte voluntária dessas, dizem eles, alcança um objetivo que a própria pessoa almejou. De outro modo teria sido uma "morte de cão", o que para eles significa uma morte inútil e não o que em nosso idioma se entende como morte na sarjeta. Linhas menos extremas de conduta, ademais, que para nós se denominam de auto sacrifício, em japonês pertencem à categoria da dignidade. A dignidade (jicho) quer dizer sempre restrição, que, aliás, é tão valiosa quanto aquela. Grandes coisas somente podem ser alcançadas através do autodomínio, sendo que a ênfase americana sobre a liberdade como requisito indispensável à consecução jamais lhes pareceu, com as suas experiências diferentes, como sendo adequada. Aceitam como principal doutrina em seu código a ideia de que através do autodomínio tornam-se eles mais valiosos. De que outro modo conseguiriam controlar suas perigosas individualidades, cheias de impulsos, prontas a irromperem, desordenando uma vida decente? Como disse um japonês:

> Quanto mais camadas de verniz são lançadas sobre a base, através de diligente trabalho pelos anos afora, tanto mais valioso resulta o laqueado como obra acabada. Assim é com um povo … Diz-se dos

russos: "Raspe um russo que por baixo encontrará um tártaro." Com igual justiça se poderia dizer dos japoneses: "Raspe um japonês, tire todo o verniz, que encontrará um pirata." Entretanto, não deve ser esquecido que no Japão o verniz é um produto valioso, um subsídio ao artesanato. Nada tem ele de ilegítimo, não se trata de um reboco a cobrir defeitos. Pelo menos, vale tanto quanto a substância que adorna.*

As contradições da conduta masculina japonesa, tão patentes para os ocidentais, verificam-se devido à descontinuidade de sua criação, que lhes deixa na consciência, mesmo após todo o "envernizamento" por que passam, a marca profunda de um período em que foram como pequenos deuses no seu pequeno mundo, quando tinham a liberdade de satisfazer até mesmo às suas agressões, e quando todas as satisfações pareciam-lhes ao alcance. Devido a este dualismo profundamente arraigado, oscilam eles, quando adultos, dos excessos do amor romântico à mais completa submissão à família. Podem entregar-se aos ócios e prazeres, por mais compromissos que tenham. O seu treino de circunspeção torna-os um povo amiúde tímido em suas ações mas, no entanto, são valentes, a ponto de temerários. Ainda que se revelem notavelmente submissos em situações hierárquicas, tal não significa que sejam de pronto dóceis a um controle de cima. A despeito de toda a sua cortesia, são capazes de conservar arrogância. Mesmo aceitando uma fanática disciplina no Exército, não deixam por isso de ser insubordinados. Em se mostrando ardentemente conservadores, não há dúvida de que se revelam atraídos por caminhos novos, como vêm sucessivamente demonstrando na sua adoção dos costumes chineses e da cultura ocidental.

O dualismo de seus caracteres origina tensões às quais diferentes japoneses respondem de diferentes maneiras, embora cada um esteja elaborando a própria solução do mesmo problema essencial de reconciliar a espontaneidade e aceitação experimentadas na primeira infância com as restrições que prometem segurança mais tarde na vida. Muitos têm dificuldades em resolver este problema. Alguns asseguram-se conduzindo suas vidas como pedantes, temendo intensamente qualquer encontro espontâneo com a vida. Tanto maior é o receio, já que a espon-

* Nohara, Komakichi. *The True Face of Japan*. Londres, 1936, p. 243

taneidade não constitui fantasia e sim algo que outrora experimentaram. Conservam-se distantes e, uma vez aderindo às regras de que se apossaram, parece-lhes ter se identificado com tudo o que se refere à autoridade. Outros são mais desligados. Temem a própria agressividade que represam na alma, recobrindo-a com uma delicada conduta superficial. Costumam ocupar os pensamentos com minúcias triviais, a fim de afastar a consciência dos seus sentimentos verdadeiros. Mostram-se maquinais no desempenho de uma rotina disciplinada, fundamentalmente sem sentido para eles. Outros, mais absorvidos pela primeira infância, sentem uma angústia devoradora frente a tudo que lhes é exigido como adultos e tentam aumentar a sua dependência quando não mais adequada. Sentem que qualquer fracasso constitui uma agressão contra a autoridade e qualquer esforço os coloca em grande agitação. Situações imprevistas impossíveis de serem governadas pelo hábito são apavorantes para eles.*

São estes os perigos característicos a que estão expostos os japoneses, quando a sua angústia concernente à rejeição e censura revela-se excessiva para eles. Quando não se acham oprimidos, demonstram em suas vidas tanto a capacidade de gozá-las como o cuidado de não pisar nos pés dos demais, o que lhes foi incutido pela educação. É um feito assaz notável. A sua primeira infância proporcionou-lhes positividade, sem despertar nenhum opressivo sentimento de culpa. As restrições posteriores foram impostas em nome da solidariedade para com os semelhantes e as obrigações são recíprocas. Existem "áreas livres" assinaladas, onde a vida impulsiva pode ser satisfeita ainda, por mais que as outras pessoas venham a interferir com os seus desejos em determinados assuntos. Os japoneses sempre foram famosos pelo prazer que extraem das coisas simples: contemplação do florescer das cerejeiras, a lua, os crisântemos ou a neve recém-caída, a guarda de insetos engaiolados em casa, para ouvi-los "cantar", escrever versinhos, fazer jardins, arrumar as flores e beber o chá cerimonial. Não se trata, pois, de atividade de um povo profundamente perturbado e agressivo. Tampouco se entre-

* Casos baseados em testes de Rorschach, ministrados em japoneses do campo de recolocação de guerra pela Dra. Dorothea Leighton e analisados por Francês Holter.

gam com relutância a seus prazeres. Uma comunidade rural japonesa nos tempos felizes, anteriores ao embarcar do Japão na sua desastrosa Missão, poderia mostrar-se, nas suas horas de ócio, tão alegre e eufórica como a de qualquer outro povo e, nas suas horas de trabalho, tanto mais laboriosa.

Mas os japoneses exigem muito de si. A fim de evitar as grandes ameaças de ostracismo e difamação, têm de abrir mão de satisfações pessoas que se acostumaram a apreciar. Nos negócios importantes da vida, devem pôr debaixo de chaves tais impulsos. Os poucos que violam esse padrão correm o risco de perder até mesmo o respeito próprio. Os que se respeitam (jicho) traçam o seu curso não entre "bom" e "mau", mas sim entre "homem esperado" e "homem inesperado", imergindo as suas exigências pessoais na "expectativa" coletiva. São estes os homens bons que "sentem vergonha (haji)" e são continuamente circunspetos, os que honram suas famílias, suas aldeias e o seu país. As tensões assim geradas são enormes, expressando-se num nível elevado de aspiração que fez do Japão um líder no Oriente e uma grande potência no mundo. Constituem elas, porém, um grande esforço para o indivíduo. Os homens devem estar sempre vigilantes temendo cair ou que alguém deprecie seus desempenhos num rumo de ação que lhes custou tanta abnegação. Às vezes há os que explodem nos atos mais agressivos. São levados a eles não quando os seus princípios ou a sua liberdade são desafiados, como acontece com os americanos, mas sim quando pilham algum insulto ou difamação. Entram aí em erupção os seus lados perigosos, atiçados contra o detrator, se for possível ou, então, contra si mesmos.

Os japoneses pagaram um preço elevado por seu modo de viver, recusando a si próprios pequenas liberdades, com que contam os americanos, tão incondicionalmente quanto o ar que respiram. Devemos lembrar-nos que, agora que os japoneses visam à *de-mok-ra-sie* desde a sua derrota, o quão inebriante poderá ser para eles agir simples e inocentemente conforme se queira. Ninguém expressou melhor isto do que a Sra. Sugimoto, descrevendo o jardim plante-como-quiser que lhes deram na escola missionária de Tóquio, para onde foi enviada, a fim de aprender inglês. Os professores deixaram que cada menina tivesse um pedaço de terreno inculto e as sementes que quisesse.

Este jardim plante-como-quiser forneceu-me um sentimento inteiramente novo de direito pessoal... O próprio fato de que uma felicidade dessas pudesse existir no coração humano constituía uma surpresa para mim... Eu, sem violação alguma da tradição, sem mancha alguma para o nome de família, sem choque algum para meus pais, professores, gente da cidade, sem prejuízo para ninguém no mundo, estava livre para agir.*

Todas as outras meninas plantaram flores. Ela dispôs-se a plantar... batatas.

Ninguém imagina a sensação de arrojada liberdade que me deu este ato disparatado... O espírito da liberdade veio bater-me à porta. Era um novo mundo.

Em minha casa havia uma parte do jardim tida como inculta... Mas alguém sempre se achava aparando os pinheiros ou cortando a sebe, sendo que todas as manhãs Jiya lavava as pedras de pisar e, após varrer debaixo das árvores, espalhava cuidadosamente agulhas novas de pinheiros, apanhadas na floresta.

Este estado selvagem simulado comparava-se, para ela, à simulada liberdade de vontade em que fora educada. E o Japão inteiro estava repleto dela. Todo penedo meio-enterrado dos jardins japoneses foi cuidadosamente escolhido, transportado e instalado sobre uma plataforma oculta de pedrinhas. Sua colocação é cuidadosamente calculada com relação ao rio, à casa, aos arbustos e às árvores. Do mesmo modo, os crisântemos são cultivados em vasos e preparados para as exposições florais anuais, com cada pétala perfeita separadamente disposta pela mão do cultivador e amiúde mantida no lugar por uma minúscula armação de arame invisível inserida na própria flor.

O arrebatamento da Sra. Sugimoto quando teve a oportunidade de dispensar a armação de arame foi venturoso e inocente. O crisântemo cultivado no vasinho, submetido à disposição meticulosa de suas pétalas, descobriu a alegria pura de ser natural. Mas hoje em dia entre os japoneses, a liberdade de ser "inesperado", de contestar as sanções de haji (vergonha), poderá abalar o delicado equilíbrio de seu modo de viver. Sob uma nova disposição terão de ir se inteirando de novas san-

* *A Daughter of the Samurai*, pp. 135-136.

ções. E a mudança é custosa. Não é fácil elaborar novas pressuposições e novas virtudes. O mundo ocidental nem poderá supor que os japoneses cheguem de pronto a assumi-las e assimilá-las, nem irá imaginar que o Japão não acabe elaborando uma ética mais livre e menos rigorosa. Os nisseis dos Estados Unidos já perderam o conhecimento e a prática do código japonês e nada na sua ascendência os prende rigidamente às convenções do país de onde vieram seus pais. Portanto, os japoneses do Japão podem, igualmente, numa era nova, organizar uma nova maneira de viver que não exija os antigos requisitos da restrição individual. Os crisântemos podem ser belos sem as armações de arame e a drástica poda.

Nesta transição para uma maior liberdade psíquica, os japoneses dispõem de certas antigas virtudes tradicionais que podem ajudá-los a conservar a estabilidade. Uma delas é aquela autorresponsabilidade, por eles expressa como a sua consideração pela "ferrugem do meu corpo" – aquela figura de linguagem que identifica o próprio corpo com uma espada. Assim como aquele que utiliza a espada é responsável pelo seu refulgente brilho, assim também cada homem deverá aceitar a responsabilidade pela consequência de seus atos. Deverá ele reconhecer e aceitar todas as consequências naturais de sua fraqueza, falta de persistência, ineficácia. A autorresponsabilidade é interpretada de forma muito mais drástica no Japão do que na América livre. Neste sentido japonês, a espada torna-se, não um símbolo de agressão, mas sim uma analogia do homem ideal e autorresponsável. Nenhuma balança funcionará melhor do que esta virtude, numa disposição que respeita a liberdade individual, uma vez que a educação infantil japonesa e a filosofia de conduta inculcaram-na como parte do Espírito Japonês. Hoje em dia o Japão propôs-se "pôr de lado a espada" no sentido ocidental. No seu sentido japonês, conservam eles com tenacidade inabalável a sua preocupação em manter uma espada íntima, livre da ferrugem que sempre a ameaça. Na sua fraseologia de virtude, a espada constitui um símbolo que eles podem conservar num mundo mais livre e mais pacífico.

13. OS JAPONESES DESDE O DIA DA VITÓRIA

Os americanos têm boas razões para se orgulhar do seu papel na administração do Japão desde o Dia da Vitória. O plano de ação norte-americano ficou estabelecido na diretriz de Estado-Guerra-Marinha, transmitido pelo rádio a 29 de agosto, e foi administrado com habilidade pelo General Mac Arthur. Os excelentes motivos para tal orgulho têm sido amiúde obscurecidos pelas críticas e louvores partidários na imprensa e no rádio americanos, com pouca gente sabendo o suficiente acerca da cultura japonesa para poder certificar-se se determinada política era desejável ou não.

A grande questão na época da rendição do Japão era a natureza da ocupação. Iriam os vencedores utilizar o governo existente, até mesmo o Imperador, ou seria ele liquidado? Iria haver uma administração de cidade-por-cidade, província-por-província, com os oficiais do Governo Militar dos Estados Unidos no comando? Os sistemas na Itália e na Alemanha levaram à instalação de sedes locais do G.M.A., como partes integrantes das forças de combate, colocando a autoridade para assuntos domésticos locais nas mãos de administradores aliados. No Dia da Vitória, os encarregados do G.M.A. no Pacífico ainda esperavam instituir um governo desses no Japão. Os japoneses não sabiam também que responsabilidade pelas próprias questões teriam permissão de conservar. A Proclamação de Potsdam estabelecera apenas que "pontos do território japonês a serem designados pelos Aliados serão ocupados a fim de assegurar os objetivos básicos que aqui estamos expondo" e que deverá ser eliminada para sempre "a autoridade e influência daqueles que enganaram e transviaram o povo do Japão no sentido de empreenderem a conquista do mundo".

A diretriz Estado-Guerra-Marinha confiada ao general Mac Arthur incluía uma grande decisão sobre essas questões, totalmente apoiada pelo seu Quartel General. Os japoneses iriam ser responsáveis pela administração e reconstrução de seu país. "O Comandante Supremo exercerá a sua autoridade através do mecanismo governamental japonês e de órgãos, inclusive o Imperador, na medida em que isto satisfatoriamente favoreça os objetivos dos Estados Unidos. O governo japonês terá a permissão, sob as suas instruções (do general Mac Arthur), de exercer os poderes normais de governo em questões de administração doméstica". A administração do Japão por parte do general Mac Arthur é, portanto, de todo diferente da Alemanha ou Itália. É exclusivamente uma organização de comando, utilizando o funcionalismo japonês, do topo à base. Dirige os seus comunicados ao Governo Imperial Japonês e não ao povo japonês ou aos residentes de alguma cidade ou província. Sua função é estabelecer as metas a serem alcançadas pelo governo japonês. Se um Ministro japonês julgá-las irrealizáveis, poderá apresentar a sua renúncia, e, se a sua causa for boa, poderá conseguir a modificação da diretriz.

Este tipo de administração constituía um audacioso passo. As vantagens deste plano de ação do ponto de vista dos Estados Unidos são bastante claras. Como disse o general Hilldring na ocasião:

> As vantagens obtidas através do governo nacional são imensas. Se não existisse governo japonês disponível para nosso uso, teríamos de operar diretamente toda a complicada máquina necessária para a administração de um país de setenta milhões de habitantes. Este povo difere de nós em língua, costumes e atitudes. Mediante a limpeza e a utilização do mecanismo do governo japonês como um instrumento, estaremos economizando o nosso tempo, a nossa mão-de-obra e os nossos recursos. Em outras palavras, estamos exigindo dos japoneses que façam a sua própria limpeza de casa, mas as especificações fornecemos nós.

Quando esta diretriz estava sendo traçada em Washington, entretanto, muitos americanos ainda temiam que os japoneses fossem se mostrar intratáveis e hostis, configurando-se um país de vingadores alertas que sabotassem quaisquer programas de paz. Esses temores não comprovaram serem justificados. E residem as razões na curiosa cultura do Japão, mais do que em quaisquer verdades universais, sejam elas políticas ou econômicas, acerca de países derrotados. Provavelmente em nenhum outro país como no Japão teria compensado tanto uma política de boa fé. Aos olhos dos japoneses removeu esta do puro fato da derrota os símbolos da humilhação, desafiando-os a pôr em execução uma nova política nacional, cuja aceitação somente foi possível precisamente devido ao caráter culturalmente condicionado dos japoneses.

Nos Estados Unidos discutimos interminavelmente acerca de condições de paz rigorosas e brandas. A questão verdadeira não é serem rigorosas ou brandas. O problema consiste em utilizar a dose certa de rigor, nem mais nem menos, que irá romper artigos e perigosos padrões de agressividade e estabelecer novas metas. Os meios a serem escolhidos dependem do caráter do povo e da ordem social tradicional do país em questão. O autoritarismo prussiano, implantado como está na família e na vida cívica cotidiana, torna necessários certos tipos de condições de paz para a Alemanha. Diretrizes sabias de paz teriam de diferir das do Japão. Os alemães não se consideram, como os japoneses, devedores do mundo e dos séculos. Lutam, não para pagar uma dívida incalculável e sim para evitar serem vítimas. O pai é uma figura autoritária e, como qualquer outra pessoa de posição superior, ele é quem, segundo a expressão, "compele o respeito". Ele é quem se sente ameaçado se não o obtiver. Na vida alemã, cada geração de filhos revolta-se na adolescência contra os pais autoritários e se considera, por fim, rendida à idade adulta, a uma vida monótona e pouco excitante, que identifica com a dos pais. O ponto alto da existência perdura como sendo os anos de *Sturm und Drang* da revolta adolescente.

O problema da cultura japonesa não é o autoritarismo grosseiro. O pai é uma pessoa que trata seus filhos jovens com respeito e ternura tidos como excepcionais, na experiência deste hemisfério, pelos observadores ocidentais. De vez que a criança japonesa tem como certos determinados gêneros de real companheirismo em relação ao pai, dele se orgulhando abertamente, uma simples mudança de voz da parte deste leva a criança a cumprir os seus desejos. Nada tem o pai, pois, de excessivamente rigoroso com os filhos e a adolescência não é um período de revolta contra a autoridade paterna. É antes uma época em que as crianças tornam-se representantes responsáveis e obedientes da família perante os olhos julgadores do mundo. Demonstram respeito aos pais "por costume", "por educação", isto é, constituem eles um objeto de respeito que é um símbolo despersonalizado de hierarquia e da conduta de vida conveniente.

Tal atitude, aprendida pela criança desde as primeiras experiências com o pai, elabora-se num padrão para toda a sociedade japonesa. Os que são alvo das mais profundas provas de respeito por sua posição hierárquica não exercem caracteristicamente poder algum arbitrário. Os que se encontram no topo da hierarquia tipicamente não exercem a autoridade verdadeira. Do Imperador para baixo, conselheiros e forças ocultas operam nos bastidores. Uma das mais precisas descrições destes aspectos da sociedade japonesa foi fornecida pelo líder de uma das sociedades superpatrióticas do tipo do Dragão Negro a um repórter de um jornal inglês em Tóquio, nos primórdios da década de 1930. "A sociedade", disse ele, referindo-se evidentemente à japonesa, "é um triângulo controlado por um alfinete em um dos cantos".*

* Citado por Upton Close, *Behind the Face of Japan*, 1942, p. 136.

O triângulo, em outras palavras, jaz na mesa para todos verem. O alfinete é invisível. Às vezes, o triângulo está para a direita, outras, para esquerda. Gira num eixo que nunca se revela. Tudo é feito, como costumam dizer os ocidentais, "com espelhos". Cada esforço é feito para reduzir ao mínimo a aparência de autoridade arbitrária, fazendo cada ato assemelhar-se a um gesto de fidelidade ao símbolo de categoria, continuamente desligado do verdadeiro exercício do poder. Quando os japoneses identificam de fato uma fonte de poder a descoberto, consideram-na tal qual ao agiota e ao *narikin*, como exploradora e indigna do seu sistema.

Os japoneses, considerando o seu mundo desta maneira, são capazes de encenar revoltas contra a exploração e a injustiça, sem jamais se tornarem revolucionários. Não se propõem a rasgar em pedaços a contextura do mundo. Podem instituir as mais completas mudanças, como fizeram no período Meiji, sem contudo aspergir sobre o sistema. Denominaram-na Restauração, um "mergulho" no passado. Não são revolucionários e os escritores ocidentais que basearam suas esperanças em movimentos ideológicos de massas no Japão, que durante a guerra exageraram a amplitude do movimento clandestino japonês, contando que passasse a liderar na rendição e que desde o Dia da Vitória profetizaram o triunfo da política radical nas urnas, incorreram em grave incompreensão da situação, errando em seus próprios prognósticos. O primeiro-ministro conservador, o Barão Shidehara, expressou-se com maior precisão quanto aos japoneses ao formar o seu gabinete em outubro de 1945:

> O governo do novo Japão tem uma forma democrática que respeita a vontade do povo... Desde os antigos tempos, em nosso pais, o Imperador fez da sua vontade a vontade do povo. É este o espírito da Constituição do Imperador Meiji e o governo democrático de que falo pode ser considerado verdadeiramente uma manifestação do seu espírito.

Tal expressão de democracia parecerá menos do que nada para os leitores norte-americanos, mas não há dúvida de que o Japão conseguirá mais prontamente ampliar a zona das liberdades civis e estruturar o bem-estar de seu povo na base dessa identificação do que na da ideologia ocidental.

O Japão, sem dúvida, há de fazer experiências com os mecanismos políticos da democracia, mas as medidas ocidentais não constituirão instrumentos dignos de confiança capazes de modelar um mundo melhor, como acontece nos Estados Unidos. As eleições populares e a autoridade legislativa de pessoas eleitas criarão tantas dificuldades quanto as resolverão. Quando essas dificuldades proliferarem, o Japão modificará os métodos sobre os quais nos apoiamos para alcançar a democracia. Erguer-se-ão, então, vozes americanas para proclamar que a guerra foi em vão. Acreditamos na retidão dos nossos instrumentos. Quando muito, pelo menos, as eleições populares hão de ser periféricas à reconstrução japonesa como nação pacífica, por muito tempo ainda. Desde a última década do século passado, quando primeiro teve experiência de eleições, o Japão não mudou tão fundamentalmente, a ponto de não poderem ter ocorrido algumas das antigas dificuldades então delineadas por Lafcadio Hearn:

> Não havia realmente animosidade pessoal naquelas furiosas disputas eleitorais que custaram tantas vidas; pouco antagonismo pessoal havia naqueles debates parlamentares cuja violência assombrava os estrangeiros. As lutas políticas não eram de fato entre indivíduos, mas entre interesses de clãs ou de partidos. Os devotados sectários de cada clã ou partido é que somente entendiam a nova política como um novo tipo de guerra – uma guerra de lealdade a ser combatida por dedicação ao líder.*

Em eleições mais recentes, na década de 1920, os aldeões costumavam dizer antes de lançarem seus votos: "Meu pescoço está limpo para a espada", uma expressão que identificava a disputa com os antigos ataques dos samurais privilegiados contra o povo. Mesmo hoje em dia, todas as implicações de eleições no Japão diferirão das dos Estados Unidos, isto se verificando mesmo independente de estar ele ou não empreendendo perigosas políticas agressivas.

A verdadeira força do Japão, por ela podendo ser usada para reconstruir-se como nação pacífica, reside na sua capacidade de dizer a respeito de determinada rota de ação "Esta falhou" e, em seguida, lançar as energias em outros canais. Os japoneses têm

* *Japan: An Interpretation*, 1904. p. 453.

uma ética de alternativas. Tentaram conquistar a sua "posição devida" na guerra e perderam. Poderão, agora, pôr de lado esse rumo, pois toda a sua educação os condicionou para possíveis mudanças de direção. Os países com éticas mais absolutistas precisam convencer-se de que estão lutando por princípios. Quando se rendem aos vencedores, declaram "perdidos os direitos com a nossa derrota" e a sua dignidade exige que trabalhem para fazer esse "direito" vencer na próxima vez. Ou então, baterão no peito, confessando a sua culpa. Os japoneses não precisam fazer nem uma coisa nem outra. Cinco dias depois do Dia da Vitória, antes de qualquer americano haver desembarcado no Japão, o grande jornal de Tóquio, o *Mainichi Shimbun* estava pronto a falar de derrota e das mudanças políticas por ela acarretadas, dizendo "Tudo foi, porém, para o bem e para a definitiva salvação do Japão". O editorial acentuava que ninguém deveria esquecer por um momento que eles haviam sido completamente derrotados. Já que os seus esforços para edificar um Japão baseado na pura força haviam fracassado inteiramente, dali por diante deveriam eles trilhar o caminho de uma nação pacífica. O *Asahi*, outro grande jornal de Tóquio, naquela mesma semana considerou a anterior "fé excessiva na força militar" por parte do Japão como "um erro sério" de sua política nacional e internacional. "A antiga atitude, com a qual ganharíamos tão pouco e sofreríamos tanto, deveria ser abandonada por uma nova, enraizada na cooperação internacional e no amor à paz". O ocidental verifica esta oscilação quanto àquilo que considera princípios e acha suspeito. Trata-se, no entanto, de uma parte integrante da conduta de vida no Japão, seja nas relações pessoais ou internacionais. O japonês constata ter feito um "erro" seguindo uma linha de ação que não atingiu a sua finalidade. Quando ela falha, ele a coloca de lado como causa perdida, pois não está condicionado a adotar quaisquer causas perdidas. "Não adianta", diz ele, "querer morder o próprio umbigo". Na década de 1930, o militarismo foi o meio aceito através do qual pensaram eles conquistar a admiração do mundo – admiração a ser baseada no seu poderio armado – e aceitaram todos os sacrifícios exigidos por esse programa. Em 14 de agosto de 1945, o Imperador, a voz autorizada do Japão, comunicou-lhes que haviam perdido. Anuíram a tudo o que este fato implicava. Significava a presença de soldados americanos, portanto eles os acolheram. Significava o fracasso de sua dinástica aventura, portanto estavam prontos a levar em consideração uma Constituição que proscrevia a guerra. Dez dias depois do Dia da Vitória, o seu jornal, o *Yomiuri-Hochi*, prontificava-se a escrever sobre o "Começo de uma nova arte e uma nova cultura", proclamando "a necessidade de haver uma firme convicção em nossos corações de que a derrota militar nada tem a ver com o valor da cultura de uma nação. A derrota militar deverá servir como um estímulo... (pois) nada menos do que a derrota nacional foi necessária para que o povo japonês verdadeiramente voltasse para o mundo as suas mentes, a fim de ver objetivamente as coisas, como de fato são. Todo irracionalismo que vem deformando a mentalidade japonesa deverá ser eliminado por meio da análise franca... É preciso coragem para encarar esta derrota como um fato consumado, (mas precisamos) pôr nossa fé na cultura nipônica de amanhã". Haviam tentado uma linha de ação e fracassado. Hoje haveriam de empreender as artes pacíficas da existência. "O Japão", repetiam os seus editoriais, "precisa ser respeitado entre as nações do mundo" e o dever dos japoneses consistia em merecer tal respeito numa base nova.

Esses editoriais jornalísticos não constituíam apenas a voz de alguns intelectuais. A gente comum de uma rua de Tóquio e de uma remota aldeia dão a mesma meia-volta. Afigurou-se incrível para as tropas americanas de ocupação como aquela gente amistosa era a mesma que jurara lutar até à morte com lanças de bambu. A ética japonesa encerra muita coisa que os americanos repudiam, entretanto, as experiências destes durante a ocupação do Japão têm constituído uma demonstração excelente de como uma estranha ética possa ter aspectos favoráveis.

O governo americano do Japão sob o general Mac Arthur admitiu esta aptidão japonesa de seguir um novo rumo, sem estorvá-lo com a insistência em empregar técnicas de humilhação.

Teria sido aceitável culturalmente, de acordo com a ética ocidental, se assim houvéssemos procedido, pois constitui um princípio dá ética ocidental serem a humilhação e o castigo meios socialmente eficazes para provocar num transgressor a convicção do pecado. Tal reconhecimento conduz então a um primeiro passo de sua reabilitação. Os japoneses, como vimos, formulam de outro modo a questão. A sua ética torna a pessoa responsável por todas as implicações de seus atos, bastar-lhe-iam as consequências naturais de um erro para convencê-lo de sua inconveniência, estando aí incluídas até mesmo uma derrota numa guerra total. Não se trata, porém, de situações que os japoneses delas se ressintam como humilhantes. No léxico japonês, uma pessoa ou nação humilha a uma outra por difamação, derrisão, desprezo, menoscabo e insistência sobre símbolos de desonra. Quando os japoneses se julgam humilhados, a vingança torna-se uma virtude. Por mais que a ética ocidental condene tal princípio, a eficácia da ocupação americana do Japão dependerá do comedimento neste ponto. Pois os japoneses separam a derrisão, de que se ressentem extremamente, das "consequências naturais", que, segundo os termos de sua rendição, incluem coisas como a desmilitarização e até mesmo a imposição espartana de indenizações.

O Japão, na sua única grande vitória sobre uma grande potência, demonstrou que, mesmo como vencedor, foi capaz de evitar cuidadosamente humilhar um inimigo derrotado quando este finalmente se rendeu, não tendo ele julgado que a outra nação de si tenha escarnecido. Existe uma famosa fotografia da rendição do exército russo em Port Arthur em 1905 que é conhecida de todos os japoneses. Nela os russos aparecem usando suas espadas. Vencedores e vencidos podem ser distinguidos apenas por seus uniformes, pois os russos não se achavam privados de suas armas. O conhecido relato japonês dessa rendição revela que quando o general Stoessel, o comandante russo, demonstrou disposição em aceitar as propostas japonesas de rendição, um capitão japonês e um intérprete dirigiram-se ao seu quartel-general levando comida. "Todos os cavalos, com exceção do pertencente ao general Stoessel, haviam sido mortos e comidos, portanto, o presente de cinquenta frangos e cem ovos frescos trazidos pelos japoneses foi de fato bem recebido". O encontro entre o general Stoessel e o general Nogi foi marcado para o dia seguinte. "Os dois generais apertaram-se as mãos. Stoessel expressou sua admiração pela coragem dos japoneses e... o general Nogi elogiou a prolongada e corajosa resistência russa. Stoessel expressou as suas condolências junto a Nogi pela perda de seus dois filhos na campanha... Stoessel presenteou o seu belo cavalo branco árabe ao general Nogi, mas este respondeu que por mais que estimasse recebê-lo como seu das mãos do general, primeiro deveria ser presenteado ao Imperador. Prometeu, no entanto, que se a ele fosse entregue de volta, conforme tinha todos os motivos para acreditar que viesse a sê-lo, cuidaria dele como se sempre houvesse sido seu".* Todos no Japão conheceram a estrebaria que o general Nogi construiu para o cavalo do general Stoessel na frente de sua casa – por muitos considerada mais ostentosa do que a sua própria casa, tendo se tornado inclusive parte do mausoléu do general Nogi, após a sua morte.

Dizem que os japoneses mudaram muito desde aquele dia da rendição russa até os anos de sua ocupação das Filipinas, quando a sua brutal ação destruidora e crueldade ficaram conhecidas pelo mundo todo. Para um povo com a rigorosa ética situacional dos japoneses, no entanto, não vem a ser esta uma conclusão necessária. Em primeiro lugar, o inimigo não capitulou após Bataan; tratou-se apenas de uma rendição local. Mesmo quando os japoneses, por seu turno, renderam-se nas Filipinas, o Japão ainda estava combatendo. Em segundo lugar, os japoneses nunca julgaram que os russos os tivessem "insultado" nos primeiros anos deste século, ao passo que, com relação à política dos Estados Unidos, cada japonês foi educado nas décadas de 1920 e de 1930 no sentido de considerá-la como um "menosprezo ao Japão" ou, segundo a sua expressão, como "pretendendo tratá-lo igual às fezes". Esta foi a reação do Japão ao Ato de Exclusão, ao papel desempenhado pelos Estados Unidos no Tratado de Portsmouth e nos acordos da Paridade Naval. Os japoneses foram estimulados a encarar do mesmo modo o crescente papel econômico dos Estados Unidos no Extremo-Oriente e as nossas atitudes raciais com relação aos povos não brancos do mundo. A vitória sobre a Rússia e a vitória sobre os Estados Unidos nas Filipinas exemplificam,

* Citado de um relato japonês, por Upton Close, *Behind the Face of Japan*. 1942, p. 294. Esta versão da rendição russa não precisa ser literalmente verdadeira para ter importância cultural.

portanto, a conduta japonesa nos seus dois aspectos mais opostos: havendo insultos e não havendo.

A vitória final dos Estados Unidos modificou de novo a situação para os japoneses. A sua derrota final acarretou, como de hábito na vida japonesa, o abandono dos caminhos que vinham seguindo. A ética peculiar dos japoneses permitiu-lhes limpar o quadro-negro. O plano de ação dos Estados Unidos e a administração do general Mac Arthur evitaram que fossem escritos novos símbolos de humilhação no quadro-negro apagado, limitando-se simplesmente a insistir nas coisas que aos olhos dos japoneses são as "consequências naturais" da derrota. Deu resultado.

A conservação do Imperador foi de grande importância. Foi bem conduzida. Foi o Imperador quem primeiro visitou o general Mac Arthur, e não este a ele, o que constituiu uma lição objetiva para os japoneses, cuja força é difícil para os ocidentais avaliarem. Diz-se que quando foi sugerido ao Imperador que rejeitasse sua divindade, protestou ele que seria um embaraço pessoal despojar-se de algo que não tinha. Os japoneses, declarou ele sinceramente, não o consideravam um deus no sentido ocidental. O Quartel-General de Mac Arthur, entretanto, instou-lhe que a ideia ocidental de sua pretensão de divindade era má para a reputação internacional do Japão, tendo o Imperador concordado em aceitar o constrangimento que lhe iria causar a rejeição. Ele discursou no dia do Ano Novo e pediu que lhe fossem traduzidos todos os comentários da imprensa mundial sobre a sua mensagem. Após tê-los lido, enviou uma mensagem ao Quartel-General do general Mac Arthur declarando-se satisfeito. Os estrangeiros obviamente não haviam entendido antes e ele estava contente de ter falado.

O plano de ação dos Estados Unidos, além do mais, permitia aos japoneses certas satisfações. A diretriz Esta-do-Exército-Marinha especifica que "serão dados incentivo e aprovação ao desenvolvimento de organizações de trabalho, indústria e agricultura, constituídos numa base democrática". O trabalho japonês organizou-se em muitas indústrias e as antigas ligas de agricultores, em atividade nas décadas de 1920 e 30, estão novamente se articulando Para muitos japoneses esta iniciativa que agora podem tomar para melhorar a sua condição constitui uma prova de que o Japão conquistou algo, como consequência desta guerra.

Um correspondente americano narra a respeito de um grevista de Tóquio que ergueu o olhar para um soldado americano, dizendo, com um sorriso largo: "Japão *vence*, não?" As greves atuais no Japão em muito se assemelham às antigas Revoltas de Camponeses, em que a alegação dos agricultores era sempre de que os impostos e corveias a que eram submetidos interferiam com a produção adequada. Não se tratava de lutas de classe no sentido ocidental, nem de tentativa de mudar o sistema. Atualmente, através do Japão, as greves não atrasam a produção. A forma preferida consiste nos trabalhadores "ocuparem a fábrica, continuando a trabalhar e fazendo a direção desprestigiar-se, aumentando a produção. Os grevistas de uma mina de carvão da Mitsui excluiu dos poços todo o pessoal da direção e intensificou a produção diária de 250 toneladas para 620. Os trabalhadores das minas de cobre de Ashio trabalharam durante uma "greve", aumentaram a produção e dobraram os próprios salários."*

O governo de um país derrotado é, sem dúvida, difícil, por maior bom senso que revele o plano de ação aprovado. No Japão, os problemas de alimentação, habitação e reconversão são inevitavelmente cruciais. Haveriam de ser pelo menos igualmente cruciais num governo que não fizesse uso de pessoal administrativo japonês. O problema dos soldados desmobilizados, tão temido pelos administradores americanos, antes do término da guerra, é certamente menos ameaçador do que seria se não houvessem sido conservados os funcionários japoneses. Não é, contudo, facilmente resolvido. Os japoneses estão a par da dificuldade, tendo os seus jornais se referido com emoção, no outono passado, acerca de quão amargo era o fermento da derrota para os soldados que haviam sofrido e perdido, rogando-lhes que não deixassem que isto interferisse com o seu "julgamento". O exército repatriado revelou, de modo geral, notável "julgamento", mas o desemprego e a derrota lançam alguns soldados no antigo esquema das sociedades secretas com objetivos nacionalistas. Podem facilmente se ressentir contra a sua presente situação. Os japoneses não mais lhes conferiam seu antigo e privilegiado *status*. O soldado ferido costumava andar vestido de branco e as pessoas inclinavam-se diante dele nas ruas. Mesmo um recruta

* *Time*, 18 de fevereiro de 1946.

de tempo de paz era homenageado com festas de despedida e de recepção no seu povoado. Havia bebida, comida, danças e trajes regionais, ocupando ele o lugar de honra. Agora o soldado repatriado não é alvo de tais atenções. Sua família reserva-lhe um lugar e nada mais que isso. Em muitas cidades, grandes e pequenas, ele é tratado com frieza. Sabendo-se quão amargamente encaram os japoneses tal mudança de conduta, é fácil imaginar a sua satisfação em reunir-se aos velhos camaradas, rememorando os passados tempos quando a glória do Japão era confiada às mãos dos soldados. Alguns de seus companheiros de combate, além disso, dir-lhe-ão como já há soldados japoneses de mais sorte lutando com os Aliados em Java, Shansi e Mancharia. Por que haverá ele de desanimar? Há de conseguir lutar novamente, garantem-lhe. As sociedades secretas nacionalistas são instituições muito antigas no Japão; elas "limpavam o nome" do Japão. Homens condicionados a achar que "o mundo oscila", enquanto restar algo a ser feito para tais sociedades clandestinas. A violência esposada pelas mesmas – as do gênero Dragão Negro e Oceano Negro – não é outra senão a aliada pela ética japonesa ao giri devido ao nome e o longo esforço do governo japonês para enfatizar o gimu à custa do giri devido ao nome terá de ser contínuo nos anos vindouros, caso se queira erradicar a violência.

Exigirá mais do que um apelo ao "julgamento". Exigirá uma reconstrução da economia japonesa que proporcionará subsistência e "lugar devido" aos homens ora nos seus vinte e trinta anos. Os japoneses regressam, sempre que se verificam dificuldades econômicas, às suas antigas aldeias agrícolas e às minúsculas fazendas que sobrecarregadas de dívidas e em muitos lugares do ônus de arrendamento, não mais podem sustentar muitas bocas. A indústria também deverá ser propulsionada, pois o ressentimento contra a divisão da possessão com os filhos mais jovens acaba enviando a todos, com exceção dos mais velhos, a tentarem a sorte na cidade.

Os japoneses têm diante de si uma estrada árdua, não há dúvida, mas se o rearmamento não for prescrito no orçamento estatal, terão eles oportunidade de elevar o seu padrão de vida nacional. Um país como o Japão que despendeu metade da sua renda nacional em armamento e forças armadas, durante a década antecedente a Pearl Harbor, poderão lançar as bases de uma economia salutar se eliminar tais despesas e progressivamente reduzir suas requisições dos agricultores. Conforme vimos, a norma japonesa de divisão de produtos agrícolas era de 60% para o agricultor, com 40% pagos em impostos e arrendamentos. Verifica-se aí um grande contraste com outros países produtores de arroz como Burma e Sião, onde 90% constituía a proporção tradicional entregue ao cultivador. Esta requisição enorme sobre o agricultor no Japão foi o que finalmente possibilitou o financiamento da máquina de guerra nacional.

Qualquer país europeu ou asiático que não se armar durante a próxima década terá uma vantagem potencial sobre os que se estão armando, pois a sua riqueza poderá ser utilizada para construir uma economia saudável e próspera. Nos Estados Unidos pouco levamos em conta esta situação nas nossas políticas asiáticas e europeias, pois sabemos que não iríamos empobrecer este país com dispendiosos programas de defesa nacional. Nosso país não foi devastado. Não somos fundamentalmente um país agrícola. Nosso problema crucial é a superprodução industrial. Aperfeiçoamos a produção em massa e equipamento mecânico, a ponto de a nossa população não conseguir achar emprego, a menos que ponhamos em ação grandes programas de armamento, produção supérflua, bem-estar e serviços de pesquisa. A necessidade de investimento lucrativo para o capital é igualmente crítica. Esta situação é completamente diferente fora dos Estados Unidos. É diferente até mesmo na Europa Ocidental. A despeito de todas as exigências de indenizações, uma Alemanha sem permissão de rearmar-se poderá, por volta de uma década, ter estabelecido as bases de uma economia sadia e próspera, o que seria impossível na França se a sua política for de incremento ao poderio militar. O Japão poderá beneficiar-se ao máximo de uma vantagem similar sobre a China. A militarização é uma meta atual da China e as suas ambições são apoiadas pelos Estados Unidos. O Japão, se não incluir a militarização no seu orçamento, poderá se prover, caso queira, por meio de sua própria prosperidade sem grande tardança, tornando-se indispensável no comércio do Oriente. Poderá basear sua economia nos lucros da paz e elevar o padrão de vida do seu povo. Um Japão assim pacífico poderia alcançar um lugar de honra entre as nações do mundo e os Estados Unidos muito poderiam auxiliar se continuassem a utilizar a sua influência em apoio de um tal programa.

O que os Estados Unidos não podem fazer – o que nenhum país de fora poderia fazer – é criar por decreto um Japão livre e democrático. Isto nunca foi conseguido em nenhum país dominado. Nenhum estrangeiro poderá decretar, para um povo que não tem os seus hábitos e pressuposições, um modo de vida elaborado de acordo com a sua própria imagem. Os japoneses não podem ser obrigados, através de leis, a aceitar a autoridade de pessoas eleitas e a desprezar a "devida posição" estabelecida no seu sistema hierárquico. Não podem ser obrigados, por meio de legislação, a adotar os contatos humanos livres e naturais a que estamos acostumados nos Estados Unidos, a ter uma exigência imperativa de ser livre, uma ânsia própria a cada indivíduo em escolher a própria companheira, o próprio emprego, a casa em que morará e as obrigações que irá assumir. Os próprios japoneses, no entanto, são bastante claros quanto às mudanças em tal direção por eles tidas como necessárias. Os seus homens públicos vêm declarando desde o Dia da Vitória que o Japão deve estimular seus homens e mulheres a viver as próprias vidas e a confiar nas próprias consciências. Está claro que não o expressam, mas todo japonês compreende que estão é contestando o papel da "vergonha" (haji) no Japão e abrindo esperanças de um novo incremento de libertação entre os seus compatriotas: libertação do temor da crítica e do ostracismo do "mundo".

Pois as pressões sociais no Japão, por mais voluntariamente que sejam acolhidas, exigem demais do invíduo. Obrigam-no a ocultar as suas emoções, a renunciar aos seus desejos e a erigir-se no representante em evidência de uma família, organização ou país. Os japoneses demonstraram ser capazes de se sujeitar a toda autodisciplina exigida por tal norma. Mas o peso sobre eles é demasiado. É demasiado o que são obrigados a reprimir. Temendo aventurar-se numa vida menos dispendiosa para suas psiques, foram conduzidos pelos militaristas para um rumo em que os gastos interminavelmente se amontoam. Tendo pago um preço tão elevado, tornaram-se orgulhosos e desdenhosos de povos com éticas menos exigentes.

Os japoneses deram o primeiro grande passo na direção da mudança social ao identificarem a guerra agressiva como um "erro" e uma causa perdida. Esperam adquirir sua passagem de retorno a um lugar respeitado entre as nações pacíficas. O mundo terá de ser pacífico. Se a Rússia e os Estados Unidos passarem os anos vindouros armando-se para atacar, o Japão utilizará nessa guerra o seu conhecimento. Mas, admitir isto não chega a contestar a possibilidade inerente de um Japão pacífico. As motivações do Japão são circunstanciais. Há de procurar o seu lugar no seio de um mundo em paz se as circunstâncias o permitirem. Se não, o será dentro de um mundo organizado como um campo armado.

Presentemente o Japão reconhece o militarismo como uma luz que se apagou. Há de procurar ver se em outros países do mundo assim também terá acontecido. Se não tiver, o Japão poderá reacender o seu ardor guerreiro e demonstrar a eficiência de sua contribuição. Caso tenha-se apagado nos demais, poderá ele se dispor a comprovar quão bem aprendeu a lição de que as aventuras dinásticas imperialistas não conduzem à honra.

GLOSSÁRIO*

ai, amor; especificamente, o amor de um superior por um dependente.
arigato, obrigado; "esta coisa difícil".
buraku, um povoado de umas quinze casas; o distrito de uma aldeia.
bushido, "o procedimento dos samurais". Termo popularizado neste século designando ideais tradicionais de conduta japonesa. O Doutor Inazo Nitobe, em *Bushido, a alma do Japão*, especifica como Bushido: retidão ou justiça, coragem, benevolência, polidez, sinceridade, honra, lealdade e autodomínio.
chu, fidelidade ao Imperador.

* As traduções literais estão entre aspas.

Quando não houve indicação de acento, deve-se atribuir igual valor a todas as sílabas. Os acentos marcados são toscas aproximações apenas destinadas a auxiliar leitores de fala inglesa.

daimio, um senhor feudal.
donen, companheiros de idade.
eta, uma classe de párias, de um período pré-Meiji.
geisha, *gueixa*, cortesã especialmente treinada e alvo de prestígio elevado.
gi, integridade.
gimu, uma categoria de obrigações japonesas. Vide Quadro, p. 101.
giri, uma categoria de obrigações japonesas. Vide Quadro, p. 101.
go, unidade de medida de capacidade; menos do que uma xícara.
haji, vergonha.
harak'ri ou *seppuku*, suicídio de acordo com o código dos samurais. Seppuku é o termo mais elegante.
hysteri, nervosismo e instabilidade. Geralmente empregado com relação às mulheres.
inkyo, o estado de afastamento formal da vida ativa.
Issei, americano de ascendência japonesa nascido no Japão. Vide Nissei.
isshin, restaurar, buscar no passado. Um slogan da Restauração Meiji.
jen (chinês), boas relações humanas, benevolência.
jichó, dignidade; circunspeção. "Dobrar jicho com jicho", ser extremamente circunspeto.
jin (escrito com o mesmo caráter que o chinês *jen*), obrigação fora do código obrigatório. Vide, porém, "conhecendo jin", p. 122, nota.
jingi (variante de jin), uma obrigação fora do código obrigatório.
jiríki, "autoauxílio", treinamento espiritual que depende exclusivamente dos poderes humanos disciplinados de cada um. Vide tariki.
judô, uma forma de jiujitsu. Luta japonesa.
jiujitsu, luta japonesa.
kabuki, drama popular. Vide Nô.
kagura, danças tradicionais executadas em santuários xintós.
kami, cabeça, fonte. Termo xintó designando divindade.
kamikáze, "vento divino". O furacão que repeliu e emborcou a frota invasora de Gêngis Cã no século XIII. Os pilotos de aviões suicidas na Segunda Guerra Mundial eram denominados Esquadrilha Kamikàze.
katajikenai, obrigado; "estou ofendido".
kino dóku, obrigado; "este sentimento venenoso".
kinshin, arrependimento. Período de recolhimento, a fim de remover "a ferrugem do corpo".
ko, devoção filial.
koan (pronuncia-se *ko-an*), problemas sem resposta racional, propostos pelo culto Zen para os que se acham em treinamento.
ko-on, obrigação para com o Imperador, o Estado.
magokoro, "sinceridade".
makoto, "sinceridade".
Meiji, Período, reinado do Imperador Meiji, 1868-1912. Designa o começo da era moderna no Japão.

moxa, folhas pulverizadas de certa planta, queimadas em cone, sobre a superfície do corpo, com finalidades curativas. Cura achaques e tendências às travessuras, por parte das crianças.
muga, eliminação do ser observador alcançada por aqueles que observaram treinamento.
narikin, *nouveau riche*. "Um peão promovido a rainha" (xadrez).
nirvána (sânscrito), libertação final da alma da transmigração; estado de não ser; absorção no divino.
Nissei, americano de ascendência japonesa nascido nos Estados Unidos. Vide Issei.
nô, drama clássico. Vide kabuki.
nushi, mestre.
on, uma categoria de obrigações contraídas. Vide quadro, p. 101.
oya, pais.
ronin, nos tempos feudais os samurais dependentes que, devido a ignomínia, morte ou desonra de seu suserano se haviam tornado homens sem chefe.
sake (pronuncia-se *sake*), cerveja de arroz, a principal bebida alcoólica dos japoneses.
samurai, nos tempos feudais, os guerreiros, homens que manejavam duas espadas. Abaixo deles estava a gente comum: agricultores, artesãos e comerciantes.
satori iluminação budista.
seppúku ou *harakíri*, suicídio por perfuração do abdome. Nos tempos feudais era privilegio exclusivo dos nobres e samurais.
shuyo, autodisciplina; treinamento mental.
sonno joi, "Restaurar o Imperador e expulsar os bárbaros (ocidentais)". Slogan da Restauração Meiji.
sumimasén, obrigado; desculpe; "isto nunca termina".
sutra (sanscrito), breve coleção de diálogos e aforismas. Os discípulos de Gautama Buda escreveram tais sutras no idioma coloquial de sua época (Pali).
tai setsu. Lei Superior.
tariki, "auxilio de outro". Bênção espiritual, ação de graças. Vide jiriki.
tonarigumi, pequenos grupos comunitários de cinco a dez famílias.
Xógum, em período pré-Meiji, o verdadeiro governante do Japão; a sucessão era hereditária, contanto que a família permanecesse no poder. O Xógum era sempre empossado pelo Imperador.
yoga (sanscrito), forma de filosofia e exercício ascético, predominante na índia desde os primeiros tempos históricos.
zaibatsu, grandes empresas; membros prestigiosos da hierarquia econômica.
Zen, culto budista originário da China e relevante no Japão desde o século XII. Era um culto das classes superiores dos governantes e guerreiros e contrasta ainda com os grandes cultos budistas tarikis, de grande número de partidários.

ÍNDICE

ANTROPOLOGIA NA PERSPECTIVA

Sexo é Temperamento
Margaret Mead (D005)
O Crisântemo e a Espada
Ruth Benedict(D061)
Repensando a Antropologia
E.R. Leach (D088)
Êxtase Religioso
Ioan M. Lewis(D119)
Pureza e Perigo
Mary Douglas (D120)
O Fim de uma Tradição
Robert W. Shirley (D141)
Morfologia e Estrutura no Conto Folclórico
Alan Dundes (D252)
Negro, Macumba e Futebol
Anatol Rosenfeld (D258)
O Racismo, uma Introdução
Michel Wieviorka (D308)
Os Nuer
E.E. Evans-Pritchard (E053)
Antropologia Aplicada
Roger Bastide (E060)
Desejo Colonial: Hibridismo em Teoria, Cultura e Raça
Robert J.C. Young (E216)
Claude Lévi-Strauss ou o Novo Festim de Esopo
Octavio Paz (EL07)
Makunaina e Jurupari: Cosmogonias Ameríndias
Sérgio Medeiros (org.) (T013)
Afrografias da Memória
Leda Maria Martins (PERS)
Oniska: Poética do Xamanismo na Amazônia
Pedro de Niemeyer Cesarino (PERS)
Dias em Trujillo: Um Antropólogo Brasileiro em Honduras
Ruy Coelho (LSC)
Os Caraíbas Negros de Honduras
Ruy Coelho (LSC)
Dicionário Crítico Câmara Cascudo
Marcos Silva (org.) (LSC)

Este livro foi impresso na cidade de Cotia,
nas oficinas da MetaSolutions, em 2017,
para a Editora Perspectiva